全国中等职业学校课程改革规划教材

汽车发动机故障诊断与排除

卫云贵 主 编

人民交通出版社股份有限公司
China Communications Press Co.,Ltd.

内 容 提 要

本教材以发动机简单故障诊断与排除项目为内容,主要包括:发动机故障指示灯常亮、冷却液温度报警灯常亮、机油压力警告灯常亮、发动机无法起动、发动机起动困难、发动机怠速不良、发动机加速不良动力不足、发动机异响8个典型故障诊断项目。

本教材主要供中等职业学校汽车运用与维修等专业教学使用,也可作为汽车维修人员和汽车技术爱好者自学用书。

图书在版编目(CIP)数据

汽车发动机故障诊断与排除/卫云贵主编. —北京:
人民交通出版社股份有限公司,2019.1
ISBN 978-7-114-15102-6

Ⅰ.①汽… Ⅱ.①卫… Ⅲ.①汽车—发动机—故障诊断—教材②汽车—发动机—故障修复—教材 Ⅳ.①U472.43

中国版本图书馆 CIP 数据核字(2018)第 246620 号

书　　名:汽车发动机故障诊断与排除
著 作 者:卫云贵
责任编辑:李　良
责任校对:尹　静
责任印制:张　凯
出版发行:人民交通出版社股份有限公司
地　　址:(100011)北京市朝阳区安定门外外馆斜街 3 号
网　　址:http://www.ccpress.com.cn
销售电话:(010)59757973
总 经 销:人民交通出版社股份有限公司发行部
经　　销:各地新华书店
印　　刷:北京市密东印刷有限公司
开　　本:787×1092　1/16
印　　张:12
字　　数:275 千
版　　次:2019 年 1 月　第 1 版
印　　次:2019 年 1 月　第 1 次印刷
书　　号:ISBN 978-7-114-15102-6
定　　价:29.00 元

(有印刷、装订质量问题的图书由本公司负责调换)

前　言

根据《国家中长期教育改革和发展规划纲要(2010—2020年)》的精神,推进职业教育课程改革和教材建设进程,项目课程为职业教育课程改革的主导理念,以工作任务为课程设置与内容选择的参照点,以项目为单位组织内容并以项目活动为主要学习方式的课程模式,编写汽车运用与维修专业的系列课程教材。本教材《汽车发动机故障诊断与排除》即是汽车各专业必修的核心课程教材之一。本项目课程教材的主要特色有:

1. 课程强调以实践为主,理论为辅。

2. 以能力为本位,以就业为导向,面向最贴近生产实际的教学任务。

3. 体现"做中学"的教学理念。

4. 目的在于教会学生对汽车故障现象的检测与判断能力,表现为会做并学会为什么这样做。

5. 教材以大量图片为主,图文并茂。

6. 本教材以上汽大众新帕萨特 TSI 直接喷射发动机为主要素材,并补充了其他车型发动机的结构原理,具有市场前沿性及代表性。

本课程是校企合作共同开发的课程,适应各地中等职业学校汽车运用与维修等专业教学,希望各校在选用本项目课程教材实施教学的过程中,及时提出意见和建议,以便在修订时改正和完善。

本教材由山西交通技师学院卫云贵担任主编,其中项目一与项目五由姜鑫编写,项目二与项目四由籍银香编写,项目三、项目七由卫云贵编写,项目六与项目八由郭燕青编写,感谢大家的参与和支持!

编　者
2018 年 10 月

目　　录

项目一 发动机故障指示灯常亮故障诊断

　　一辆 2013 年款大众帕萨特 1.4T 自动挡轿车，行驶里程为 60000km，在一次行驶的途中仪表板上发动机故障指示灯亮起，如图 1-1 所示，此后发动机运行不良。请你对车辆进行检查与维修。

图 1-1　仪表板上发动机故障指示灯亮

项目要求

　　1. 时间要求：建议 4 学时。

　　2. 能力要求：在规定时间内完成检查与排除发动机故障指示灯常亮的任务。

　　3. 质量要求：参照厂家的生产规范及质量要求。

　　4. 安全要求：严格按照安全操作规程进行项目作业。

　　5. 5S 作业：自觉按照企业 5S 生产规则进行项目作业。

　　6. 环保要求：依据环境保护要求进行项目作业。

项目分析

　　当发动机电子控制系统出现故障，ECU 将控制位于仪表板上的发动机故障指示灯亮起。检测时可以用检测仪读取故障码，按故障码提示，进行详细的数值检测与分析来确定故障点,当发现某个测量数值与标准数值不符合时,就基本能够确定传感器或执行器及其控制线路有异常,应进行下一步检测修复或更换,以排除故障,恢复车辆性能。

理论链接1 发动机电子控制系统

发动机电子控制系统主要由电子控制单元(ECU)、信号输入装置(传感器)和输出装置(执行器)组成,如图1-2所示。

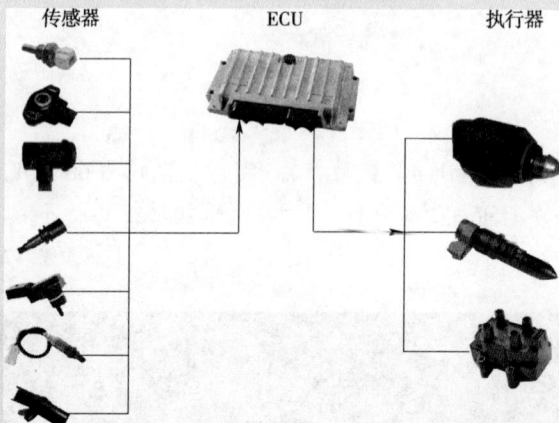

图1-2 发动机电子控制系统组成

发动机在运行时,电子控制单元(ECU)接收各传感器送来的发动机工况信号,并根据ECU内部预先编制的控制程序和存储的数据,通过计算、处理、判断,确定适应发动机工况的喷油量(喷油时间如图1-3所示)、点火提前角等参数,并将这些数据转变为电信号,向各个执行器发出指令,从而使发动机保持最佳运行状态。

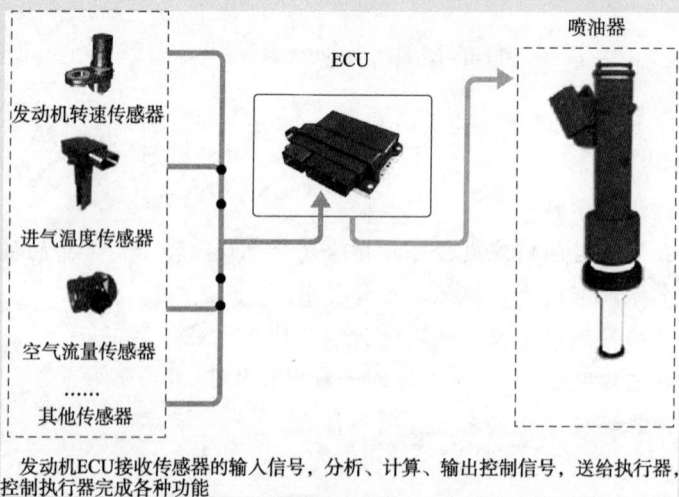

发动机ECU接收传感器的输入信号,分析、计算、输出控制信号,送给执行器,控制执行器完成各种功能

图1-3 喷油器的控制

理论链接2　发动机故障指示灯系统组成与工作原理

在发动机电子控制系统中,当某个传感器、执行器及 ECU 出现故障时,随车诊断系统将会以点亮故障指示灯(MIL)的形式提醒驾驶人,如图1-4所示。

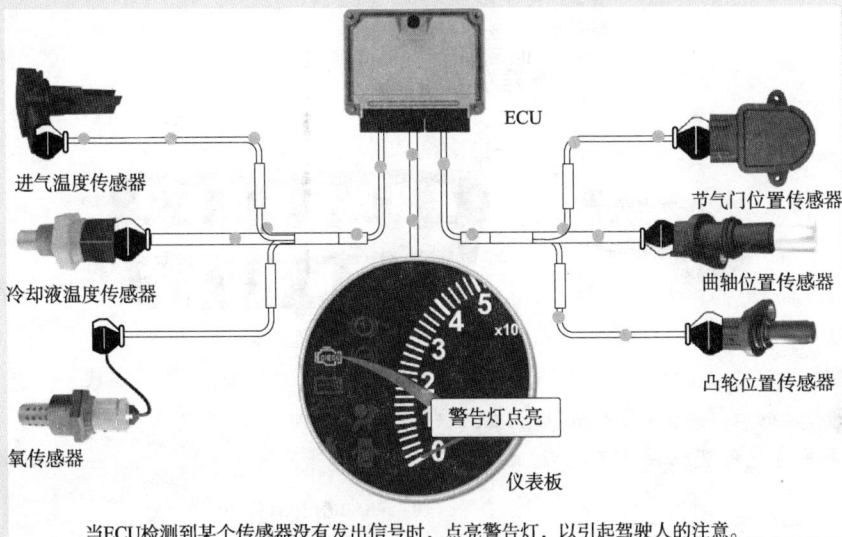

当ECU检测到某个传感器没有发出信号时,点亮警告灯,以引起驾驶人的注意。

图1-4　发动机故障指示灯系统组成

理论链接3　随车诊断系统

随车诊断系统能自动检测发动机电子控制系统,并把产生的故障以故障码的形式存储起来,使用汽车故障诊断仪可以检测出故障码,如图1-5所示,判断故障部位。

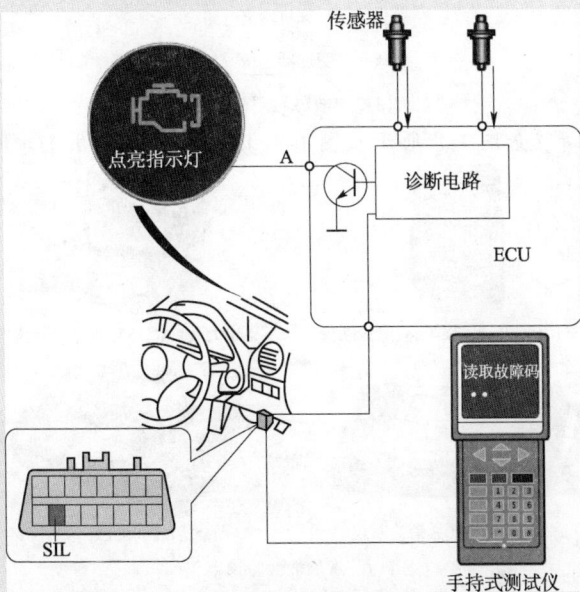

图1-5　故障码的读取

第二代随车诊断系统由美国汽车工程师协会制定标准,称之为 OBD – Ⅱ,并规定了从 1996 年起在世界范围内统一执行,第二代随车诊断系统具有以下特点。

(1)较强的检测排放功能。

(2)采用标准的 OBD – Ⅱ16 端子数据通信连接器(DLC),如图 1-6 所示。

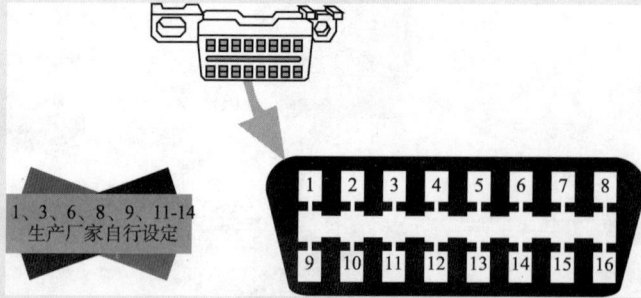

图1-6 OBD – Ⅱ16 端子数据通信连接器

(3)标准的通信协议、诊断模式和通用的诊断仪,使诊断仪使用很方便。

(4)统一的故障码编制方法及含义,使故障码的识别和分析更快速。

故障码规范含义如图 1-7 所示。

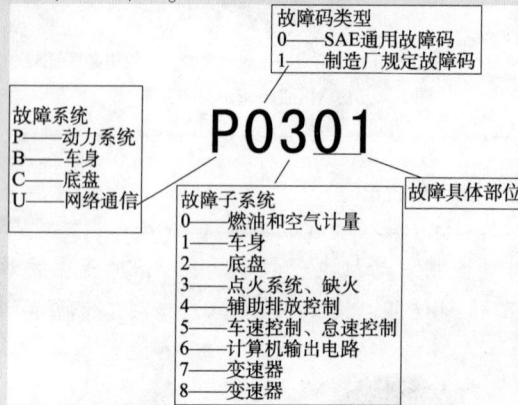

图1-7 故障码规范含义

常见的故障诊断仪如图 1-8 所示。图 1-8a)、b)所示为专用型诊断仪。

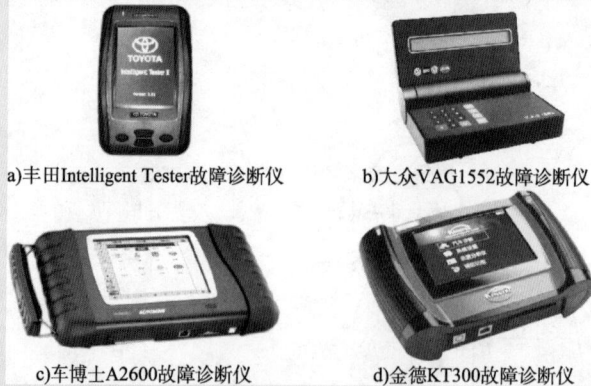

a)丰田Intelligent Tester故障诊断仪   b)大众VAG1552故障诊断仪

c)车博士A2600故障诊断仪   d)金德KT300故障诊断仪

图1-8 常见的故障诊断仪

(5)统一的部件名称和缩写,标准的诊断信息数据格式,使各种信息不再混乱。

(6)信息量大。

项目路径

```
读取故障码
   ↓
检查故障部位
   ↓
排除故障
   ↓
竣工检查
```

项目步骤

首先起动发动机,确认故障现象,如果发动机故障指示灯亮,则进行下一步检查。

一 读取故障码

(1)检查挡位是否处于 P 挡或空挡。驻车制动器是否处于制动状态(图1-9)。

(2)打开车辆诊断接口盖,将汽车故障电脑诊断仪连接到车辆故障诊断接口(图1-10)。

图1-9　读取故障码(1)

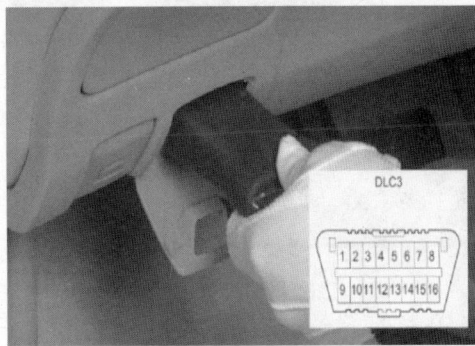

图1-10　读取故障码(2)

(3)将点火开关打到 ON 位置。并开启 ODIS 诊断系统或其他诊断设备(图 1-11)。

(4)选择启动诊断,选择车型(图 1-12)。

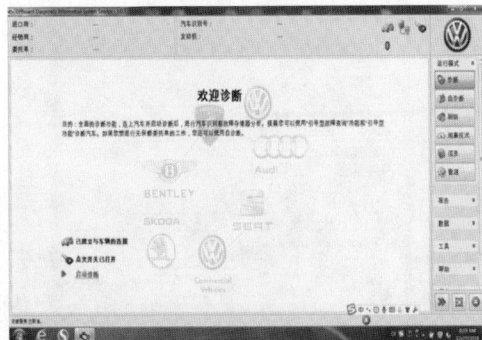

图1-11　读取故障码(3)

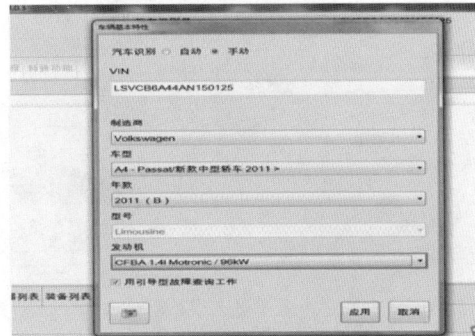

图1-12　读取故障码(4)

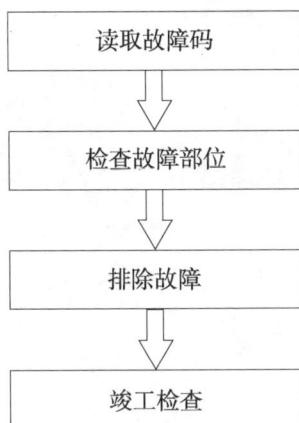

（5）进入系统后，选择发动机01，右键选择自诊断功能，选择事件存储器（图1-13）。

（6）如果有故障码，则将故障码记录下来（图1-14）。

图1-13 读取故障码(5)

图1-14 读取故障码(6)

知识拓展1   用汽车故障电脑诊断仪读取数据流

（1）检查挡位是否处于P挡或空挡。驻车制动器是否处于制动状态（图1-15）。

（2）打开车辆诊断接口盖，将汽车故障电脑诊断仪连接到车辆故障诊断接口（图1-16）。

图1-15 读取数据流(1)

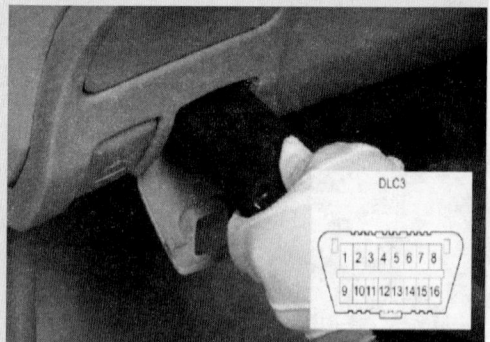

图1-16 读取数据流(2)

（3）将点火开关打到ON位置。并开启ODIS诊断系统或其他诊断设备（图1-17）。

（4）选择启动诊断，选择车型（图1-18）。

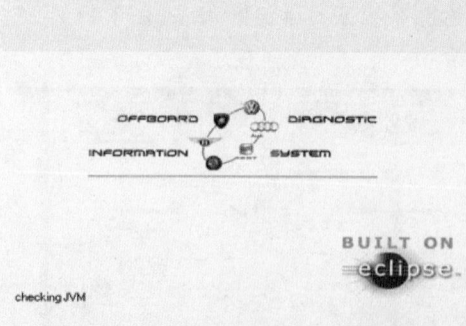

图1-17 读取数据流(3)

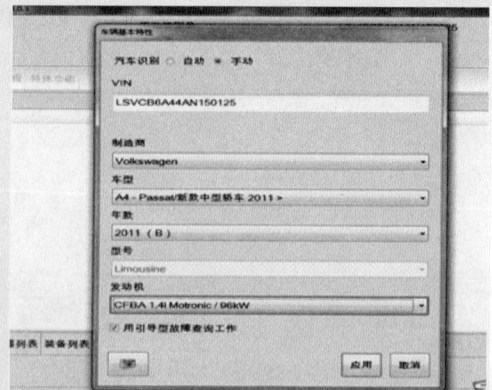

图1-18 读取数据流(4)

(5)进入系统后,选择发动机01,右键选择引导功能,选择测量值(图1-19)。

(6)根据列表选择发动机转速,点击确定(图1-20)。

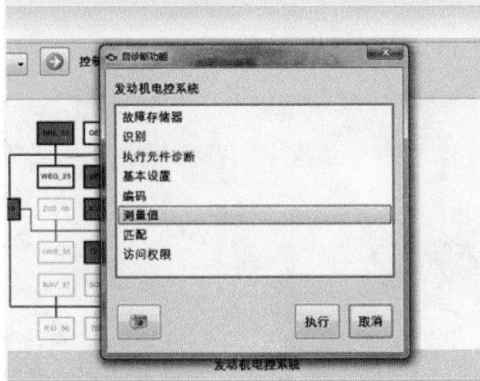

图1-19 读取数据流(5)

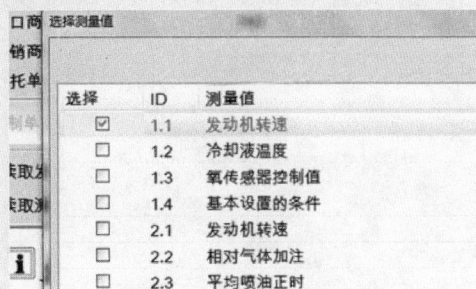

图1-20 读取数据流(6)

(7)读取并观察数据流(图1-21)。

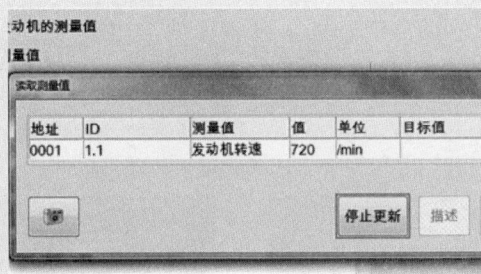

图1-21 读取数据流(7)

知识拓展2 检测传感器信号脉冲波形(以曲轴位置传感器为例)

(1)起动发动机,使发动机暖机(图1-22)。

(2)熄火并断开蓄电池,连接 VAG1598/39 42(图1-23)。

图1-22 检测传感器信号脉冲波形(1)

图1-23 检测传感器信号脉冲波形(2)

（3）关闭点火开关，松开 ECU94 针插头，连接 1598/39 的 60 针 Y 形电缆 ECU 插头（图 1-24）。

（4）连接 1598/39 的 60 针 Y 形电缆线束插头（图 1-25）。

图 1-24　检测传感器信号脉冲波形(3)

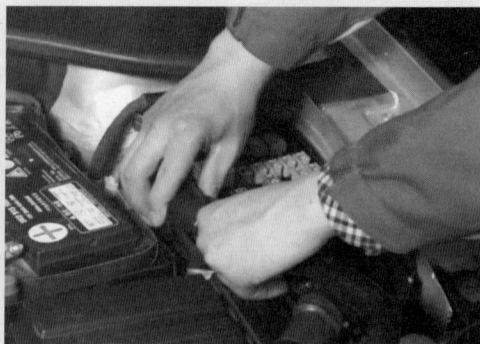

图 1-25　检测传感器信号脉冲波形(4)

（5）将 1598/39 的 A、B 插头正确插接到 1598/42 上并锁紧。连接搭铁夹（图 1-26）。

（6）测试 T60/54 波形，发动机处于怠速运转状态时，调整示波器量程为 2V/格、10ms/格（图 1-27）。

图 1-26　检测传感器信号脉冲波形(5)

图 1-27　检测传感器信号脉冲波形(6)

（7）检测 T60/54 搭铁波形，则为 G28 波形（图 1-28）。

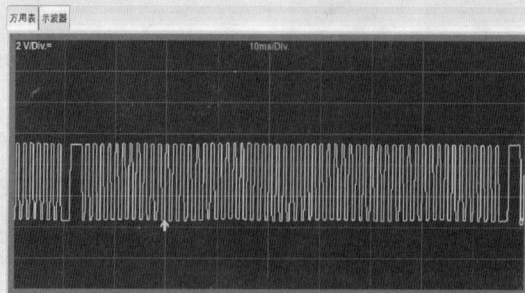

图 1-28　检测传感器信号脉冲波形(7)

1.检查曲轴位置传感器电路供电电压

PASSAT 曲轴位置传感器电路如图1-29 所示。

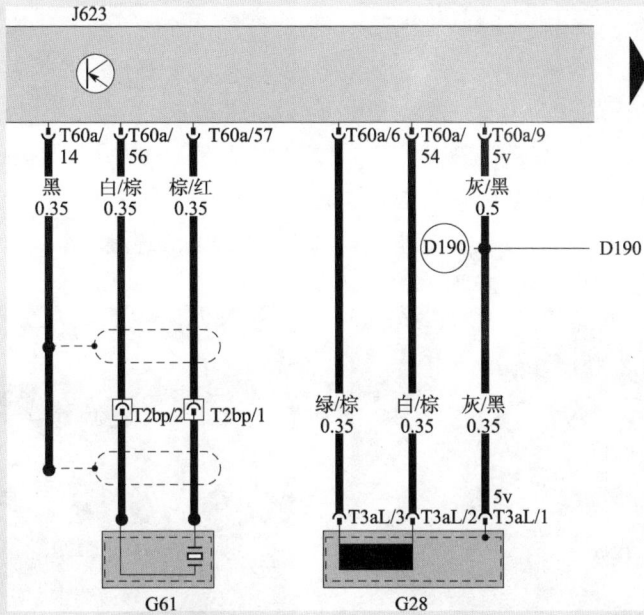

图1-29 PASSAT 曲轴位置传感器电路

(1)关闭发动机,注意挡位和驻车制动器,断开蓄电池连接(图1-30)。

(2)熄火后,断开蓄电池,连接 VAG1598/39 42(图1-31)。

图1-30 检查传感器供电电压(1)

图1-31 检查传感器供电电压(2)

(3)用万用表的电压挡检测 T60a/9 端子和搭铁之间的电压(图1-32)。

(4)正常电压为 5V。若检测数据不在规定范围内,说明曲轴位置传感器电路存在故障,则检测曲轴位置传感器的电路(图1-33)。

图1-32 检查传感器供电电压(3)

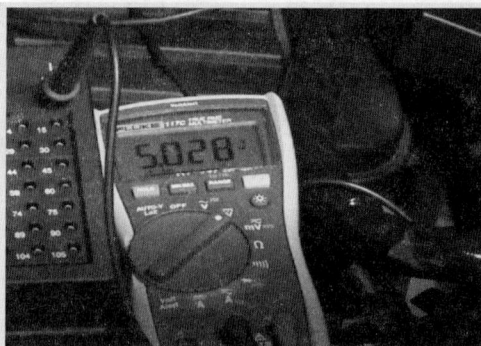

图1-33 检查传感器供电电压(4)

2. 检查曲轴位置传感器信号电压

(1)关闭发动机,注意挡位和驻车制动器,断开蓄电池连接(图1-34)。

(2)连接 VAG1598/39 42(图1-35)。

图1-34 检查传感器信号电压(1)

图1-35 检查传感器信号电压(2)

(3)用万用表的电压挡检测 T60a/54 端子和搭铁之间的电压,正常电压为 2.5V 左右。若检测数据不在规定范围内,说明曲轴位置传感器或电路存在故障,则检测曲轴位置传感器的电路(图1-36)。

图1-36 检查传感器信号电压(3)

3. 检查曲轴位置传感器电路

(1)断开曲轴位置传感器连接器。

(2)断开发动机 ECU 连接器。

(3)将万用表旋转至欧姆(Ω)挡,检测以下两端子之间电阻,记录检测数据并与表 1-1 中数据进行比对。

检测两端子之间的电阻		表 1-1
检测端子	检测条件	规定状态
T3aL/1 与 T60a/9	始终	<1.5Ω
T3aL/2 与 T60a/54	始终	<1.5Ω
T3aL/3 与 T60a/6	始终	<1.5Ω

若检测数据不在规定范围内,说明曲轴位置传感器与发动机 ECU 之间电路存在断路故障,插紧线束连接器或者更换线束连接器。

(4)检测传感器三端子与车身搭铁之间电阻,记录检测数据并与表 1-2 中数据进行比对。

检测传感器三端子与车身搭铁之间电阻		表 1-2
检测端子	检测条件	规定状态
T3aL/1 与车身搭铁	始终	10kΩ 或更大
T3aL/2 与车身搭铁	始终	10kΩ 或更大
T3aL/3 与车身搭铁	始终	10kΩ 或更大

若检测数据不在规定范围内,说明曲轴位置传感器与发动机电脑之间电路存在短路故障,则插紧线束连接器或者更换线束连接器。

(5)重新连接曲轴位置传感器连接器。

(6)重新连接发动机 ECU 连接器。

4.检查曲轴位置传感器安装情况,如图 1-37 所示。

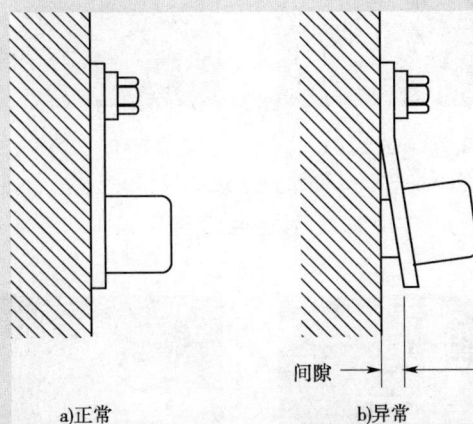

图 1-37 曲轴位置传感器安装

检查曲轴位置传感器的安装情况,保证安装正确并且牢固。

5.检查曲轴位置信号盘

检查曲轴位置信号盘有无裂纹或变形。若曲轴位置信号盘出现裂纹或变形情况,则需要更换曲轴位置信号盘。

知识拓展4　检测霍尔传感器信号脉冲波形

（1）起动发动机，使发动机暖机（图1-38）。

（2）熄火并断开蓄电池，连接 VAG1598/39 42（图1-39）。

图1-38　检测霍尔传感器信号脉冲波形(1)

图1-39　检测霍尔传感器信号脉冲波形(2)

（3）关闭点火开关，松开 ECU94 针插头，连接 1598/39 的 60 针 Y 形电缆 ECU 插头（图1-40）。

（4）连接 1598/39 的 60 针 Y 形电缆线束插头（图1-41）。

图1-40　检测霍尔传感器信号脉冲波形(3)

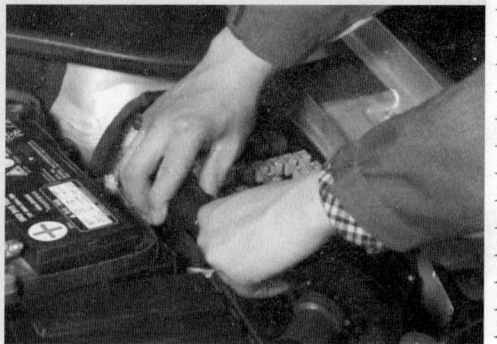

图1-41　检测霍尔传感器信号脉冲波形(4)

（5）将 1598/39 的 A、B 插头正确插接到 1598/42 上并锁紧。连接搭铁夹（图1-42）。

（6）测试 T60/39 波形，发动机处于怠速运转状态时，调整示波器量程为 2V/格、10ms/格（图1-43）。

图1-42　检测霍尔传感器信号脉冲波形(5)

图1-43　检测霍尔传感器信号脉冲波形(6)

汽车发动机故障诊断与排除

12

（7）检测 T60/39 搭铁波形,则为 G40 波形(图1-44)。

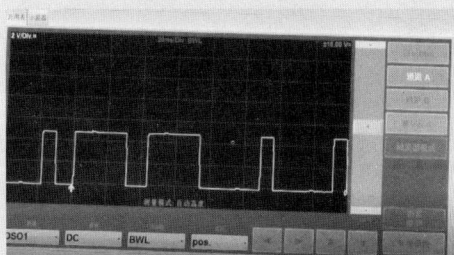

图1-44　检测霍尔传感器信号脉冲波形(7)

知识拓展5　霍尔传感器数据或波形异常的解决步骤

1.检查霍尔传感器电路供电电压

PASSAT 霍尔传感器电路如图1-45所示。

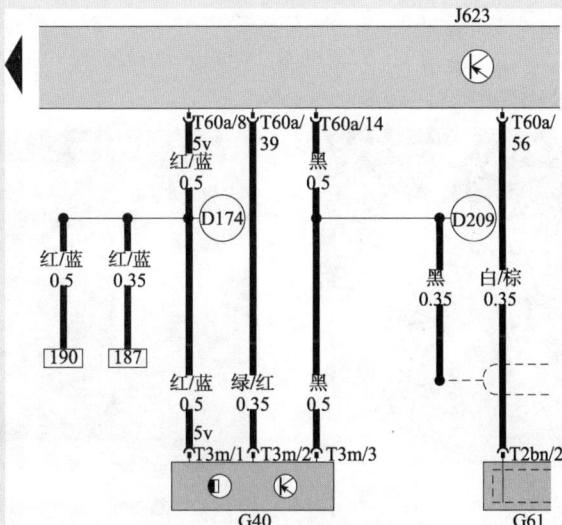

图1-45　PASSAT 霍尔传感器电路

（1）关闭发动机,注意挡位和驻车制动器,断开蓄电池连接(图1-46)。

（2）连接 VAG1598/39 42(图1-47)。

图1-46　检查传感器供电电压(1)

图1-47　检查传感器供电电压(2)

（3）用万用表的电压挡检测 T60a/8 端子和搭铁之间的电压，即为霍尔传感器电压（图1-48）。

（4）正常电压为5V。若检测数据不在规定范围内，说明霍尔传感器电路存在故障，则检测霍尔传感器的电路（图1-49）。

图1-48　检查传感器供电电压(3)

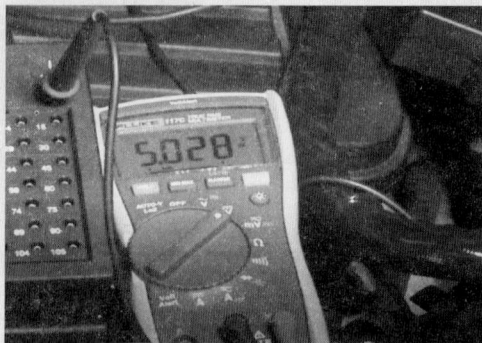
图1-49　检查传感器供电电压(4)

2.检查霍尔传感器信号电压

（1）关闭发动机，注意挡位和驻车制动器，断开蓄电池连接（图1-50）。

（2）连接 VAG1598/39 42（图1-51）。

图1-50　检查传感器信号电压(1)

图1-51　检查传感器信号电压(2)

（3）用万用表的电压挡检测发动机未起动时，T60a/39 端子和搭铁之间的电压，正常电压为5V或0V。若检测数据不在规定范围内，说明霍尔位置传感器或电路存在故障，则检测传感器的电路（图1-52）。

图1-52　检查传感器信号电压(3)

3.检查霍尔传感器电路

(1)断开霍尔位置传感器连接器。

(2)断开发动机 ECU 连接器。

(3)将万用表旋转至欧姆(Ω)挡,检测以下两端子之间电阻,记录检测数据并与表1-3中数据进行比对。

检测两端子之间电阻   表1-3

检测端子	检测条件	规定状态
T3m/1 与 T60a/8	始终	<1.5Ω
T3m/2 与 T60a/39	始终	<1.5Ω
T3m/3 与 T60a/14	始终	<1.5Ω

若检测数据不在规定范围内,说明霍尔传感器与发动机 ECU 之间电路存在断路故障,插紧线束连接器或者更换线束连接器。

(4)检测霍尔传感器三端子与车身搭铁之间电阻,记录检测数据并与表1-4 中数据进行比对。

检测霍尔传感器三端子与车身搭铁之间电阻   表1-4

检测端子	检测条件	规定状态
T3m/1 与车身搭铁	始终	10kΩ 或更大
T3m/2 与车身搭铁	始终	10kΩ 或更大
T3m/3 与车身搭铁	始终	10kΩ 或更大

若检测数据不在规定范围内,说明霍尔传感器与发动机 ECU 之间电路存在短路故障,则插紧线束连接器或者更换线束连接器。

(5)重新连接霍尔传感器连接器。

(6)重新连接发动机 ECU 连接器。

4.检查霍尔传感器安装情况

保证传感器安装正确并且传感器测量面无金属碎屑等杂物。

5.检查霍尔传感器信号轮

检查霍尔传感器信号轮有无裂纹或变形。若霍尔传感器信号轮出现裂纹或断裂情况,则需要更换霍尔传感器信号轮。全新的霍尔传感器轮如图所示1-53 所示。

图1-53　霍尔传感器信号轮

二 竣工检查

经过以上检查,确定故障部位并进行维修或更换。维修完毕后,起动车辆,检查故障指示灯是否熄灭,如图1-54所示。如果熄灭,说明故障已经排除,如果仍然亮起,则说明故障未完全排除,按照项目中的步骤,重新进行检查和维修。

维修工作结束后,将工具放回原处,清洁并整理工作场地。

图1-54 车辆最终检查

项目评价

评 分 表

项目编号:

姓名:_____ 学号:_____

开始时间:__时__分 结束时间:__时__分 用时:_____

序号	项目	评分项目	评价标准	分值	学生自评	学生互评	教师评价
1	时间要求	按规定时间完成项目作业	酌情扣1~5分	5			
2	时间要求	选用工具恰当	酌情扣1~5分	5			
3	质量要求	能正确读取故障码	操作错误无分	20			
4		能正确排除故障码对应故障	不能排除无分	50			
5		及时清理工具和工作现场	酌情扣1~5分	5			
6	安全要求	遵守安全操作规程	酌情扣1~5分	5			
7	文明要求	按文明生产规则进行操作	酌情扣1~5分	5			
8	环保要求	更换旧件放入规定回收桶	酌情扣1~5分	5			
		本项目得分		100			
					日期:		

注:发生重大事故(人身和设备安全事故)、严重违反维修原则和情节严重的野蛮操作等,采取一票否决制。

项目拓展

在本项目中,学习了处理由于曲轴位置传感器故障,导致发动机故障指示灯常亮的故障。但是,在发动机电子控制系统中,还有很多其他的传感器,也可能会导致发动机故障指示灯常亮,请你阅读以下案例,然后按照本项目中学习的处理思路,排除案例中的故障。

案例

一辆轿车,发动机转速难以超过2400r/min,并且起动困难。据车主反映,此车以前一切正常,发生故障后,已更换了几个同类型的进气压力传感器,但故障依旧。检查故障码,出现进气压力传感器的故障码,清除故障码之后,重新进行自诊断,故障码依然存在。

试分析故障原因,并给出故障排除流程图。

（1）分析故障。

（2）读取故障码。

（3）检查故障部位。

（4）排除故障。

项目二 冷却液温度报警灯常亮故障诊断

一辆帕萨特轿车在行驶途中,仪表板上的发动机冷却液温度报警灯突然亮起,如图2-1所示。驾驶人驾车来到维修站,请你对车辆故障进行检测与维修。

图2-1 发动机冷却液温度报警灯

项目要求

1. 时间要求:建议4学时。
2. 能力要求:在规定时间内完成检查与排除冷却液温度报警灯常亮的任务。
3. 质量要求:参照厂家的生产规范及质量要求。
4. 安全要求:严格按照安全操作规程进行项目作业。
5. 5S作业:自觉按照企业5S生产规则进行项目作业。
6. 环保要求:努力按照环境保护要求进行项目作业。

项目分析

冷却液温度报警灯是显示发动机冷却液温度过高的指示灯,正常行驶时,若此灯点亮报警,应及时停车并关闭发动机,待冷却液冷却至正常温度后再继续行驶。如果继续行驶,可能会导致发动机损毁的严重后果! 冷却液温度报警灯常亮一般由图2-2所示故障引起。

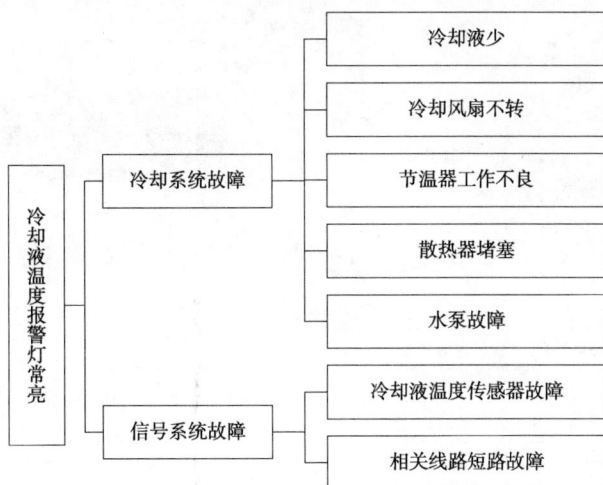

图 2-2 冷却液温度报警灯常亮的故障原因

发动机冷却系统一般采用强制水冷系统,主要由散热器、风扇、水泵、节温器和水套等部件组成,如图 2-3 所示。

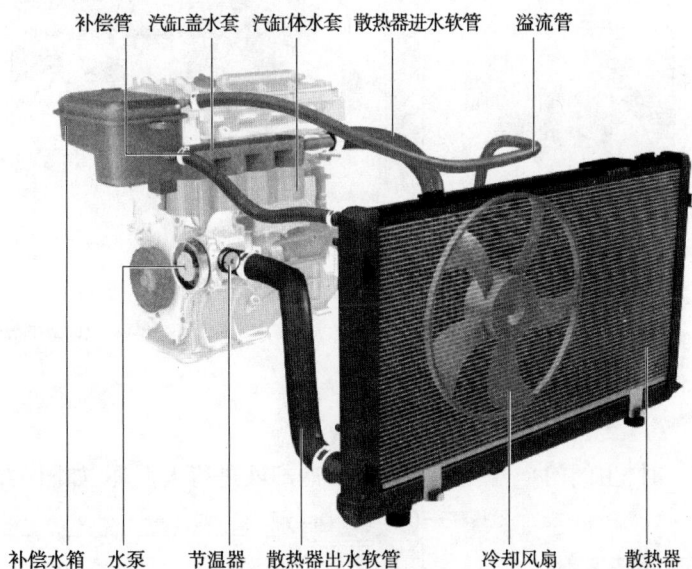

图 2-3 强制水冷系统组成

冷却液在水泵的作用下,流经汽缸体及汽缸盖的冷却水套,吸收热量,然后沿水管流入散热器。利用汽车行驶的速度及风扇的强力抽吸,使空气流由前向后高速通过散热器,不断地将流经散热器的高温冷却液的热量散到大气中去,使冷却液温度下降,冷却后的水流至散热器底部后,被水泵再次压入发动机的水套中,如此循环将发动机工作时产生的热量带走,以保证发动机正常工作。

在强制循环式水冷系统中,节温器用来控制水的循环路径,将冷却液循环路线切分为大循环和小循环。

冷却液温度低于 87℃(朗逸)时,节温器的主阀门关闭,副阀门开启,冷却液进行小循环,如图 2-4 所示。

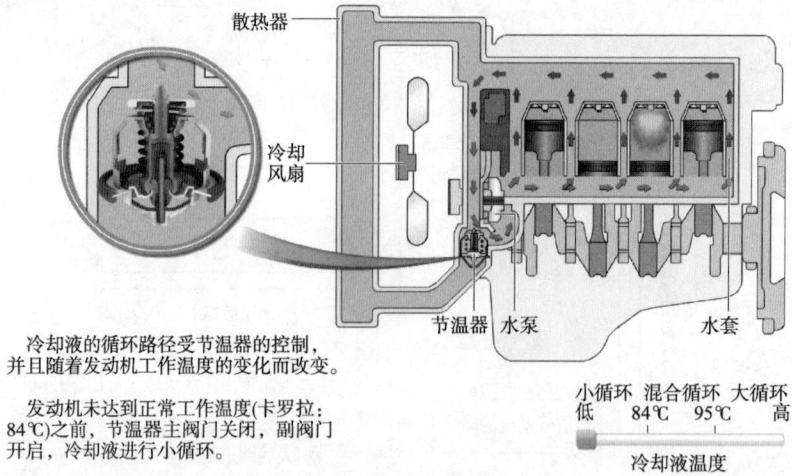

冷却液的循环路径受节温器的控制,并且随着发动机工作温度的变化而改变。

发动机未达到正常工作温度(卡罗拉:84℃)之前,节温器主阀门关闭,副阀门开启,冷却液进行小循环。

小循环　混合循环　大循环
低　　84℃　95℃　　高
冷却液温度

图2-4　冷却液小循环

温度在87~95℃时,主阀门部分打开,副阀门部分关闭,冷却液进行混合循环,如图2-5所示。

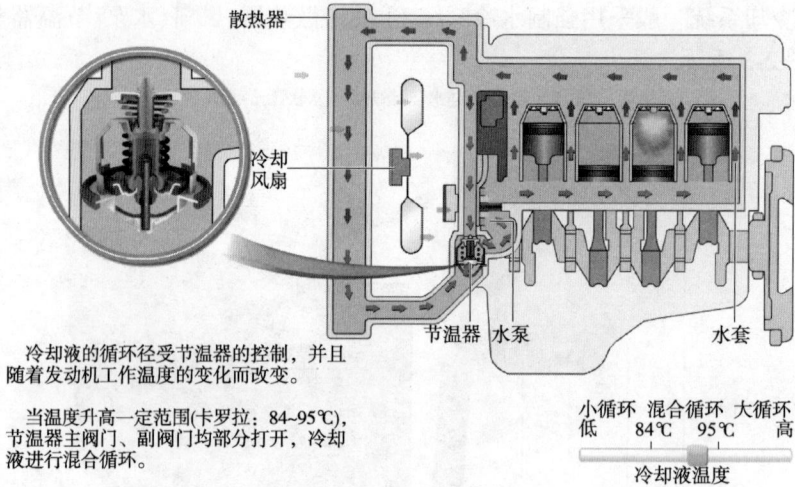

冷却液的循环径受节温器的控制,并且随着发动机工作温度的变化而改变。

当温度升高一定范围(卡罗拉:84~95℃),节温器主阀门、副阀门均部分打开,冷却液进行混合循环。

小循环　混合循环　大循环
低　　84℃　95℃　　高
冷却液温度

图2-5　冷却液混合循环

温度达到95℃时,主阀门全开,副阀门全关,冷却液进行大循环,如图2-6所示。

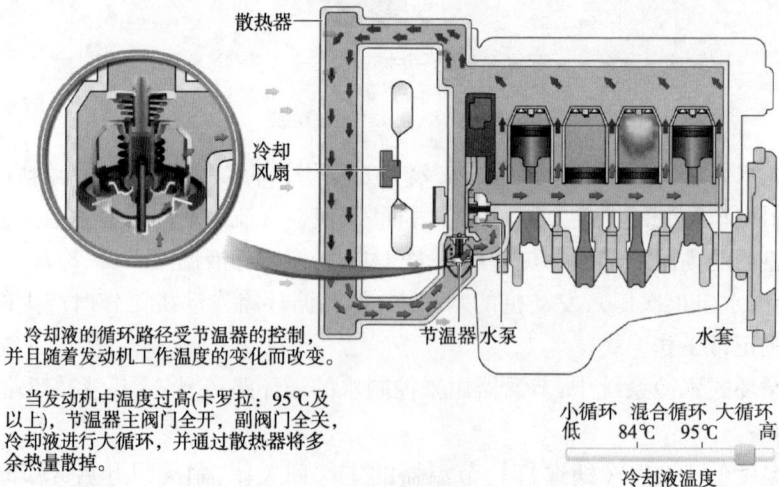

冷却液的循环路径受节温器的控制,并且随着发动机工作温度的变化而改变。

当发动机中温度过高(卡罗拉:95℃及以上),节温器主阀门全开,副阀门全关,冷却液进行大循环,并通过散热器将多余热量散掉。

小循环　混合循环　大循环
低　　84℃　95℃　　高
冷却液温度

图2-6　冷却液大循环

新帕萨特采用双节温器控制。冷却系统是以汽缸体迅速加热,汽缸体的温度明显高于汽缸盖这样的方式而设计的。为了实现此功能,使用了两个节温器。冷却液节温器安装于普通壳体中。节温器由膨胀元件控制。为检测冷却液温度,冷却液温度传感器 G62 集成在节温器 2 的壳体内。如图 2-7 所示,在这里测量流过汽缸盖的冷却液温度。

把冷却系统分成两个循环路径的优点:

(1)快速加热汽缸体,冷却液会停留在汽缸体中,直到汽缸体里的温度达到 105℃。

(2)由于汽缸体里的高温,降低了曲柄连杆机构的内部摩擦。

(3)由于汽缸盖的良好冷却,降低了燃烧室的内部温度。因此,增加了容积效率且降低了敲缸强度。

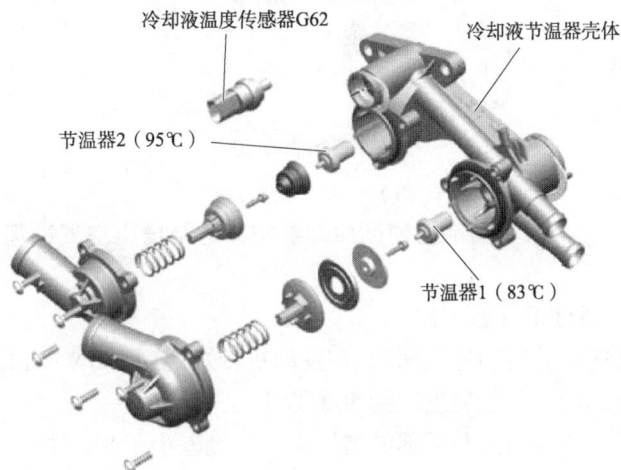

冷却液温度传感器G62

冷却液节温器壳体

节温器2(95℃)

节温器1(83℃)

图 2-7　双节温器冷却系统

主冷却循环路径如图 2-8 所示。

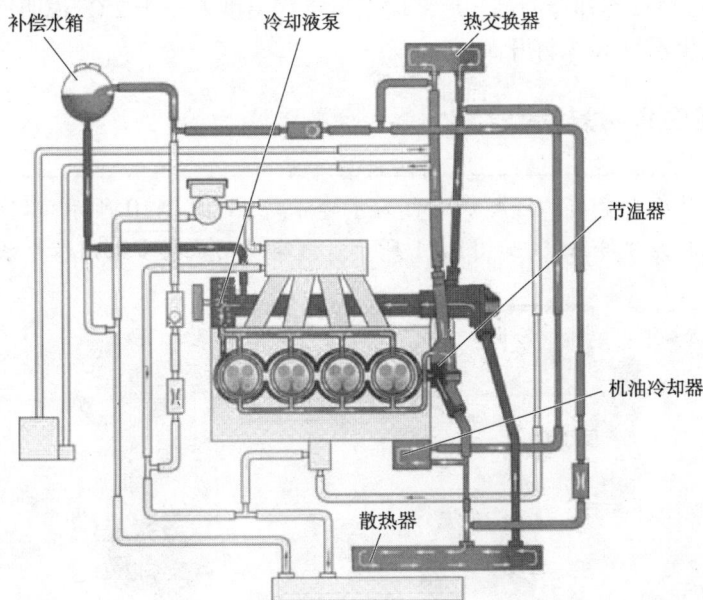

补偿水箱

冷却液泵

热交换器

节温器

机油冷却器

散热器

图 2-8　主冷却循环路径

21

增压空气冷却如图 2-9 所示。

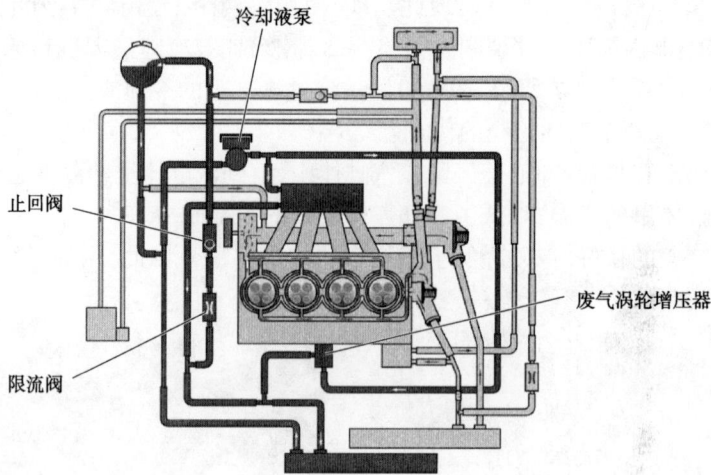

图 2-9　增压空气冷却

冷却液泵把冷却液从汽车前端的辅助冷却器中输送至增压空气冷却器和废气涡轮增压器中。

冷却液泵在下列条件下开始工作：

(1) 在发动机每次起动后的短时间内，在发动机转矩达到 100N·m 以上。

(2) 在进气歧管的增压空气温度达到 50℃ 以上。

(3) 当增压空气冷却器前部和后部的增压空气温度差小于 8℃ 时。

(4) 当发动机运行时每 120s 工作 10s，以避免燃烧积炭。

(5) 根据发动机综合特性曲线而定，在发动机关闭后工作 0~480s，以避免过热而使废气涡轮增压器形成气孔。

(6) 如果增压空气冷却器前部和后部的增压空气温度差小于 2℃，说明冷却液循环泵出现了故障。排气警示灯 K83 打开。

理论链接1　冷却系统类

以冷却液为冷却介质的冷却系统称为水冷系统，如图 2-10 所示，以空气为冷却介质的冷却系统称为风冷系统，如图 2-11 所示。汽车发动机大多采用水冷系统。

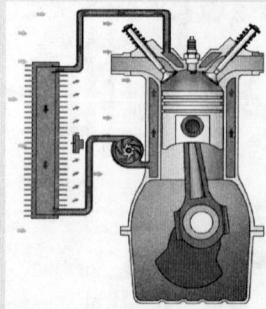

图 2-10　水冷系统　　　图 2-11　风冷系统

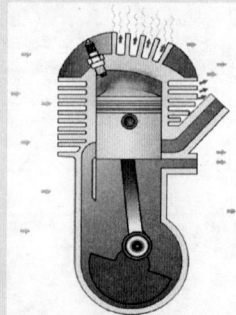

项目路径

```
┌─────────────────────────┐
│ 检查冷却液温度控制信号系统 │
└─────────────────────────┘
            ↓
     ┌──────────────┐
     │  检测冷却系统  │
     └──────────────┘
            ↓
     ┌──────────────┐
     │   竣工检查    │
     └──────────────┘
```

项目步骤

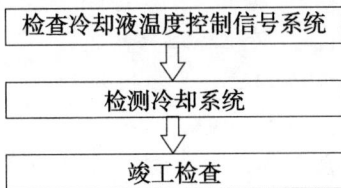

首先起动发动机,确认故障现象,如果冷却液温度报警灯亮,进一步检查冷却系统各部件。

一 检查冷却液温度控制信号系统

使用汽车故障电脑诊断仪读取故障码,冷却系统相应的故障码含义见表2-1。

冷却系统故障含义　　　　　　　　　　　　　　　　　　表2-1

冷却液温度传感器故障	P011700	发动机冷却液温度信号太低	01-发动机电控系统 (KWP2000/TP20/M06IA0BK4???/IA04/		
			事件代码	SAE代码	事件文字
	P011800	发动机冷却液温度信号太高	00280 000	P0118	发动机冷却液温度传感器1 过大信号,tbd

如果有以上故障码,则表示冷却液温度传感器故障。如无故障码,则进行下一步操作。

知识拓展　故障码 P011700、P011800 解决步骤

使用汽车故障电脑诊断仪读取数据流中的冷却液温度值。在发动机暖机时,数据流数值应在 80~100℃(176~212°F)。将读取到的数值与表2-2中的标准值进行对比,确定故障部位。

冷却液温度标准值　　　　　　　　　　　　　　　表2-2

标　准　值	转　　至
-40℃ (-84.8°F)	故障2诊断与排除
140℃(284°F)或更高	故障1诊断与排除

❶ 故障1:冷却液温度传感器电路短路

(1)用诊断仪读取冷却液温度传感器的数据流值。

①确认发动机冷却液温度传感器连接良好。

②断开冷却液温度传感器连接器。

③连接线束侧传感器连接器端子1和2,如图2-12所示。

④将智能检测仪连接到诊断座。

⑤将点火开关置于ON位置并开启检测仪。

⑥选择以下菜单项:大众 / 新帕萨特 / 发动机 / 数据流。

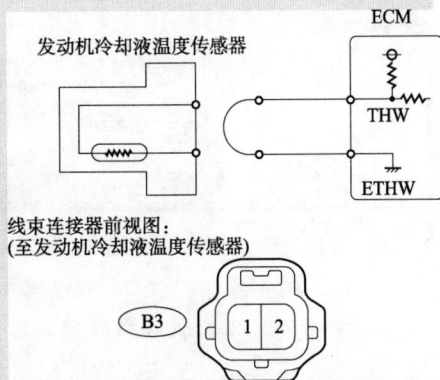

图2-12　冷却液温度传感器短路

23

⑦读取检测仪上的显示值。标准值:140℃(284°F)或更高。

⑧重新连接发动机冷却液温度传感器连接器。

如果读取的数值在140℃或以上,则更换发动机冷却液温度传感器,否则,执行步骤(2)。

(2)检测发动机冷却液温度传感器信号电压。

①将万用表旋至电压挡。

②红色表笔连接V.A.G1598/42测量盒55号脚。

③黑色表笔连接V.A.G1598/42测量盒13号脚,如图2-13所示。

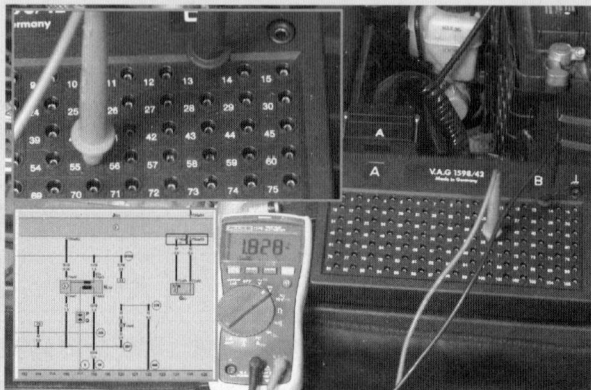

图2-13　冷却液传感器电压的检测

正常范围:1.5~4.0V,否则进行步骤③。

(3)检测发动机冷却液温度传感器—发动机ECU之间的线束和连接器。

①断开发动机冷却液温度传感器连接器。

②断开发动机ECU连接器。

③测量电阻。测量T2cf/1 - T60a/13间的电阻值,标准值小于1Ω(图2-14);测量T2cf/2 - T60a/555间的电阻值,标准值小于1Ω(图2-15)。

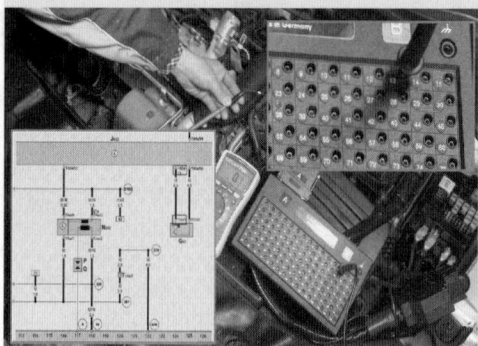

图2-14　测量T2cf/1 - T60a/13间的电阻值

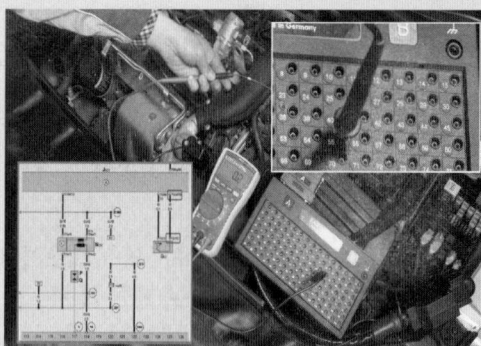

图2-15　测量T2cf/2 - T60a/555间的电阻值

④重新连接发动机冷却液温度传感器连接器。

⑤重新连接发动机ECU连接器。

如果读取的数值不在规定范围内,则更换线束或连接器(冷却液温度传感器—发动机ECU);如果读取数值在规定范围内,则更换发动机ECU。

2 故障2:冷却液温度传感器电路断路(图2-16)

(1)使用智能检测仪读取数值。

①断开冷却液温度传感器连接器。

②连接线束侧传感器连接器端子1和2,如图2-17、图2-18所示。

③将智能检测仪连接到诊断座。

④将点火开关置于 ON 位置并开启检测仪。

⑤选择以下菜单项:大众 / 新帕萨特 / 发动机 / 数据流。

⑥读取检测仪上的显示值。标准值: - 40℃(- 84.8°F)。

⑦重新连接发动机冷却液温度传感器连接器。

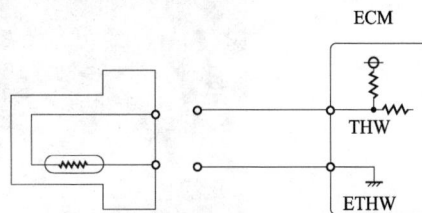

图 2-16　冷却液温度传感器断路

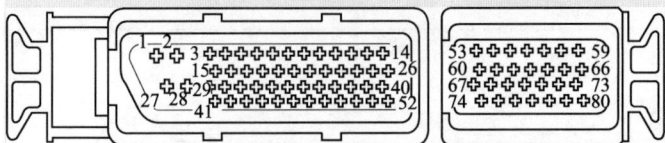

图 2-17　发动机端子

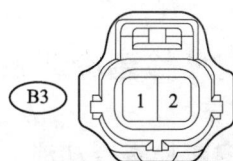

图 2-18　冷却液温度传感器端子

如果读取的数值在标准范围内,则更换发动机冷却液温度传感器,否则,执行步骤(2)。

(2)检查线束连接器(冷却液温度传感器—发动机ECU)。

①断开发动机冷却液温度传感器连接器。

②断开发动机 ECU 连接器。

③测量电阻并与表2-3 中的标准电阻对比。

测量 T2cf/1 或 T2cf/2 与车身搭铁之间的电阻　　　　　　　　表2-3

检测仪连接	条　件	标准电阻
T2cf/1 或 T2cf/2—车身搭铁	始终	10kΩ 或更大

④重新连接发动机冷却液温度传感器连接器。

⑤重新连接发动机 ECU 连接器。

如果读取的数值不在规定范围内,则更换线束或连接器(冷却液温度传感器—发动机 ECU)。

3 故障3:冷却液温度传感器的检测

①拆卸发动机控制单元60 针脚线束插接器。

②将万用表旋至电阻挡。

③红色表笔连接 V. A. G1598/42 测量盒 55 号脚。

④黑色表笔连接 V.A.G1598/42 测量盒 13 号脚,如图 2-19 所示。

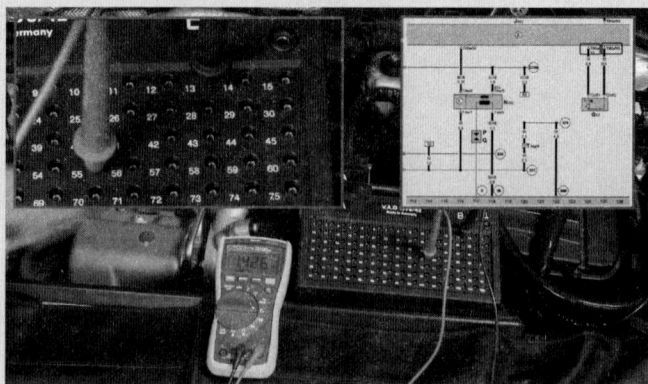

图 2-19　冷却液温度传感器的检测

如果读取的数值不在规定范围内,更换冷却液温度传感器,如果读取数值在规定范围内,则更换发动机 ECU。

二　检查冷却系统

1　检查冷却液

(1)检查冷却液液位。

发动机在冷机状态时,发动机冷却液液位应在 LOW 和 FULL 刻度线之间。目测观察冷却液液位是否在规定范围内。

提示:如果发动机冷却液液位低于 LOW 刻度线,检查冷却液是否泄漏,并添加"G12 + +或 G13 冷却液添加剂",或类似的不含硅酸盐、胺、亚硝酸盐和硼酸盐,且采用长效复合有机酸技术制成的优质乙二烯乙二醇冷却液到 FULL 刻度线。

(2)检查冷却液是否泄漏。

①向散热器总成中注满发动机冷却液,然后连接散热器盖检测仪,如图 2-20 所示。

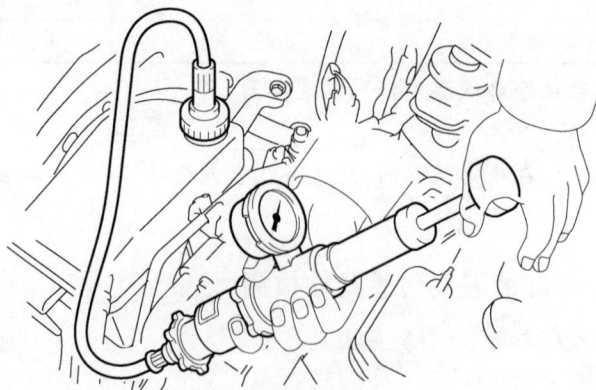

图 2-20　冷却液泄漏检查

②泵压至 108 kPa,然后检查并确认压力在规定时间内没有降低。如果压力下降,检查软管、散热器总成和水泵总成是否泄漏。如果发动机外部没有冷却液泄漏痕迹,则检查加热器芯、检查汽缸体和汽缸盖。

注意:为避免烫伤,不要在发动机和散热器总成仍然很烫时拆下散热器盖分总成。热膨胀会导致热的发动机冷却液和蒸汽从散热器总成中溢出。

② 散热器检查

理论链接2　散热器结构(图 2-21)

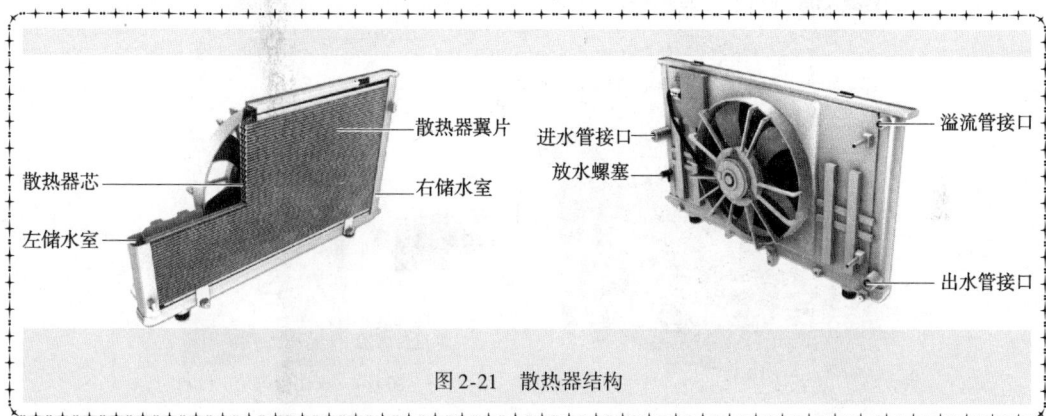

图 2-21　散热器结构

散热器翼片
散热器芯
右储水室
左储水室
进水管接口
放水螺塞
溢流管接口
出水管接口

理论链接3　散热器芯结构形式(图 2-22、图 2-23)

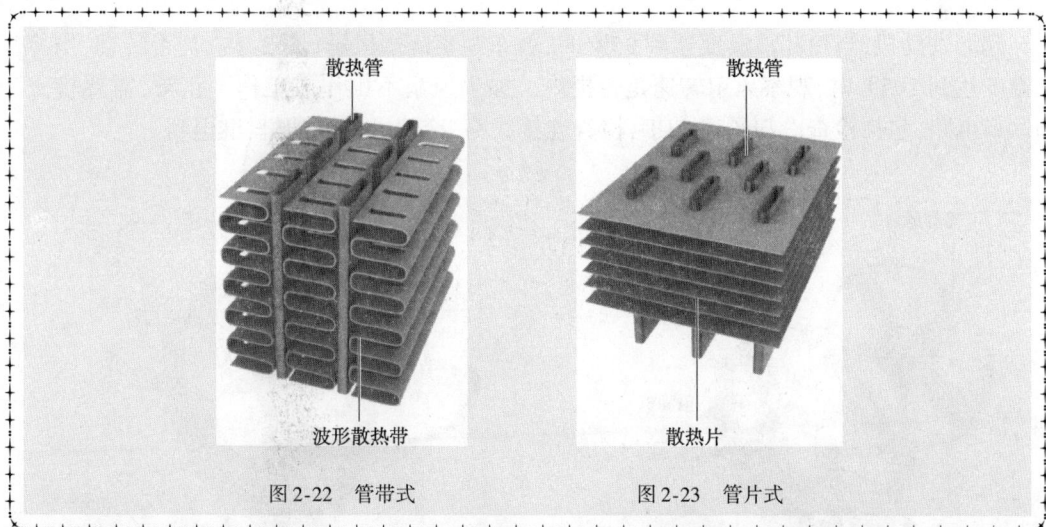

散热管
波形散热带
图 2-22　带式

散热管
散热片
图 2-23　管片式

(1)检查储液罐盖。

检查储液罐盖中的 O 形圈上是否有水垢或异物,如有,则用清水冲洗并用手指擦拭。

(2)检查散热器片。

就车观察散热器翼片是否弯曲。如果翼片合到一起,用手铺平(用螺丝刀或钳子)校直。

如果散热片阻塞,用水或蒸气清洁器清洗并用压缩空气吹干。

3 冷却风扇检修

现代轿车大多采用独立安装的电动风扇,如图2-24所示。特别是对于横置式发动机。电动机的开关由散热器的水温开关控制,并且有高低速两个挡位,低速挡在低温时使用(卡罗拉95～105℃),高速挡在高温时使用(丰田卡罗拉105℃以上),需要冷却时自动起作用。

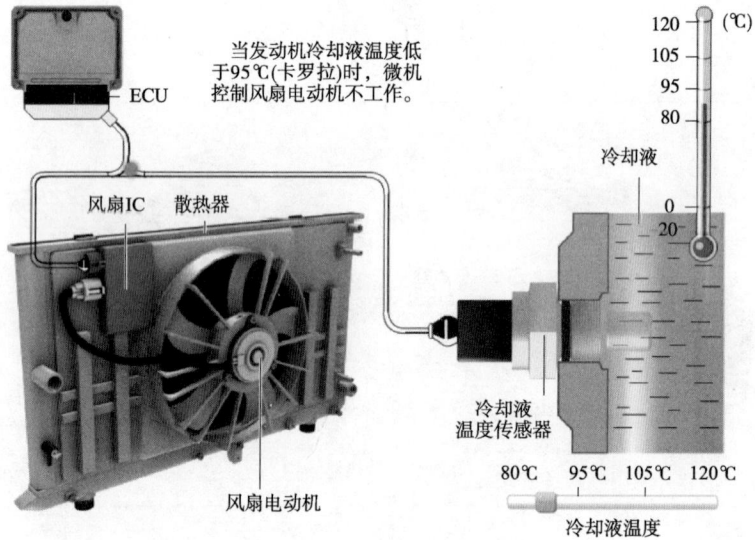

图2-24 冷却风扇组成

起动发动机,当冷却液温度达到95℃时,就车观察冷却风扇(图2-25)是否转动,当冷却液温度达到105℃时,观察风扇转速是否提高。如果风扇不工作或工作不正常,需要检查冷却风扇电路,包括检查冷却风扇ECU,检查连接线路、冷却风扇电动机、继电器。

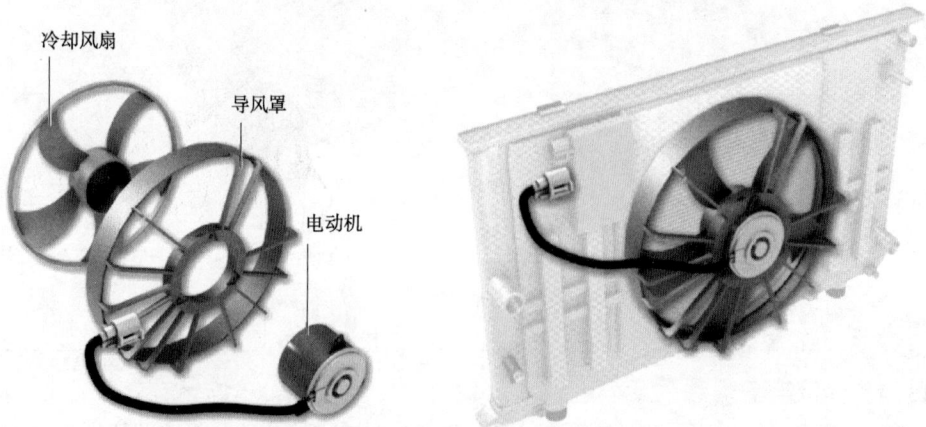

图2-25 冷却风扇

理论链接 4　冷却风扇常见传动类型（图 2-26～图 2-28）

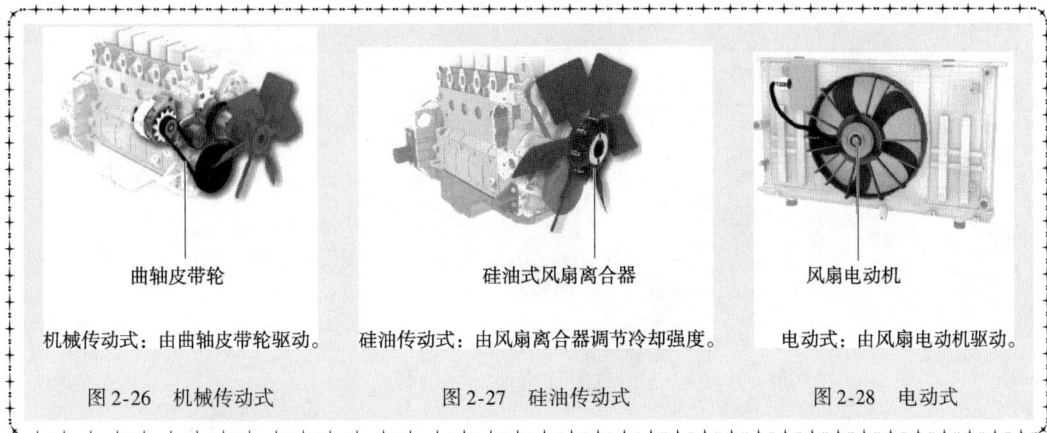

机械传动式：由曲轴皮带轮驱动。　　硅油传动式：由风扇离合器调节冷却强度。　　电动式：由风扇电动机驱动。

图 2-26　机械传动式　　　　　图 2-27　硅油传动式　　　　　图 2-28　电动式

（1）检查连接器。

检查冷却风扇 ECU 连接器及线束是否安装牢固,线路是否断路或搭铁,如果异常则需要更换。

（2）检查熔断丝。

将熔断丝从仪表板接线盒上拆下,目测观察熔断丝是否烧断。

（3）检查冷却风扇继电器。

从发动机舱继电器盒上取下冷却风扇继电器。使用万用表检查继电器电阻(表 2-4)。继电器端子如图 2-29 所示。

检测继电器电阻　　　　　　　　　　　　　　　　　　　　　表 2-4

检测仪连接	条　件	标准电阻
端子 3 与端子 5	—	10kΩ 或更大
端子 3 与端子 5	—	小于 1Ω(蓄电池电压施加在端子 1 和 2 上时)

如果结果不符合规定,则更换冷却风扇继电器。

（4）检查冷却风扇电动机。

①断开冷却风扇连接器。

②将蓄电池正极端子连接至冷却风扇连接器端子 2,并且将蓄电池负极端子连接至冷却风扇连接器端子 1,如图 2-30 所示。

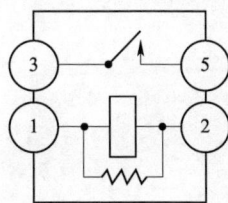
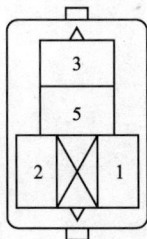

图 2-29　继电器端子

线束连接器前视图:
(至冷却风扇ECU)

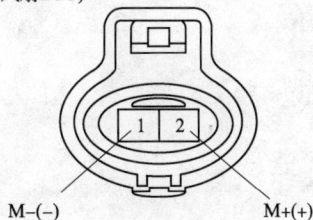

M−(−)　　　　　　　　　　M+(+)

图 2-30　冷却风扇电动机端子

③连接冷却风扇电动机连接器。

如果冷却风扇电动机不工作,则更换冷却风扇电动机。

理论链接5 冷却风扇电动机结构(图2-31)

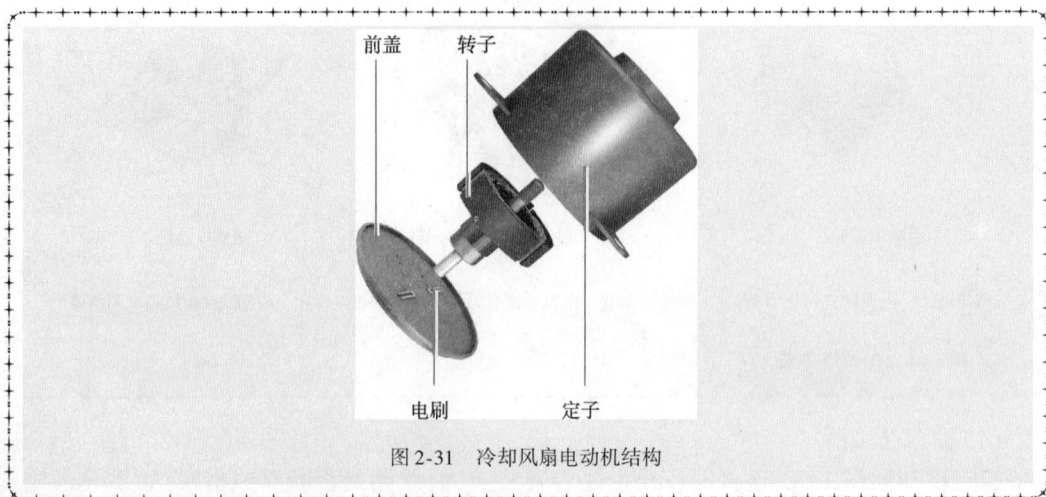

图2-31 冷却风扇电动机结构

实践操作 更换冷却风扇电动机

1.拆卸电子风扇电动机

(1)拆卸散热器总成。

(2)拆卸电子风扇叶片。用10mm套筒、接杆、棘轮扳手拆卸电子风扇叶片固定螺母,并拆下电子风扇叶片,如图2-32所示。

(3)拆卸电子风扇电动机。

①将电子风扇翻转至另一面,从风扇罩上断开连接器和2个卡夹,如图2-33所示。

②用十字螺丝刀拆下电子风扇电动机的3个固定螺钉,然后拆下电子风扇电动机,如图2-34所示。

图2-32 拆卸电子风扇叶片

图2-33 拆卸卡夹

图2-34 拆卸电子风扇电动机

2. 安装电子风扇电动机

(1) 安装电子风扇电动机(图 2-35)。

①将风扇罩对准电动机装配孔,用 3 个螺钉安装电子风扇电动机并依次分步紧固。

②将连接器和 2 个卡夹连接至风扇罩上。

(2) 安装风扇叶片(图 2-36)。

图 2-35 安装电子风扇电动机

图 2-36 安装风扇叶片

将风扇叶片中心孔的半圆部分对准电动机轴的半圆部分后推入,然后用螺母安装风扇叶片,安装力矩:$6.3\ \mathrm{N\cdot m}$。

注意:安装完螺母后,转动风扇叶片,检查风扇是否有卡滞、碰擦等现象。

(3) 安装散热器总成(图 2-37)。

图 2-37 安装散热器总成

❹ 节温器检查

用非接触式红外温度检测仪检测(或手背触试)散热器和汽缸体温度。若散热器温度低,而汽缸体温度很高,说明冷却液循环不良。打开散热器盖观察上水室进水口是否有水排出。若不排水说明水泵或节温器有故障。节温器工作不良,在发动机冷却液温度升高时,冷却液不经过散热器,只能进行小循环,因而汽缸体冷却液温度过高,而散热器温度却很低。此时应更换节温器。

①拆下节温器。

②测量节温器阀门开启温度。

标准温度:80～84℃(176～183°F)。

提示:除以上检查外,确认阀门在温度低于标准时完全关闭。

③重新安装节温器。

理论链接6　节温器结构(图2-38)

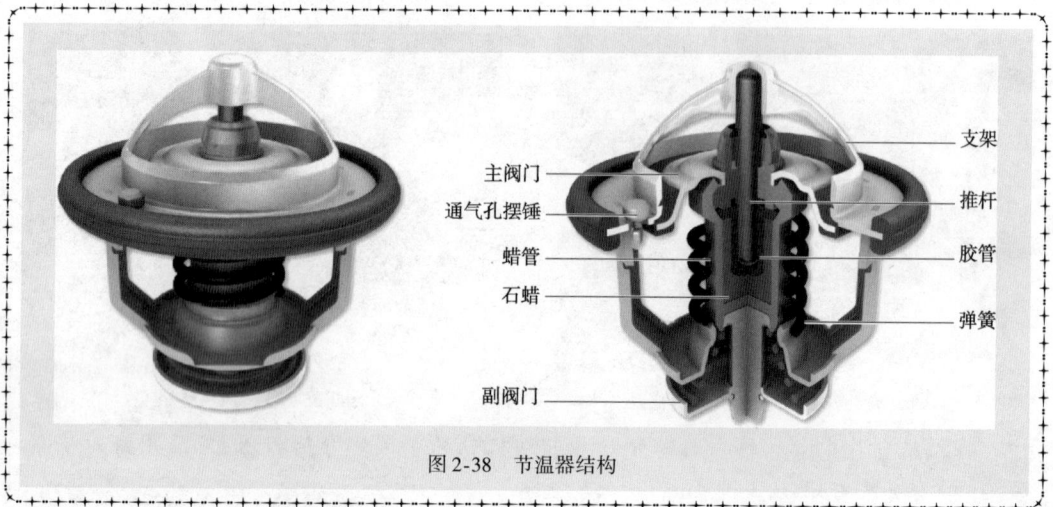

图2-38　节温器结构

理论链接7　蜡式节温器工作原理(图2-39)

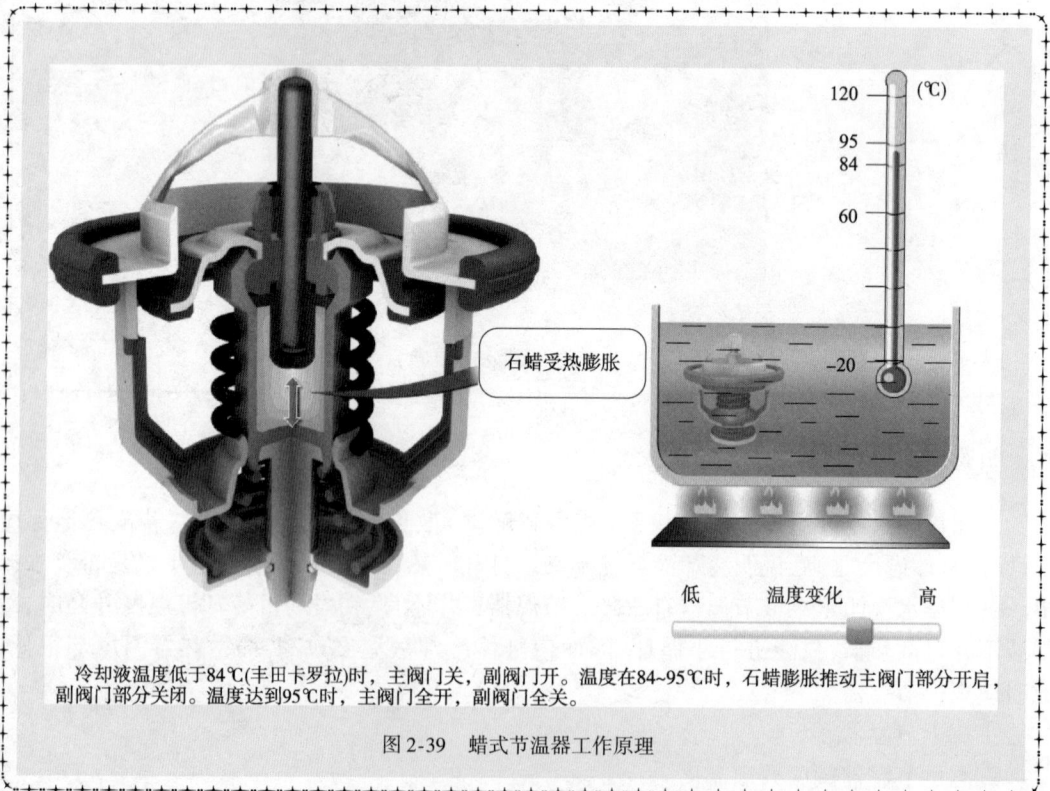

冷却液温度低于84℃(丰田卡罗拉)时,主阀门关,副阀门开。温度在84～95℃时,石蜡膨胀推动主阀门部分开启,副阀门部分关闭。温度达到95℃时,主阀门全开,副阀门全关。

图2-39　蜡式节温器工作原理

5 水泵检修

理论链接 8　离心式水泵结构（图 2-40）

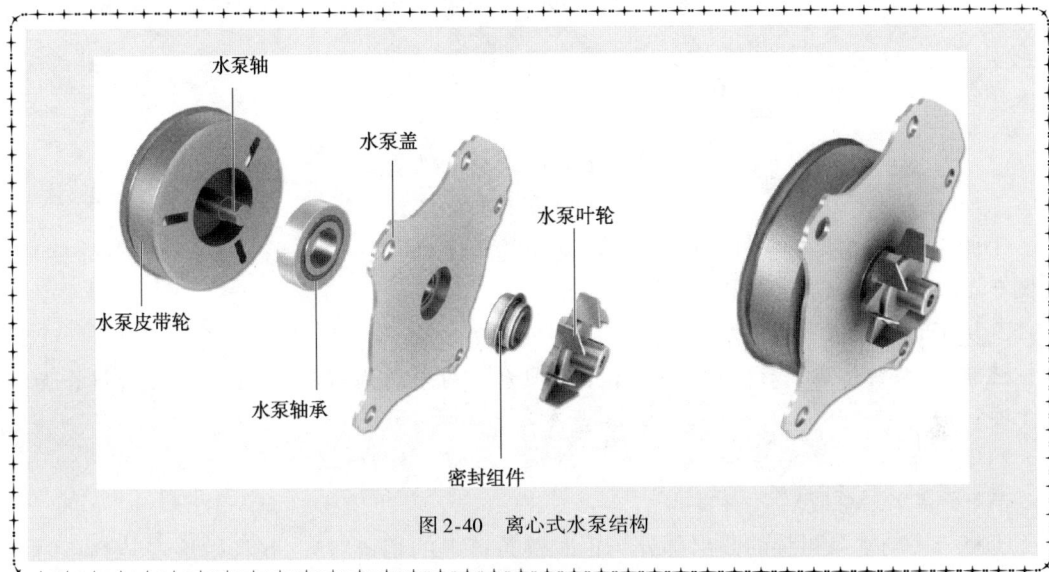

图 2-40　离心式水泵结构

理论链接 9　离心式水泵工作原理（图 2-41）

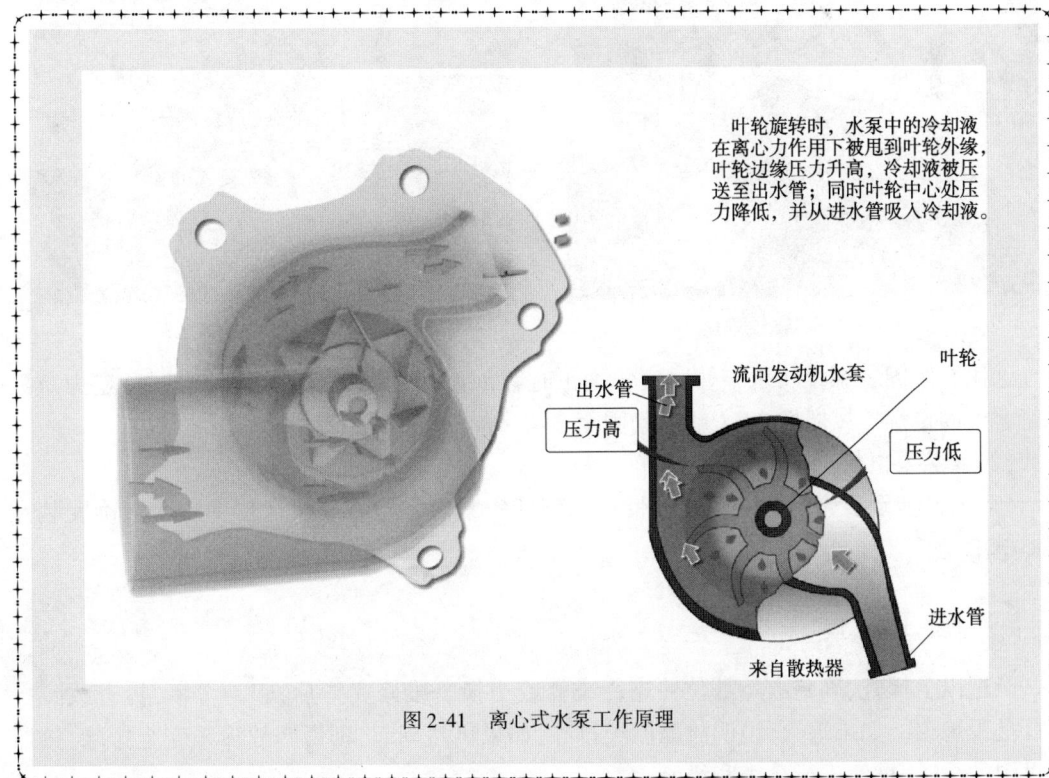

叶轮旋转时，水泵中的冷却液
在离心力作用下被甩到叶轮外缘，
叶轮边缘压力升高，冷却液被压
送至出水管；同时叶轮中心处压
力降低，并从进水管吸入冷却液。

图 2-41　离心式水泵工作原理

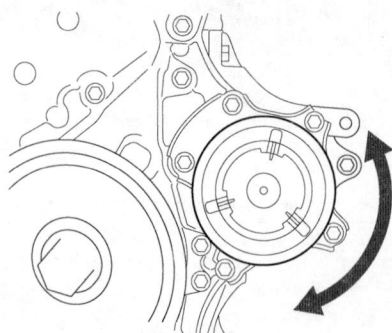

图2-42 皮带轮转动

水泵常见的故障为水封漏水、水泵叶轮锈蚀、水泵轴承卡滞或损坏等。

目视检查水泵处是否漏水。拆卸传动皮带,用手转动水泵皮带轮如图2-42所示,检查并确认水泵轴承运转平稳无噪声。如果水泵漏水或者听到轴承异响,则应更换水泵。

1)拆卸水泵。

(1)拆卸传动皮带。

(2)拆卸发电机总成。

(3)拆下水泵总成。

①使用10mm套筒、接杆、棘轮扳手按对角的顺序,从正时链条盖上依次拆下5个螺栓,如图2-43所示,并取下水泵总成。

②从正时链条盖上拆下水泵衬垫。

注意:水泵衬垫拆下后,如果汽缸体上有旧水泵衬垫的残留物,应使用铲刀将接合面清理干净。

2)安装水泵。

(1)安装水泵总成。

①将一个新水泵衬垫的凸出部分与正时链条盖上的切口对齐,并将衬垫安装到正时链条盖的凹槽中,如图2-44所示。

注意:安装水泵前,需换用新的水泵衬垫。

图2-43 水泵5个螺栓

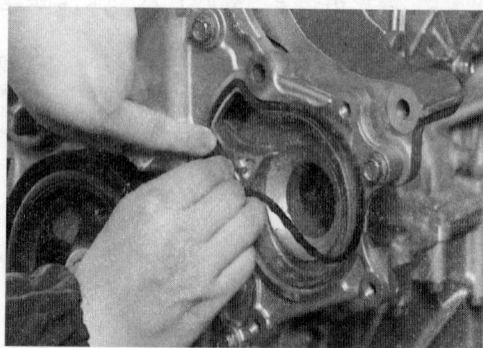

图2-44 水泵衬垫安装

②用5个固定螺栓将水泵暂时安装到正时链条盖上。再用10mm套筒、接杆、定力矩扳手将5个固定螺栓按照图2-41顺序紧固至24N·m,完成水泵总成安装。

(2)安装发电机总成。

(3)安装传动皮带。安装传动皮带并调整其张紧力。检查并确认传动皮带正确安装在楔形槽中。

三 竣工检查

经过以上检查,确定故障部位并进行维修或更换。维修完毕后,起动车辆,检查故障指示灯是否熄灭。如果熄灭,说明故障已经排除,如果仍然亮起,则说明故障未完全排除,按照项目中的步骤,重新进行检查和维修。

维修工作结束后,将工具放回原处,清洁并整理工作场地。

项目评价

评 分 表

项目编号:

姓名:_____ 学号:_____

开始时间:__ 时 __ 分 结束时间:__ 时 __ 分 用时:_____

序号	项 目	评 分 项 目	评 价 标 准	分值	学生自评	学生互评	教师评价
1	时间要求	按规定时间完成项目作业	酌情扣 1~5 分	5			
2		选用工具恰当	酌情扣 1~5 分	5			
3		能正确排除冷却液温度传感器故障	不能排除无分	20			
4		能正确排除散热器故障	不能排除无分	10			
5	质量要求	能正确排除冷却风扇故障	不能排除无分	20			
6		能正确排除节温器故障	不能排除无分	10			
7		能正确排除水泵故障	不能排除无分	10			
8		及时清理工具和工作现场	酌情扣 1~5 分	5			
9	安全要求	遵守安全操作规程	酌情扣 1~5 分	5			
10	文明要求	按文明生产规则进行操作	酌情扣 1~5 分	5			
11	环保要求	更换旧件放入规定回收桶	酌情扣 1~5 分	5			
		本项目得分		100			

日期:

※发生重大事故(人身和设备安全事故)、严重违反维修原则和情节严重的野蛮操作等,采取一票否决制。

项目拓展

请你阅读以下案例,然后按照本项目中学习的处理思路,排除案例中的故障。

案例

有一辆大众朗逸轿车,在发动机冷车起动后不久,发动机冷却液温度迅速升高并出现沸腾现象。

试分析故障原因,并给出故障排除流程图。

(1)分析故障。

(2)读取故障码。

(3)检查故障部位。

(4)排除故障。

项目三 机油压力警告灯常亮故障诊断

一辆轿车在行驶的途中,仪表盘上的机油压力警告灯突然亮起(图 3-1),驾驶人打电话求助维修站,请你前去对车辆进行救援服务。

机油压力报警灯

图 3-1 发动机机油压力警告灯

项目要求

1. 时间要求:建议 4 学时。
2. 能力要求:在规定时间内完成检查与排除机油压力警告灯亮的任务。
3. 质量要求:参照厂家的生产规范及质量要求。
4. 安全要求:严格按照安全操作规程进行项目作业。
5. 5S 作业:自觉按照企业 5S 生产规则进行项目作业。
6. 环保要求:努力按照环境保护要求进行项目作业。

项目分析

发动机工作时,有许多相对运动的零件,如活塞和汽缸、曲轴颈和轴瓦、正时齿轮副等,在这些零件之间的接触表面上,必然产生摩擦和磨损,而摩擦产生的阻力,既要消耗动力,阻碍零件的运动,又使零件发热,甚至导致工作表面烧损,因此,必须进行润滑。

如图 3-2 所示,发动机润滑系统由油底壳、机油泵、机油滤清器、油道、机油喷嘴等组成。

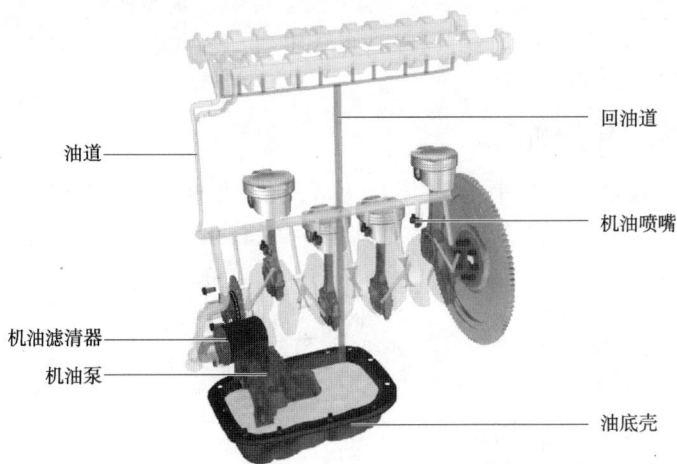

图 3-2 发动机润滑系统组成

油道
回油道
机油喷嘴
机油滤清器
机油泵
油底壳

如图3-3所示,机油泵通过曲轴旋转及传动齿轮的带动,将机油从油底壳通过一定的压力泵送至滤清器→主油道→各润滑表面,然后通过各润滑表面溢出的润滑油清洗冲刷带出工件摩擦产生的金属屑、杂物等,回流到油底壳。

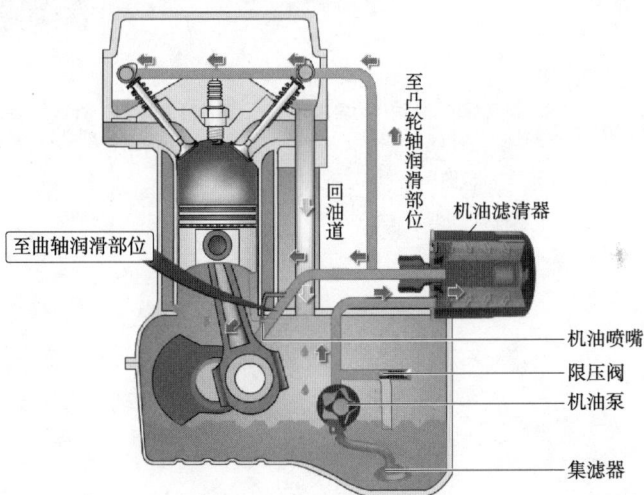

图 3-3 润滑油路

至凸轮轴润滑部位
回油道
机油滤清器
至曲轴润滑部位
机油喷嘴
限压阀
机油泵
集滤器

只有正常的机油压力才能保证将机油输送到发动机所有的摩擦件表面,当机油压力报警灯亮时应立即停机查找原因,待排除故障后方可继续工作。

当机油压力报警灯点亮时,故障原因主要有:润滑系统故障;信号系统故障。

首先要判断故障区域,拆卸机油压力开关,装上机械式机油表,测量主油道机油压力,主油道压力一般保持在0.2~0.5MPa,如果压力正常,则说明故障在信号系统,如果压力异常,则说明故障在润滑系统机械部分。

❶ 润滑系统故障分析

润滑系统中,机油压力低是引起机油压力报警灯亮的直接因素。造成机油压力低的原因主要有:

(1)机油不足,机油变质或机油泄漏。

（2）机油泵故障。

（3）机油滤清器脏污等。

2 信号系统故障分析

如图 3-4 所示，在信号系统中，如果线路短路，或者机油压力开关出现故障，都会给出错误的信号致使机油压力报警灯常亮，应进行详细检查，找出故障部位，进行维修或更换。

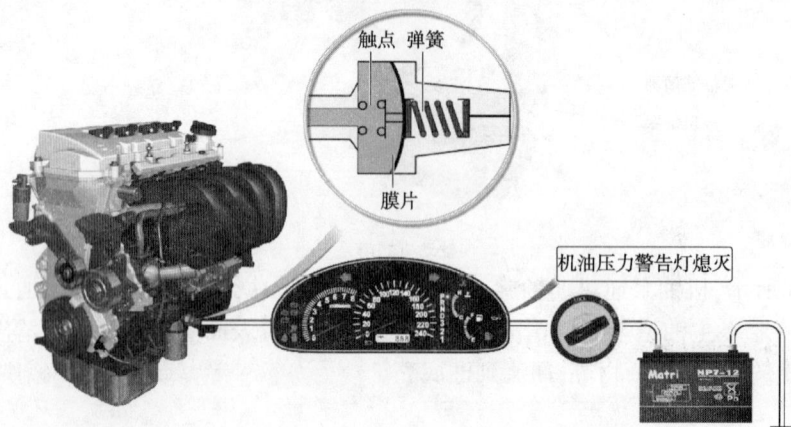

机油压力正常时，触点断开，机油压力警告灯熄灭；机油压力低于正常值时，触点闭合，机油压力警告灯点亮。

图 3-4　信号系统工作示意图

项目路径

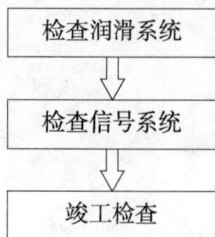

项目步骤

在进行故障诊断与维修之前，首先尝试起动发动机，确认故障现象。根据故障现象，初步判断可能发生的故障区域。

一 读取故障码

1 检查机油

1）检查机油油位

（1）使发动机暖机，然后停机并等待 5min。

（2）检查并确认发动机机油油位在油位计的低油位和满油位标记之间。

注意：如果机油油位过低，检查是否漏油并加注机油至标尺满油位标记处；加注不要超过满油位标记。

2）检查机油质量

检查机油是否变质、变色或变稀，以及油中是否混入水。如机油质量明显不佳，则需要更换机油和机油滤清器。

3）检查发动机上部表面机油渗漏情况

（1）取下发动机罩。

（2）目视检查发动机上部表面机油渗漏情况。

如图3-5所示，目视检查发动机罩表面，汽缸盖罩衬垫周边，正时链条上部，机油加注口及盖处，凸轮轴正时机油控制阀处，凸轮轴位置传感器处，有无机油渗漏。

（3）提高发动机转速，运行一段时间后，关闭发动机。

（4）使用试纸检查发动机上部表面机油渗漏情况。如图3-6所示。用干净的试纸擦拭发动机罩表面，汽缸盖罩衬垫周边，正时链条上部，机油加注口及盖处，凸轮轴正时机油控制阀处，凸轮轴位置传感器处。若试纸上有油渍，说明该处渗漏。

图3-5 目视检查机油渗漏

图3-6 试纸检查机油渗漏

注意：手上接触废机油时，要及时用肥皂水清洗，检查过程中应始终戴保护手套，检查时，注意不要被烫伤。

4）检查发动机下部表面机油渗漏情况

（1）根据举升机的操作规范，举升车辆至合适高度。

（2）目视检查发动机下部表面机油渗漏情况。

如图3-7所示，用干净的纸巾擦拭发动机机体表面，机油压力传感器处，机油滤清器处，油底壳表面，油底壳密封衬垫处，油底壳放油螺塞处，油尺管在油底壳安装处等是否渗漏。

注意：手上接触废机油时，要及时用肥皂水清洗，检查过程中应始终戴保护手套，检查时，注意不要被烫伤。

（3）根据举升机操作规范降下车辆。

（4）安装发动机罩。

❷ 更换机油滤清器

如图3-8所示，由于车辆运行环境和行驶状况不同，会影响机油滤清器脏污程度，通过检查机油质量进而判断机油是否需要进行更换，如果机油严重污染，则机油滤清器需要更换。

图 3-7　检查发动机下部表面漏油

图 3-8　机油滤清器

理论链接 1　机油滤清器的工作原理（图 3-9）

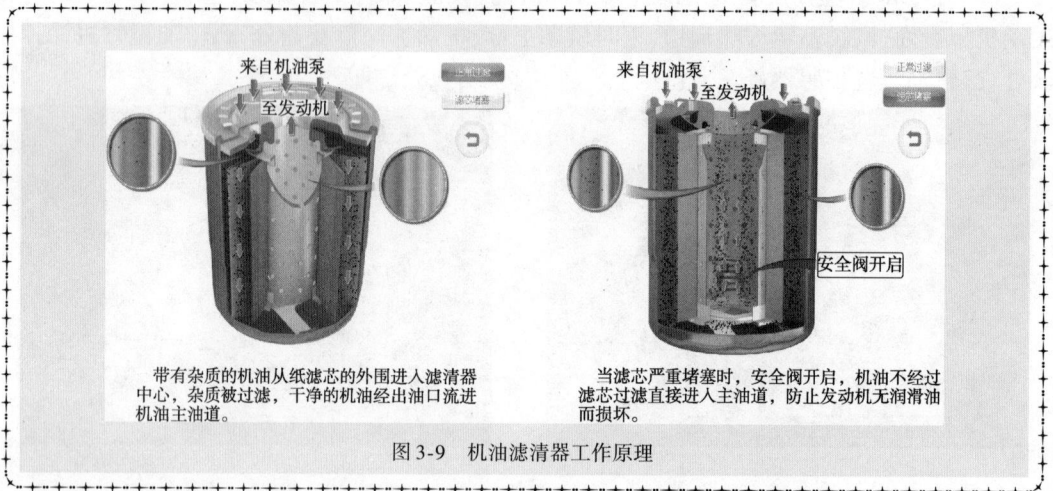

来自机油泵　　至发动机　　　　　来自机油泵　至发动机

安全阀开启

带有杂质的机油从纸滤芯的外围进入滤清器中心，杂质被过滤，干净的机油经出油口流进机油主油道。

当滤芯严重堵塞时，安全阀开启，机油不经过滤芯过滤直接进入主油道，防止发动机无润滑油而损坏。

图 3-9　机油滤清器工作原理

理论链接 2　集滤器结构（图 3-10）

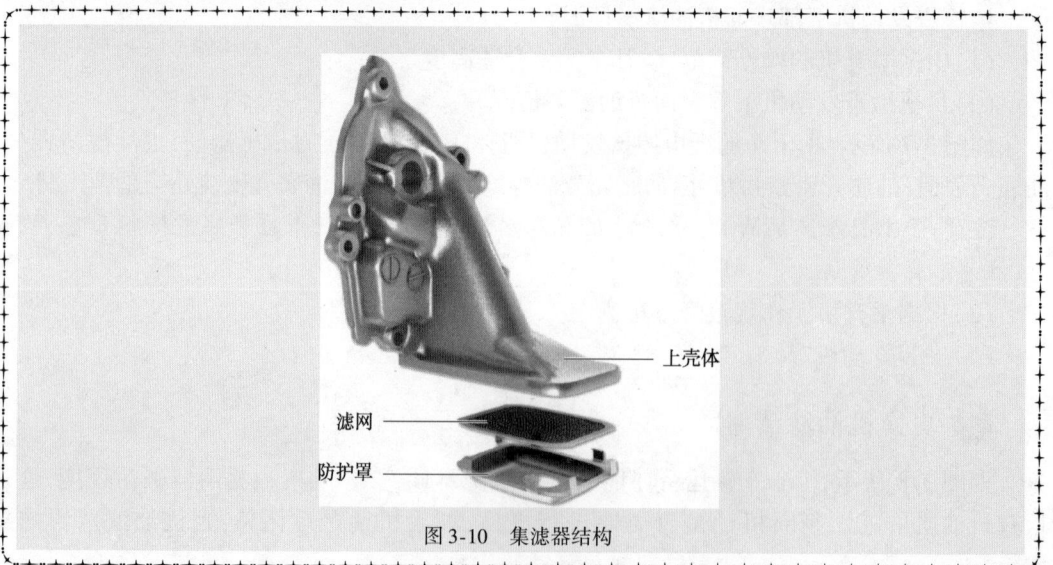

上壳体

滤网

防护罩

图 3-10　集滤器结构

理论链接3　集滤器工作原理（图 3-11）

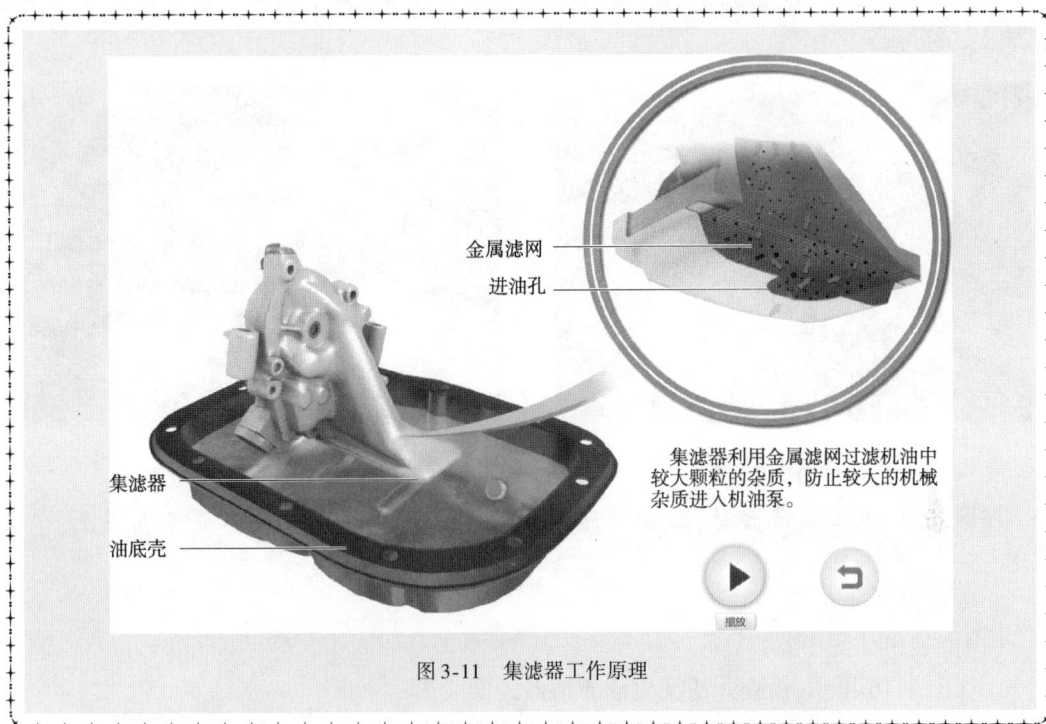

金属滤网

进油孔

集滤器利用金属滤网过滤机油中较大颗粒的杂质，防止较大的机械杂质进入机油泵。

集滤器

油底壳

播放

图 3-11　集滤器工作原理

1）拆卸机油滤清器

（1）排空发动机机油。

①如图 3-12 所示，拆下机油加注口盖。

②如图 3-13 所示，使用套筒、棘轮扳手拧松放油螺塞，在放油螺塞正下方放置机油收集容器，再用手轻轻地旋下放油螺塞，将机油排放到放置的机油收集容器中。

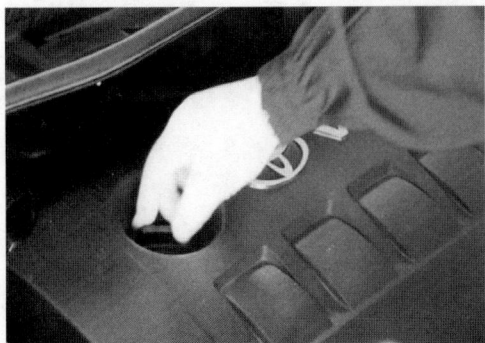

图 3-12　拆下机油加注口盖

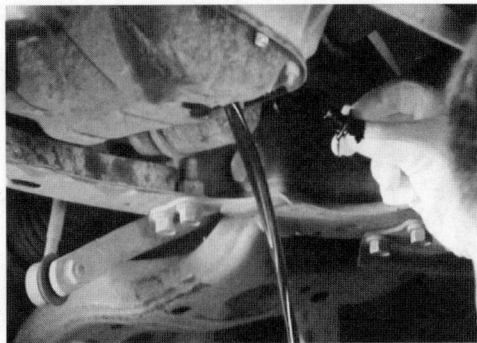

图 3-13　拆下放油螺塞

注意：排放时，注意机油不要流到手上，以免烫伤手；废机油中有多种有害物质，不要长时间接触。

③如图 3-14 所示，清洗放油螺塞，并用新衬垫加以安装，安装力矩为 37N·m。清洁放油螺塞处的油污。

注意:检查衬垫是否被同时取下来,如果没有,检查是否还粘在螺纹孔处;要遵循原厂规定安装新衬垫。

(2)如图3-15所示,拆卸机油滤清器。用棘轮扳手和机油滤清器专用工具拆下机油滤清器。

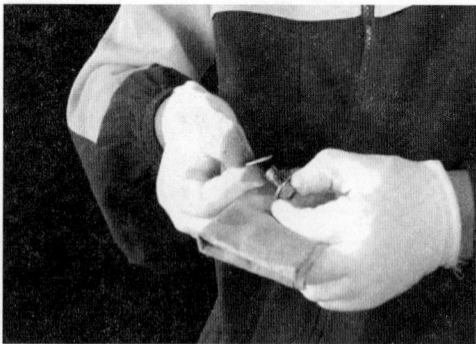

图3-14　清洗放油螺塞

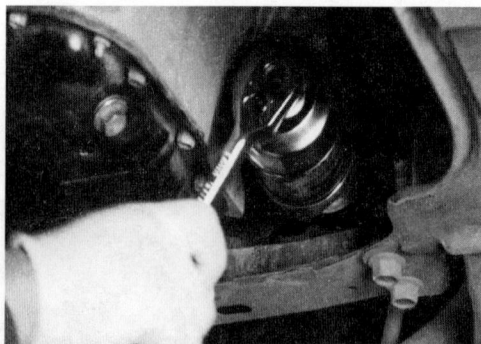

图3-15　拆卸机油滤清器

注意:拆卸机油滤清器时,必须戴防护手套;操作时,注意机油不要流到手上,以免烫伤。

2)安装机油滤清器

(1)安装机油滤清器。

①如图3-16所示,检查并清洗机油滤清器的安装面。

注意:要仔细将残留在机油滤清器座上的机油擦拭干净。

②在新机油滤清器衬垫上涂抹一层干净的发动机机油。

注意:更换机油滤清器前,要注意检查是否存在损坏变形。

③如图3-17所示,用手将机油滤清器轻轻地旋到位并拧紧,直到衬垫开始接触机油滤清器底座。

④使用定力矩扳手和机油滤清器专用工具紧固机油滤清器。力矩为18N·m。

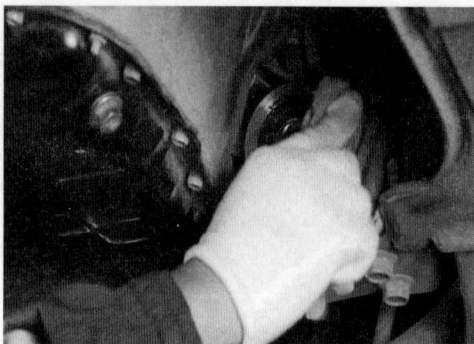

图3-16　清洁机油滤清器安装面

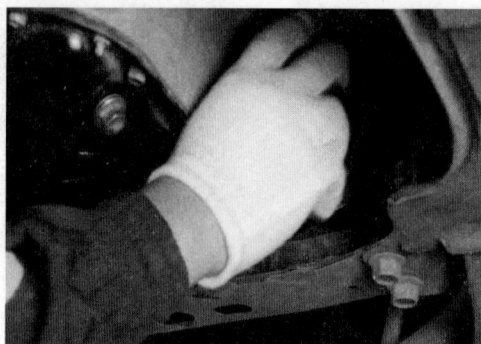

图3-17　用手将机油滤清器

注意:安装好机油滤清器之后,要注意清洁其表面;要对机油收集容器中的机油进行环保处理。

(2)添加发动机机油。

如图3-18所示,添加新的发动机机油并安装机油加注口盖。

42

注意: 按原厂规定加注4.2L机油。

（3）检查机油是否泄漏（图3-19）。

①起动车辆,汽车空挡状态下轻轻地踩加速踏板。

②用干净的抹布擦拭放油螺塞和机油滤清器与发动机连接的缝隙处,看是否存在机油泄漏现象。

图3-18　加注规定量机油

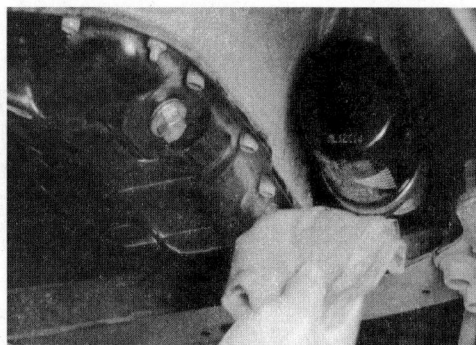

图3-19　检查机油是否泄漏

3 检查机油泵

机油泵的作用是把一定压力和数量的润滑油供到主油道。机油泵根据结构形式可分为齿轮式和转子式两类。如图3-20所示,日本丰田R系列发动机采用转子式机油泵,这种机油泵由泵体、内转子、外转子、泵盖和限压阀等组成。

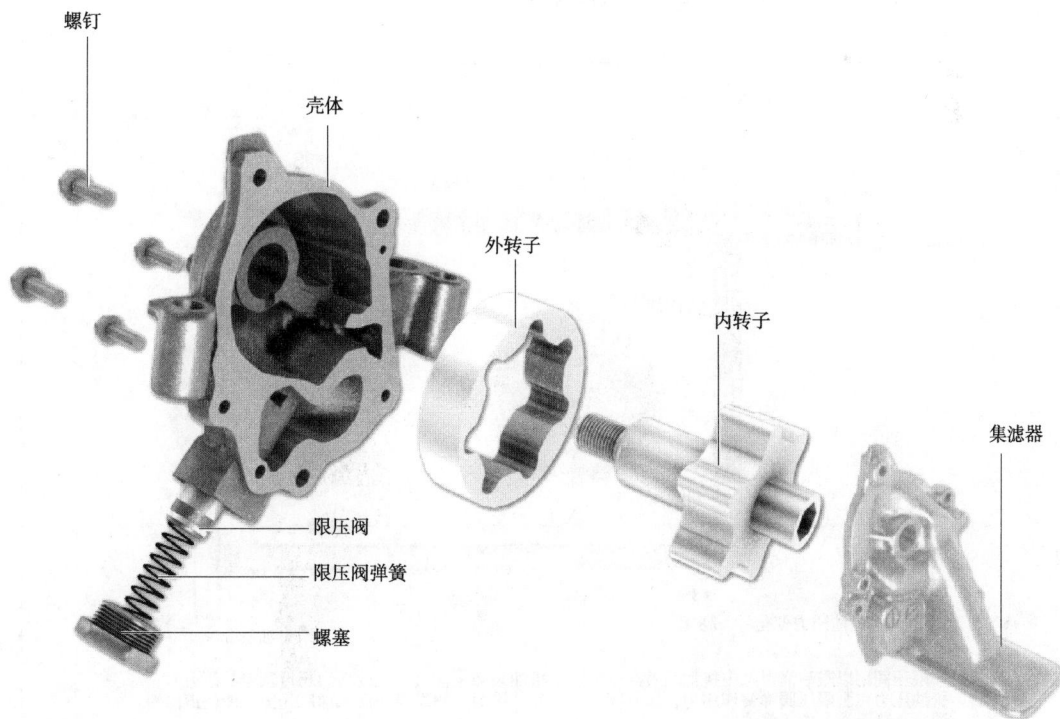

图3-20　转子式机油泵结构

43

理论链接4　机油泵的工作原理（图3-21）

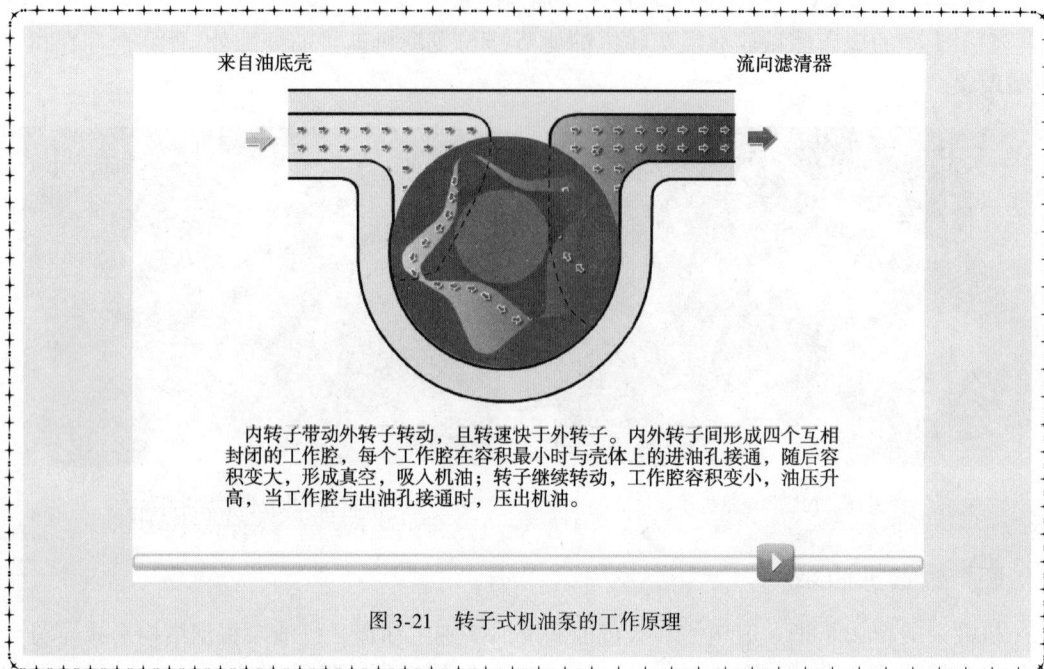

来自油底壳　　　　　　　　　　　流向滤清器

内转子带动外转子转动，且转速快于外转子。内外转子间形成四个互相封闭的工作腔，每个工作腔在容积最小时与壳体上的进油孔接通，随后容积变大，形成真空，吸入机油；转子继续转动，工作腔容积变小，油压升高，当工作腔与出油孔接通时，压出机油。

图3-21　转子式机油泵的工作原理

理论链接5　机油泵限压阀工作原理（图3-22）

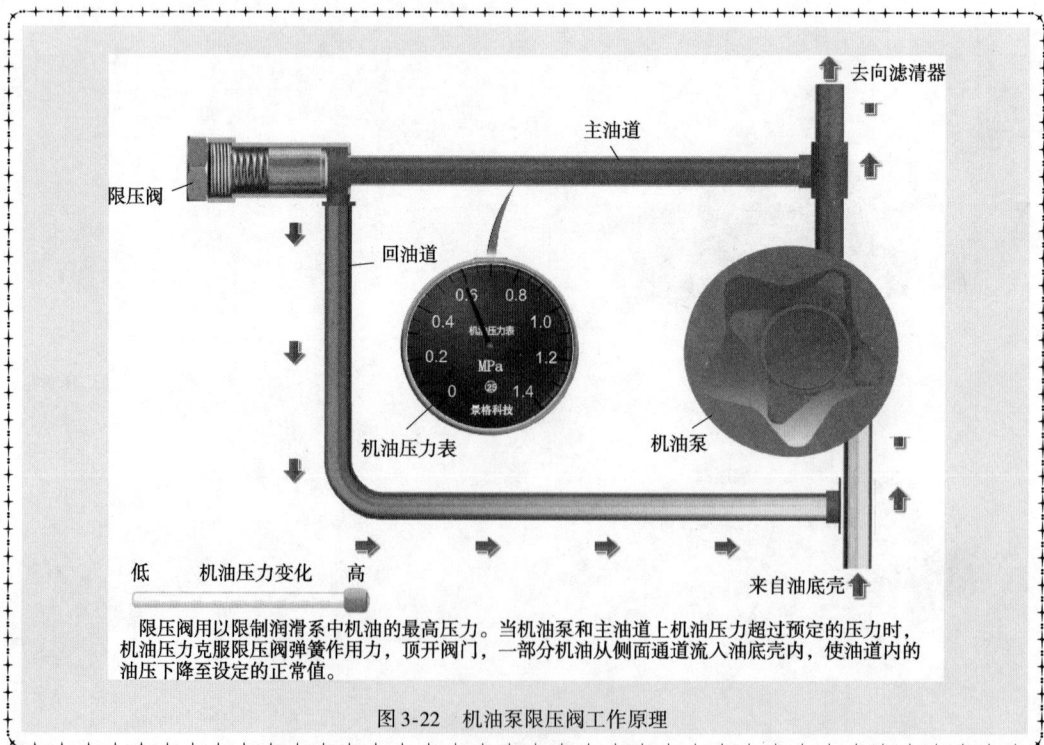

去向滤清器

主油道

限压阀

回油道

0.6　0.8
0.4　　　1.0
0.2　　　1.2
MPa
0　　　1.4

机油压力表

机油泵

低　机油压力变化　高

来自油底壳

限压阀用以限制润滑系中机油的最高压力。当机油泵和主油道上机油压力超过预定的压力时，机油压力克服限压阀弹簧作用力，顶开阀门，一部分机油从侧面通道流入油底壳内，使油道内的油压下降至设定的正常值。

图3-22　机油泵限压阀工作原理

1)拆卸机油泵

(1)拆卸发动机附件。

(2)拆卸发动机汽缸盖。

(3)拆卸机油泵链条。

①暂时紧固曲轴皮带轮。

②如图3-23所示,顺时针转动曲轴90°以便将机油泵主动轴链轮的调节孔对准机油泵槽口。

注意:曲轴旋转不要超过90°。如果曲轴转动过多且没有安装正时链条,气门可能会碰撞到活塞并造成损坏。

③如图3-24所示,将一个直径为4 mm杆插入机油泵主动轴链轮的调节孔以便将齿轮锁定就位。

图3-23　对准调节孔

图3-24　锁定齿轮

④使用12mm套筒、接杆、棘轮扳手拆下机油泵主动轴链轮螺母。

⑤如图3-25所示,使用10mm套筒、接杆拆下机油泵链条张紧器固定螺栓、链条张紧器盖板和弹簧。

⑥取下曲轴正时链轮。

⑦取下机油泵主动轴齿轮和机油泵链条。

(4)如图3-26所示,拆卸曲轴位置信号盘。

图3-25　拆卸链条张紧器

图3-26　拆卸曲轴位置信号盘

(5)拆卸油底壳。

(6)拆卸机油泵。

使用10mm套筒、接杆、棘轮扳手拆下三个机油泵固定螺栓,然后取下机油泵。

注意:取下机油泵时需拿稳,以防砸落伤人或损坏部件。

(7)拆卸机油泵减压阀(图3-27)。

①用 27 mm 套筒扳手拆下螺塞。

②拆下阀弹簧和减压阀。

(8)拆卸机油泵盖分总成(图3-28)。

①拆下 5 个螺栓和机油泵盖。

②从机油泵上拆下机油泵主动转子和从动转子。

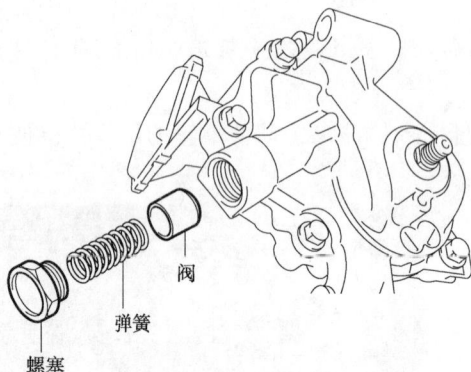

图3-27　拆卸机油泵减压阀

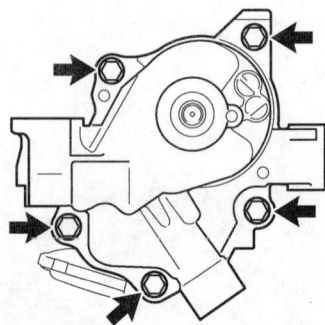

图3-28　拆卸机油泵盖

2)检查机油泵

(1)检查机油泵减压阀。

如图3-29 所示,在机油泵减压阀上涂抹一层发动机机油,检查并确认减压阀能依靠自身质量顺畅地滑入阀孔中。如果情况不是这样,则更换机油泵。

(2)检查机油泵转子。

①如图 3-30 所示,用塞尺测量主动转子和从动子的顶部间隙。

标准顶部间隙:0.08 ~ 0.16mm,最大顶部间隙:0.35mm。

如果顶部间隙大于最大值,则更换机油泵。

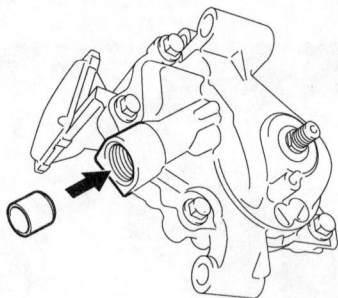

图3-29　检查减压阀

图3-30　检查顶部间隙

②如图3-31 所示,用塞尺和精密直尺,测量 2 个转子和精密直尺间的间隙。

标准侧隙:0.030 ~ 0.080mm ;最大侧隙:0.16mm。

如果侧隙大于最大值,则更换机油泵。

③如图3-32 所示,用塞尺测量从动转子和机油泵体间的间隙(泵体间隙)。

标准泵体间隙:0.12 ~ 0.19mm;最大泵体间隙:0.325mm。

如果泵体间隙大于最大值,则更换机油泵。

图 3-31　检查侧隙

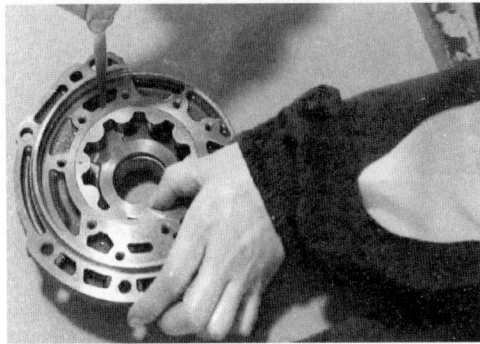

图 3-32　检查泵体间隙

3）安装机油泵及相关构件

（1）安装机油泵。

如图 3-33 所示，安装机油泵，使用 10mm 套筒、接杆、扭力扳手紧固三个机油泵固定螺栓，安装力矩为 21N·m。

（2）安装油底壳（参见活动：油底壳拆装）。

（3）如图 3-34 所示，安装曲轴位置信号盘。安装信号盘时使"F"标记朝前。

图 3-33　安装机油泵

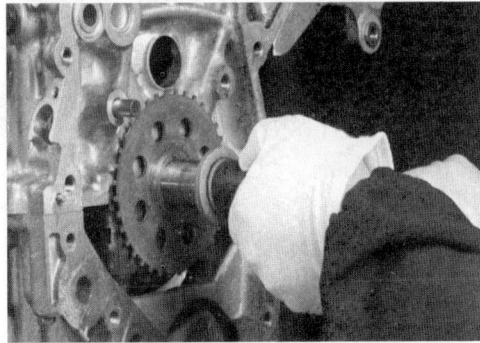

图 3-34　安装信号盘

（4）安装机油泵链条。

①安装曲轴皮带轮固定螺栓。转动曲轴，使曲轴安装键垂直向上。

②转动机油泵驱动轴，使驱动轴切口朝向右水平位置。

③如图 3-35 所示，调整机油泵链条，使黄色链条标记对准每个齿轮的正时标记。

④如图 3-36 所示，安装机油泵链轮、曲轴链轮和机油泵链条。

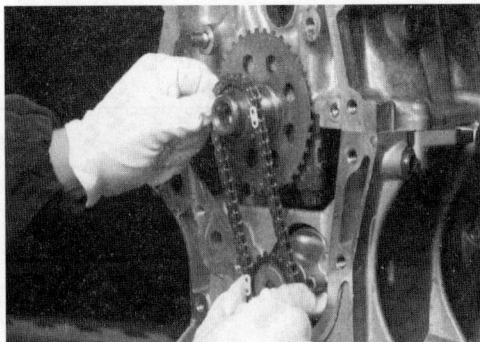

图 3-35　调整机油泵链条

图 3-36　安装曲轴链轮

⑤安装机油泵链轮固定螺母。

⑥将减振弹簧插入到调节孔,使用 10mm 套筒、接杆、棘轮扳手旋紧链条张紧器固定螺栓。

⑦如图 3-37 所示,组合 10mm 套筒、接杆、扭力扳手,紧固链条张紧器固定螺栓,力矩为 10N·m。

⑧如图 3-38 所示,安装曲轴皮带轮固定螺栓,转动曲轴,将机油泵主动轴链轮的调节孔对准机油泵槽。

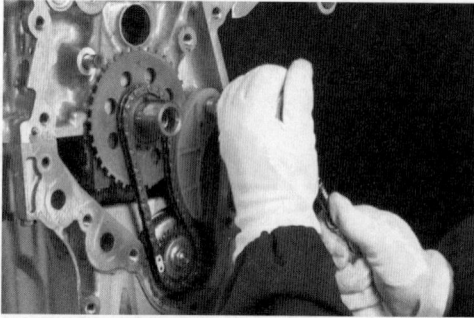

图 3-37　紧固链条张紧器

图 3-38　对准调节孔

⑨将一个直径为 4mm 的杆插入机油泵主动轴齿轮的调节孔以便将齿轮锁定就位,然后使用 12mm 套筒、接杆、扭力扳手紧固机油泵主动轴齿轮固定螺母,力矩为28N·m。

(5)安装曲轴正时链轮。

(6)安装汽缸盖。

(7)安装发动机附件。

二 检查信号系统

1 检查机油压力开关

(1)断开机油压力开关连接器。

(2)起动发动机。

(3)值测量电阻并与表3-1中的规定状态比对。

测量 B6-1 – 开关壳体电阻　　　　　　　　　　　　　　　　表 3-1

检测仪连接	条　件	规 定 状 态
B6 – 1— 开关壳体	怠速运转时	10kΩ 或更大
B6 – 1—开关壳体	发动机停止	<1Ω

(4)重新连接机油压力开关连接器,如果结果不符合规定,则更换机油压力开关总成。

如图3-39所示,汽车仪表板中的机油压力警告灯受机油压力开关控制。

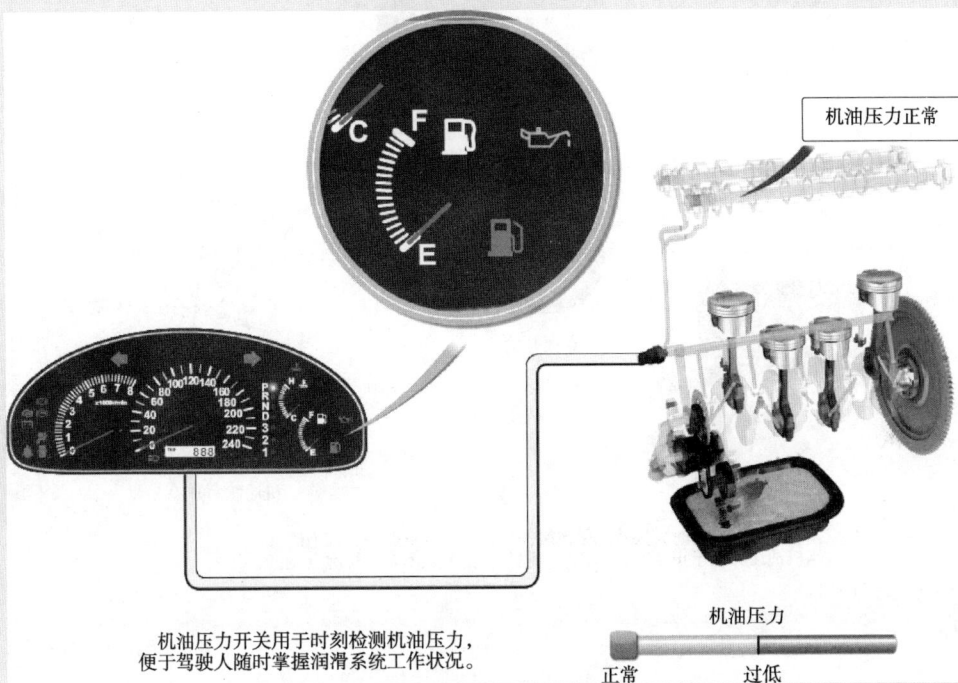

机油压力开关用于时刻检测机油压力,
便于驾驶人随时掌握润滑系统工作状况。

机油压力正常

机油压力
正常　　过低

图 3-39　机油压力警告灯的控制

理论链接7　机油压力开关结构(图 3-40)

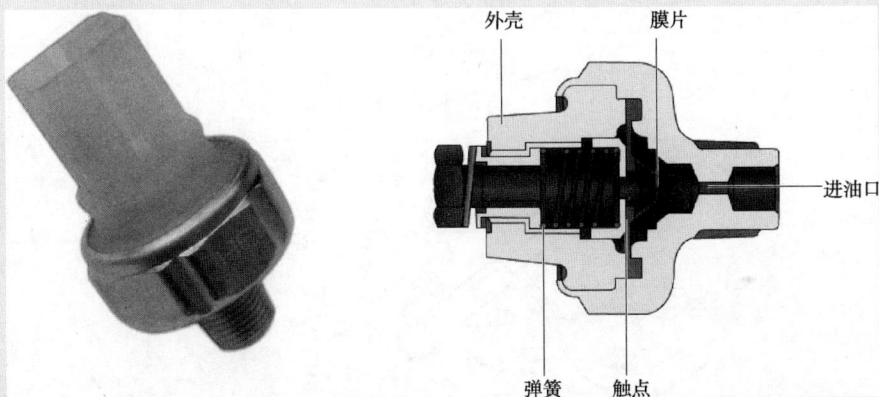

外壳　　膜片

进油口

弹簧　　触点

图 3-40　机油压力开关结构

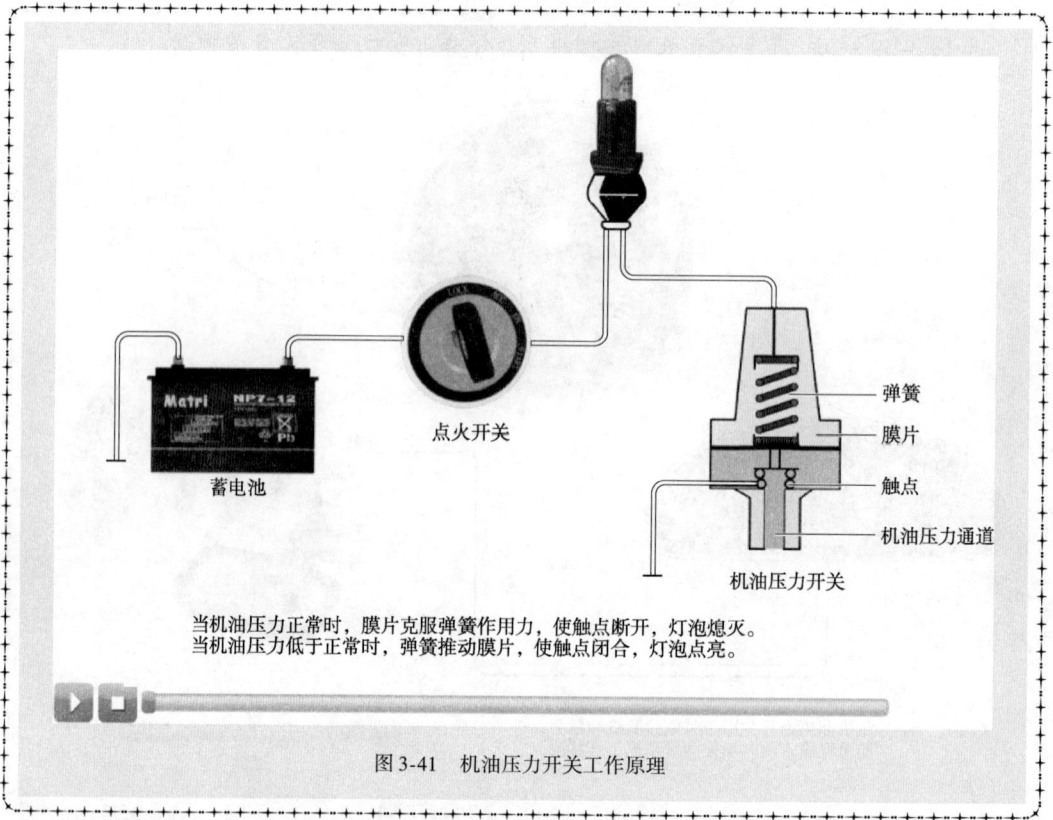

理论链接 8　油压力开关工作原理(图 3-41)

当机油压力正常时，膜片克服弹簧作用力，使触点断开，灯泡熄灭。
当机油压力低于正常时，弹簧推动膜片，使触点闭合，灯泡点亮。

图 3-41　机油压力开关工作原理

实践操作　更换机油压力开关

（1）拆卸机油压力开关。

①拆卸右前轮。

②拆卸发动机机油压力开关总成（图 3-42）。

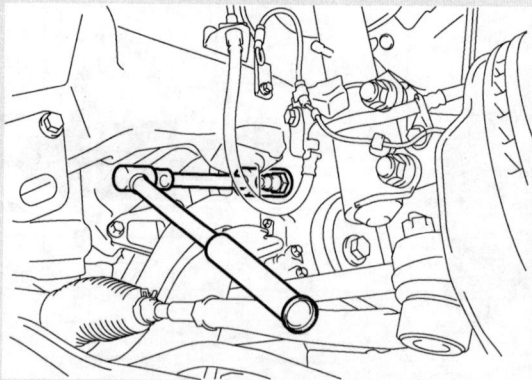

图 3-42　拆卸机油压力开关

a. 断开机油压力开关连接器。

b. 用 24mm 长套筒扳手,拆下机油压力开关。

(2)安装机油压力开关

①安装发动机机油压力开关总成。

a. 如图 3-43 所示,在机油压力开关的 2~3 个螺纹上涂抹黏合剂。黏合剂:丰田原厂黏合剂 1344、Three Bond 1344 或同等产品。

b. 用 24mm 长套筒扳手,安装机油压力开关。力矩:15 N·m。

注意:安装后至少 1h 内不要起动发动机。

c. 连接机油压力开关连接器。

②安装右前轮,力矩:103 N·m。

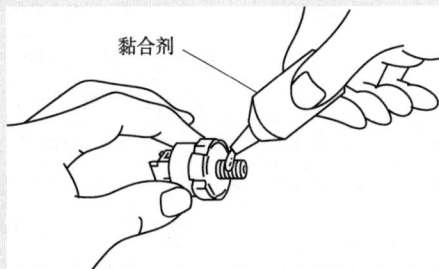

图 3-43　给机油压力开关涂抹黏合剂

❷ 检查连接线路

检查组合仪表以外的连接线路连接是否正常。

(1)拆卸右前轮。

(2)断开机油压力开关连接器。

(3)把点火开关打到"ON"挡。

(4)拔掉机油压力开关连接器,观看仪表板中机油压力警告灯是否亮起,如果亮说明线路短路,熄灭则说明线路良好。

(5)安装右前轮,力矩为 103 N·m。

三 竣工检查

经过以上检查,确定故障部位并进行维修或更换。维修完毕后,起动车辆,检查机油压力警告灯是否熄灭。如果熄灭,说明故障已经排除,如果仍然亮起,则说明故障未完全排除,按照项目中的步骤,重新进行检查和维修。

维修工作结束后,将工具放回原处,清洁并整理工作场地。

项目评价

评 分 表

项目编号:

姓名:_____　学号:_____

开始时间:__ 时 __ 分　结束时间:__ 时 __ 分　用时:____

序号	项 目	评分项目	评价标准	分值	学生自评	学生互评	教师评价
1	时间要求	按规定时间完成项目作业	酌情扣 1~5 分	5			

序号	项　目	评　分　项　目	评　价　标　准	分值	学生自评	学生互评	教师评价
2	质量要求	选用工具恰当	酌情扣1～5分	5			
3		能正确检查机油、机油泵及更换机油滤清器	操作错误无分	40			
4		能正确排除机油压力开关故障	不能排除无分	30			
5		及时清理工具和工作现场	酌情扣1～5分	5			
6	安全要求	遵守安全操作规程	酌情扣1～5分	5			
7	文明要求	按文明生产规则进行操作	酌情扣1～5分	5			
8	环保要求	更换旧件放入规定回收桶	酌情扣1～5分	5			
		本项目得分		100			
			日期：				

※发生重大事故(人身和设备安全事故)、严重违反维修原则和情节严重的野蛮操作等,采取一票否决制。

项目拓展

阅读以下案例,然后按照本项目中学习的处理思路,排除案例中的故障。

案例

一辆上汽大众帕萨特轿车,车辆运行时机油报警灯亮起。经检测机油压力和仪表盘相关线路均正常。询问车主得知,故障是前几天做维护后出现的。试分析故障原因,并给出故障排除流程图。

(1)分析故障。

(2)检查润滑系统。

(3)检查信号系统。

(4)排除故障。

项目四 发动机无法起动故障诊断

一辆 2013 年款帕萨特 1.4TSI 自动挡轿车,行驶里程为 156000km。用户反映该车发动机无法起动(图 4-1),且无着车征兆。现在我们的任务就是一起维修该车。

图 4-1 发动机无法起动

项目要求

1. 时间要求:建议 12 学时。
2. 能力要求:在规定时间内完成检查与排除发动机无法起动的任务。
3. 质量要求:参照厂家的生产规范及质量要求。
4. 5S 作业:自觉按照企业 5S 生产规则进行项目作业。
5. 文明要求:自觉按照文明生产规则进行项目作业。
6. 环保要求:努力按照环境保护要求进行项目作业。

项目分析

起动时,起动机不工作,应先检查起动系统的故障。

起动时,起动机能够带动曲轴顺利运转,但发动机没有着车征兆,发动机不能起动着车。根据发动机工作原理,分析发动机正常工作所需的条件可知,要保证发动机正常运行,必须具备以下条件:

（1）准确的点火正时及点火能量。

（2）充足的油、气供给和正确的燃油压力。

（3）可靠的发动机电子控制系统，传感器、执行器及 ECU 工作正常、防盗系统无异常，数据通信正常。

（4）正确的配气正时和足够的汽缸压力。

根据上述分析，即可展开逐项的检查与测量，结合故障特征与咨询的信息，本着先易后难、先外后内的原则进行检查。

1 起动系统故障分析

起动系统故障导致发动机不能起动，主要原因是起动电路引起或者是起动机本身故障，所以诊断故障时，首先检查起动系统电路是否有故障。

理论链接1　起动系统功用及原理

如图 4-2 所示，起动系统的功用是起动发动机。

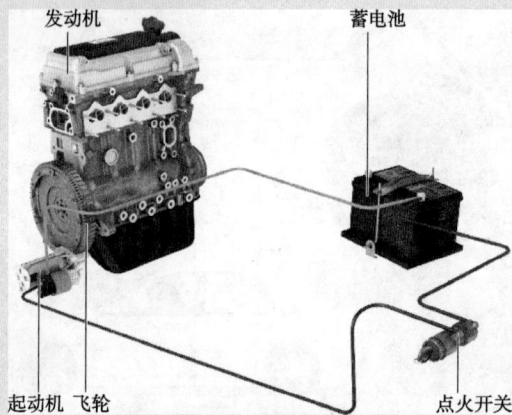

发动机　　蓄电池

起动机　飞轮　　　　　　　　点火开关

图 4-2　起动系统工作原理示意图

理论链接2　起动机类型（图 4-3、图 4-4）

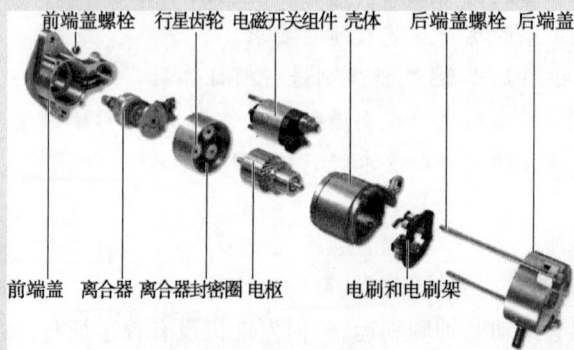

前端盖螺栓　行星齿轮　电磁开关组件　壳体　后端盖螺栓　后端盖

前端盖　离合器　离合器封密圈　电枢　　电刷和电刷架

图 4-3　普通起动机

图 4-4 行星齿轮式起动

❷ 点火系统故障分析

点火系统故障导致发动机不能起动的主要原因是点火系统不能点火。所以诊断故障时,首先检查高压线是否有火花,确认点火系统是否有故障。

造成点火系统无火花故障的原因如图 4-5 所示。

传感器、执行器故障需要使用诊断仪读取故障码,根据故障码排除对应故障。

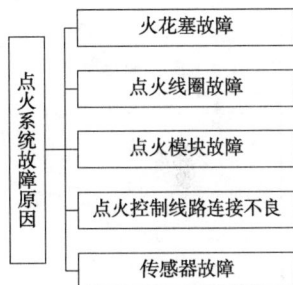

图 4-5 点火系统故障原因

点火系统故障原因：
- 火花塞故障
- 点火线圈故障
- 点火模块故障
- 点火控制线路连接不良
- 传感器故障

理论链接3 点火系统功用

如图 4-6 所示,点火系统的功用是在汽缸内适时、准确、可靠的产生电火花,以点燃可燃混合气,使汽油发动机实现做功。

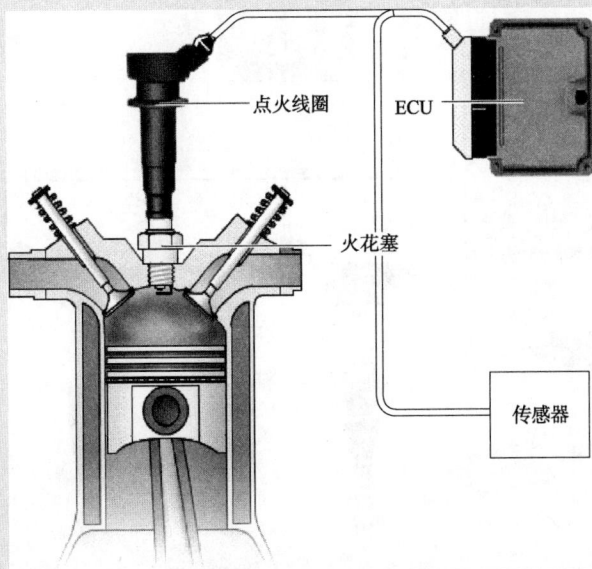

图 4-6 点火系统工作原理示意图

55

理论链接 4   点火系统类型(图4-7)

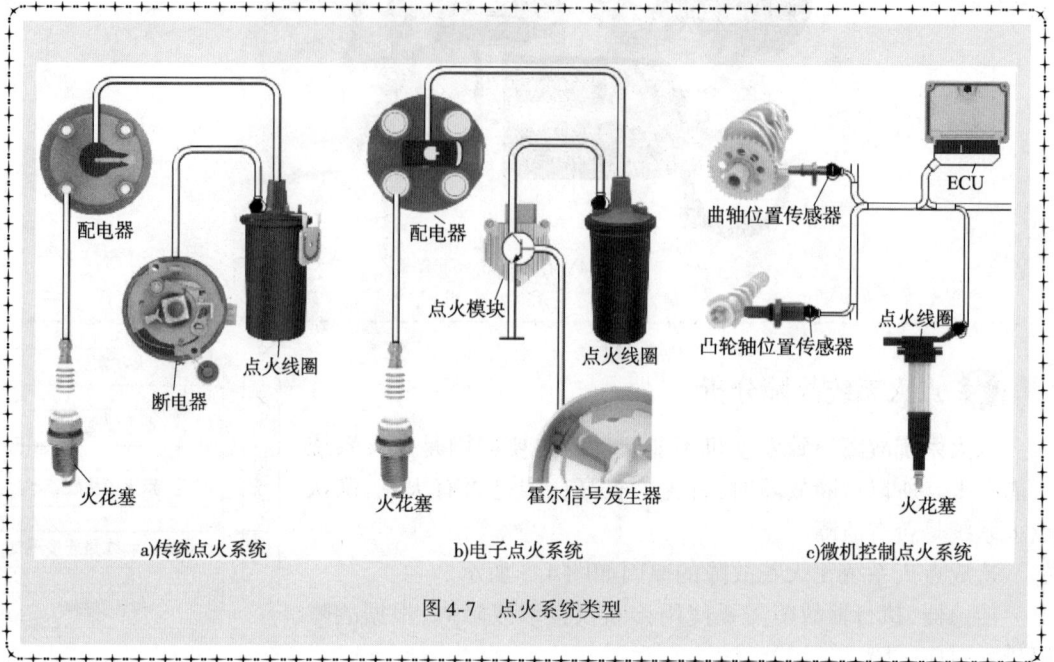

a)传统点火系统   b)电子点火系统   c)微机控制点火系统

图4-7   点火系统类型

理论链接 5   点火系统组成(图4-8)

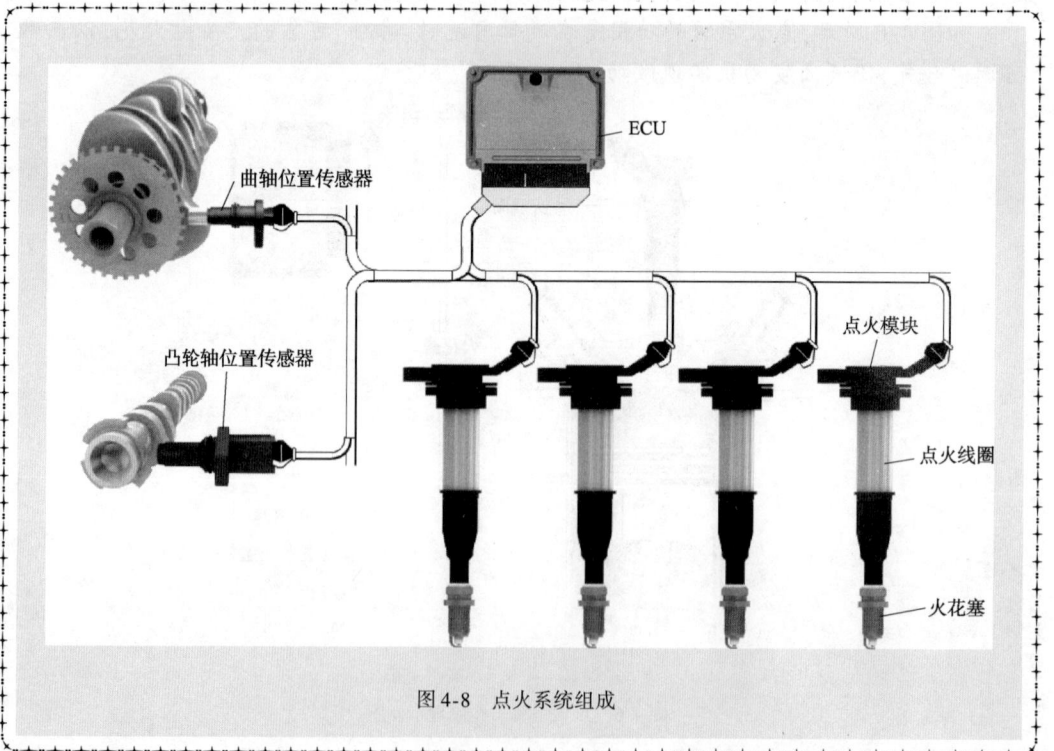

图4-8   点火系统组成

理论链接 6　点火系统工作原理(图 4-9)

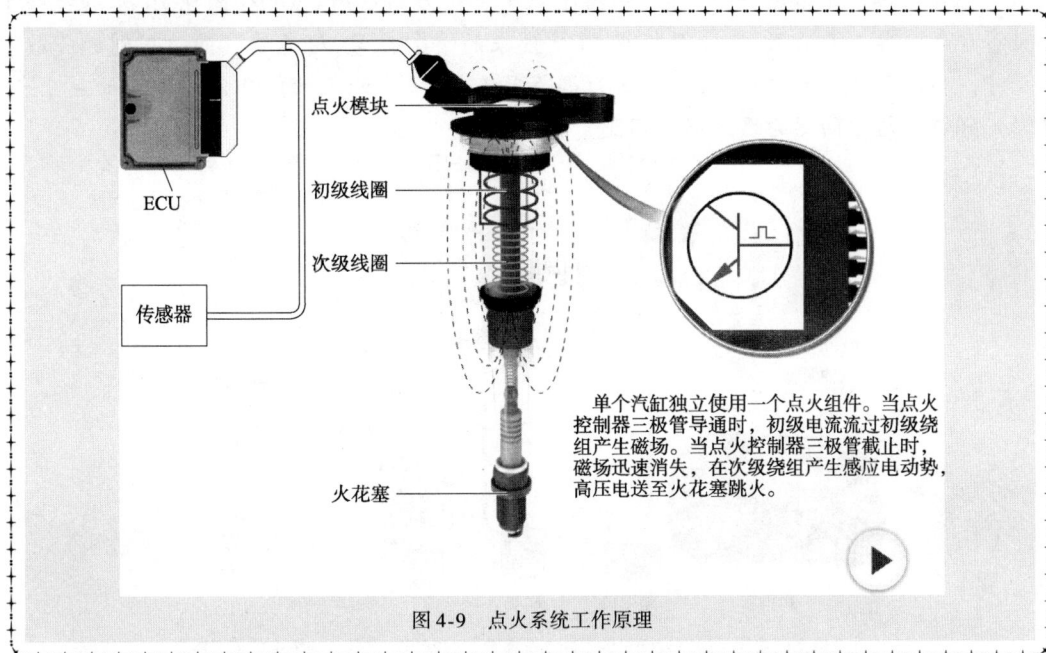

点火模块

ECU

初级线圈

次级线圈

传感器

火花塞

单个汽缸独立使用一个点火组件。当点火控制器三极管导通时，初级电流流过初级绕组产生磁场。当点火控制器三极管截止时，磁场迅速消失，在次级绕组产生感应电动势，高压电送至火花塞跳火。

图 4-9　点火系统工作原理

❸ 燃料供给系统故障分析

　　燃料供给系统中的燃油系统和进排气系统，为发动机提供基本的动力原料。燃料供给系统正常工作是保证发动机良好运行的关键。燃油系统不供油和进气系统不供气，均会造成发动机无法起动。

　　供给系统故障原因如图 4-10 所示。

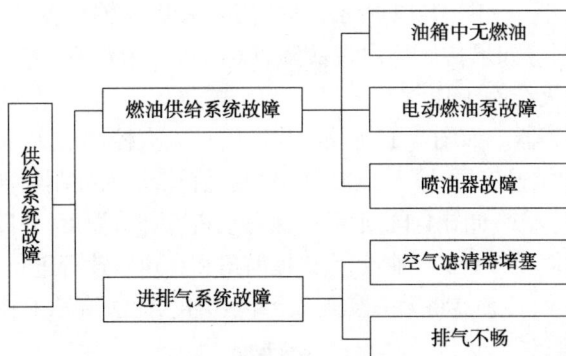

图 4-10　供给系统故障原因

理论链接 7　燃油供给系统组成及工作原理

　　燃油供给系统一般由燃油箱、电动燃油泵、燃油压力调节器、燃油滤清器、喷油器、燃油分配管等组成。目前，一些车辆还采用了新型无回油燃油供给系统，在该系统中取消了燃油压力调节器。

如图 4-11 所示,发动机工作时,油泵将汽油从油箱泵出,经燃油滤清器过滤后,再经燃油压力调节器调压,将压力调整到比进气管压力高出约 250kPa 的压力,然后经输油管配送给各个喷油器,喷油器根据 ECU 发来的喷射信号,把适量汽油喷射到进气歧管中。当油路压力超过规定值时,压力调节器工作,多余的汽油经回油管流回油箱中,从而保证送给喷油器的燃油压力不变。

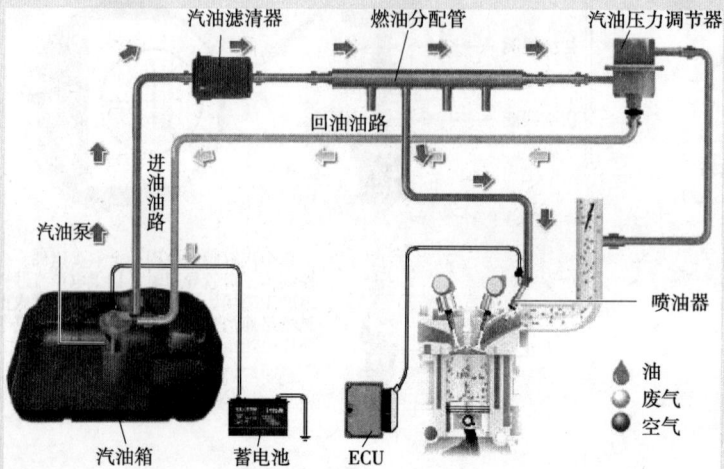

汽油供给系的功用是根据发动机的不同工况需要,配制出一定数量和浓度的可燃混合气,供入汽缸,并将燃烧后的废气排出汽缸。

图 4-11　燃油供给系工作原理

❹ 控制系统故障分析

如果曲轴位置传感器或凸轴位置传感器出现故障,将提供错误的参考信号或者无法提供参考信号给 ECU,ECU 就无法控制相应的执行部件工作,从而影响发动机起动。

(1)曲轴位置传感器。如图 4-12 所示,其作用是采集曲轴位置信号,输入 ECU,以便确定点火时刻和喷油时刻。如果传感器出现故障,ECU 将因为没有参考信息而无法作出计算和判断,也无法指挥点火线圈工作。

(2)凸轮轴位置传感器。如图 4-13 所示,其作用是点火控制的主控信号。凸轮轴位置传感器功用是采集凸轮轴位置信号,输入 ECU 作为判缸信号,从而控制喷油顺序和点火时刻等。

(3)冷却液温度传感器。如图 4-14 所示,检测发动机冷却液温度,并以电压信号的形式传给 ECU。ECU 根据获取的信号对基本喷油量、点火提前角和怠速转速等进行修正,如果冷却液温度传感器中的热敏电阻失灵,传感器将无法检测到冷却液温度,无法给 ECU 提供参考信号。

图 4-12　曲轴位置传感器

图 4-13　凸轮轴位置传感器

图 4-14　冷却液温度传感器

（4）ECU 的控制电路、ECU 的供电电路及 ECU 自身出现问题，将导致 ECU 无法工作，从而导致发动机无法起动。

（5）发动机防盗锁止系统故障分析。

发动机防盗锁止系统是专门用来打开/锁止发动机控制单元，从而有效防止汽车（发动机）在未被授权的情况下靠自己本身的动力（发动机着车运转）被开走。

当防盗锁止系统中的防盗识读线圈或点火钥匙损坏；点火钥匙、防盗锁止控制单元（仪表内）与发动机 ECU 匹配不当，都会使发动机进入防盗锁止控制，从而导致发动机无法起动。

理论链接8　防盗系统组成及功用

如图 4-15 所示，汽车防盗锁止系统主要由防盗锁止控制单元、仪表板上的故障报警灯、点火开关的识读线圈、点火钥匙、发动机控制单元等主要部件组成。防盗系统各部件的主要作用如下：

（1）防盗器控制单元：随机产生固定码并完成合法钥匙的识别，计算并完成可变码的传输。

（2）仪表盘上的故障警告灯：显示故障和匹配完成情况。

（3）点火开关上的读写线圈（天线）：发射电磁场。

（4）点火钥匙（送码器）：接收发射天线传输的数据，并提出质询，计算应答值。

（5）发动机控制单元：随机产生可变码并完成防盗锁止控制单元传回的可变码的识别从而控制发动机的工作与否。

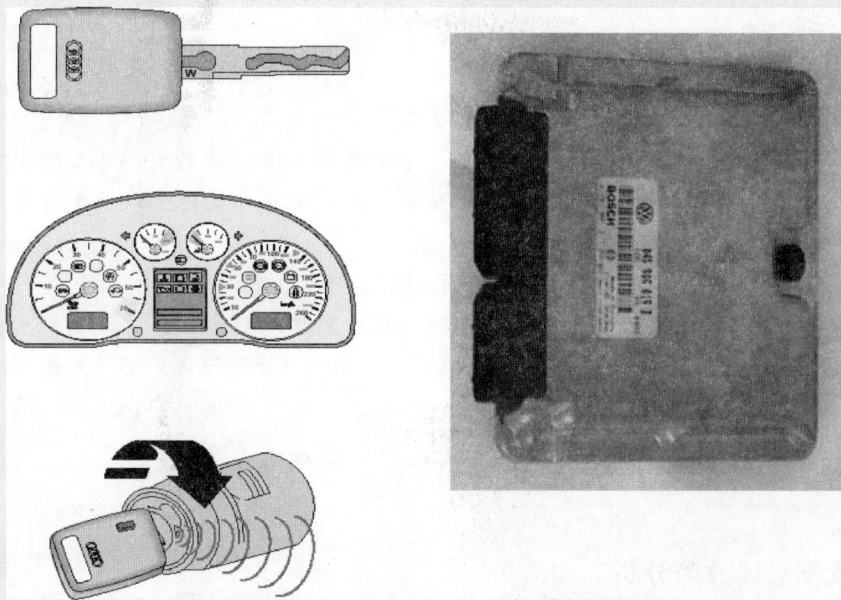

图 4-15　防盗系统的组成元件

汽车发动机故障诊断与排除

如图4-16所示,防盗锁止系统工作原理及工作过程主要分为三个过程的识别确认,具体过程如下。

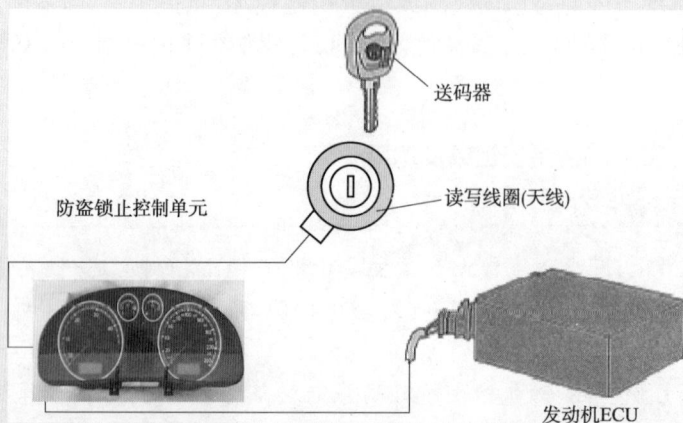

图4-16　防盗系统工作原理

（1）固定码传输——从钥匙到防盗锁止控制单元。

点火开关打开,防盗锁止控制单元(仪表内)通过改变天线磁场能量,向送码器传输数据提出质询。然后,钥匙发送回来它的固定码(首次匹配中这个固定码储存在防盗锁止控制单元中,用来锁定钥匙)。传送的固定码与储存的码在防盗锁止控制单元中进行比较;如果相同则开始传送可变码。固定码是用来锁定钥匙的。

（2）可变码传输——从防盗锁止控制单元到钥匙。

发动机防盗锁止控制单元随机产生一变码。这个码是钥匙和防盗锁止控制单元用于计算的基础。在钥匙内和防盗锁止控制单元内有一套公式列表(密码术公式)和一个相同且不可改写的SKC(隐秘的钥匙代码)。在钥匙和防盗锁止控制单元中分别计算结果。钥匙发送结果给防盗锁止控制单元。防盗锁止控制单元把这个结果和自己的计算结果进行比较。如果相同,钥匙确认完。

（3）可变码传输——从发动机控制单元到防盗锁止控制单元。

发动机控制单元随机产生一变码。在发动机控制单元和防盗锁止控制单元内有另一套密码术公式列表和一个相同的SKC(公式指示器)。防盗锁止控制单元返回这个计算结果到发动机控制单元内与其计算结果进行比较。这个数据由CAN总线进行传递。如果结果相同,发动机被允许起动。(第三代,由CAN总线传输)

5 数据总线故障分析

CAN-BUS数据总线,称为控制单元的局域网,它是车用控制单元传输信息的一种传送形式。为汽车的控制器之间进行数据交换。驱动总线正常工作是保证发动机良好运行的前提,驱动总线的断路、短路或相交均会造成发动机无法起动。

CAN – BUS 系统组成如图 4-17 所示。数据总线由控制器、收发器、两个终端电阻、两条传输线等组成。

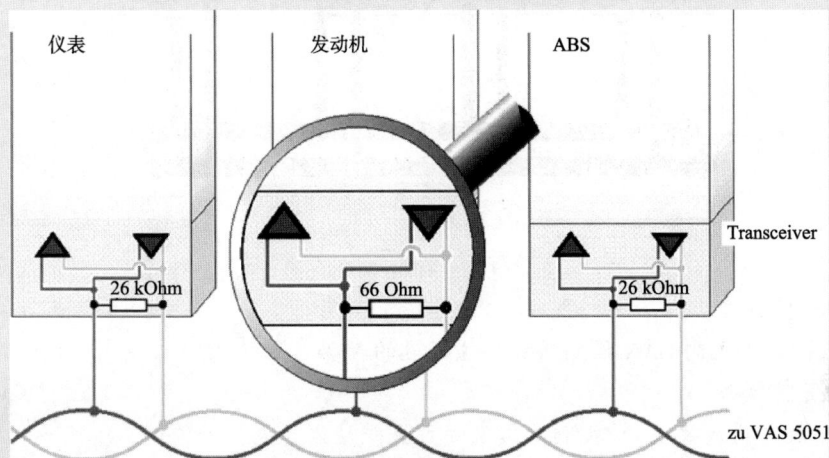

图 4-17　数据总线的组成

CAN 收发器：安装在控制器内部，同时兼具接收和发送的功能，将控制器传来的数据转化为电信号并将其送入数据传输线。

数据传输终端：是一个电阻，防止数据在线端被反射，以回声的形式返回，影响数据的传输。

数据传输线：双向数据线，由高低双绞线组成。

车上的布线空间有限，CAN – BUS 系统的控制单元连接方式采用铜缆串行方式。由于控制器采用串行合用方式，因此不同控制器之间的信息传送方式是广播式传输。也就是说每个控制单元不指定接收者，把所有的信息都往外发送；由接收控制器自主选择是否需要接收这些信息，如图 4-18 所示。

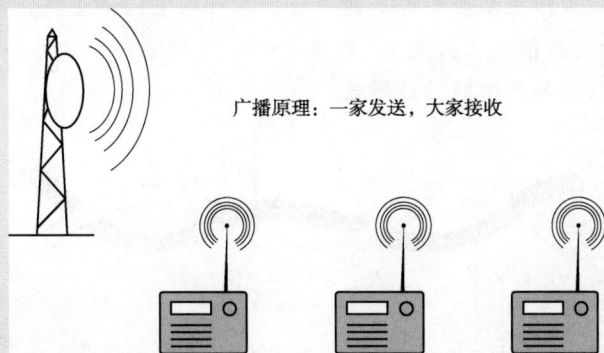

图 4-18　数据总线的原理

数据传递过程　如图 4-19 所示。

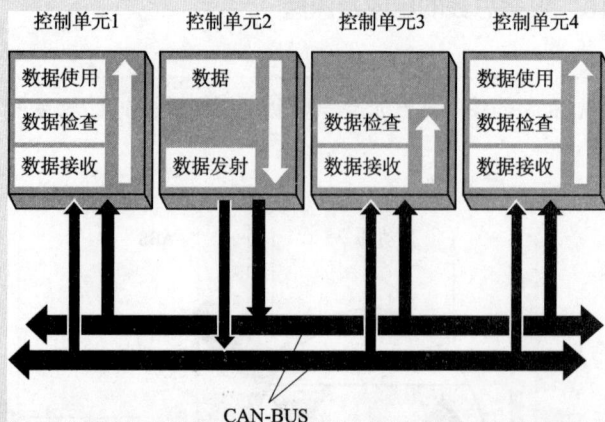

图 4-19 数据传送过程

（1）提供数据。

相应控制单元向 CAN 控制器提供须发送的数据。

（2）发射数据。

CAN 收发器接收 CAN 控制器传来的数据并转化为电信号传递。

（3）接收数据。

CAN bus 网络中所有其他控制单元，作为潜在的接收器。

（4）检查数据。

收到信号的控制单元，评估该信号是否与其功能有关。

（5）使用数据。

如果接收到数据是相关的，控制单元接受并处理；否则忽略。

理论链接 11 数据总线的结构特点

CAN – BUS 采用双绞线自身校验的结构如图 4-20 所示，既可以防止电磁干扰对传输信息的影响，也可以防止本身对外界的干扰。系统中采用高低电平两根数据线，控制器输出的信号同时向两根通信线发送，高低电平互为镜像。并且每一个控制器都增加了终端电阻，以减少数据传送时的过调效应。

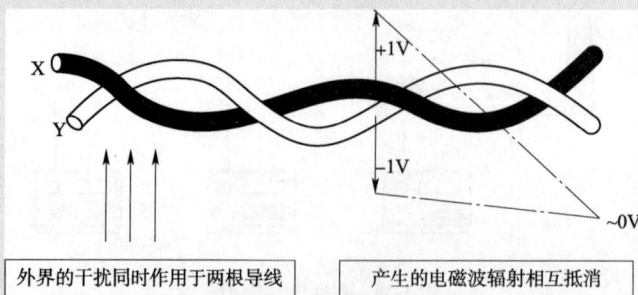

图 4-20 双绞线

汽车不同控制器对 CAN 总线的性能要求不同,因此,最新版本的 CAN 总线系统人为设定为 5 个不同的区域,如图 4-21 所示,分别为驱动系统、舒适系统、信息系统、多功能仪表、诊断总线等 5 个局域网。其速率分别为 kbit/s(千位/秒):

驱动系统(由 15 号线激活),500;舒适系统(由 30 号线激活),100;信息系统(由 30 号线激活),100;诊断系统(由 30 号线激活),500;仪表系统(由 15 号线激活),500;LIN,20。

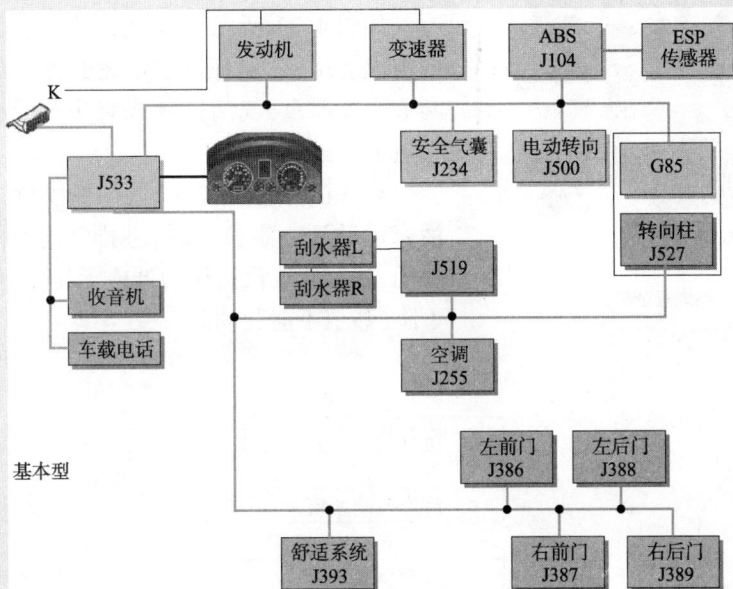

图 4-21 五重的总线结构

网关如图 4-22 所示。

由于不同区域 CAN - BUS 总线的速率和识别代号不同,因此,一个信号要从一个总线进入到另一个总线区域,必须把它的识别信号和速率进行改变,能够让另一个系统接受,这个任务由网关(Gateway)来完成。另外,网关还具有改变信息优先级的功能。比如:车辆受正面撞击时,气囊控制单元会发出打开气囊的信号,这个信号的优先级在驱动系统是非常高,但转到舒适系统后,网关调低了它的优先级,因为它在舒适系统功能只是打开门和灯。

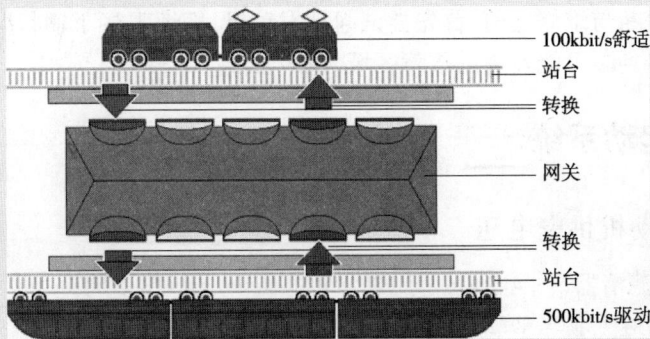

图 4-22 网关

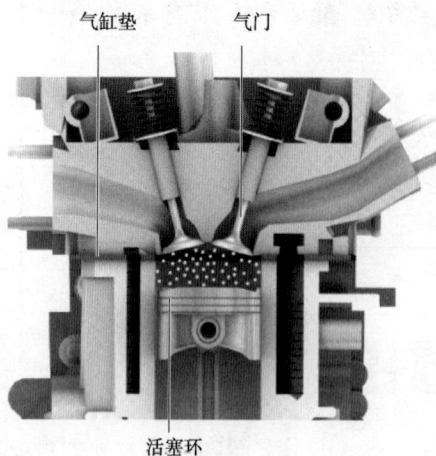

气缸垫　气门

活塞环

图 4-23　燃烧室结构组成图

汽车发动机故障诊断与排除

6 机械部分故障分析

若上述检查均为正常,则应进一步检测发动机汽缸压缩压力。若汽缸压缩压力低于车型技术要求规定值,则说明发动机机械部分有故障,应检查汽缸密封性,确认故障原因。

汽缸压力低应从密封和正时两个方面考虑。

如图 4-23 所示,汽缸内,活塞、气门、汽缸垫共同组成燃烧室,保证汽缸的密封性。如果活塞环折断或磨损严重,气门损坏或有积炭,汽缸垫破损,均会造成汽缸密封不良。

配气正时就是进、排气门的实际开闭时刻。在活塞运动到一定位置时,进排气门不能正常打开或关闭,就会造成汽缸压力低或无压力,使发动机功率下降,甚至不能起动。

项目路径

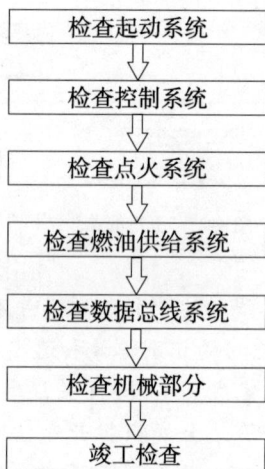

检查起动系统

↓

检查控制系统

↓

检查点火系统

↓

检查燃油供给系统

↓

检查数据总线系统

↓

检查机械部分

↓

竣工检查

项目步骤

在进行故障诊断与维修之前,首先尝试起动发动机,仔细观察车辆状况,确认故障现象。根据故障现象初步判断可能发生的故障区域。

一 检查起动系统

1 检查起动机供电电压

(1)拆卸空气滤清器(图 4-24)。

注意:取下时,避免损坏水管。

(2)检查起动机供电电压(图 4-25)。

标准值:蓄电池的电压。

64

图 4-24　拆卸空气滤清器

图 4-25　检查供电电压

（3）检测电压不在正常范围内，进行下一步。

② 检测 50 供电继电器电源电压

（1）检测继电器 1/86 号脚的电源电压（图 4-26）。

标准值：蓄电池的电压。

（2）检测继电器 3/30 号脚的电源电压（图 4-27）。

标准值：蓄电池的电压。

图 4-26　检测电压（1）

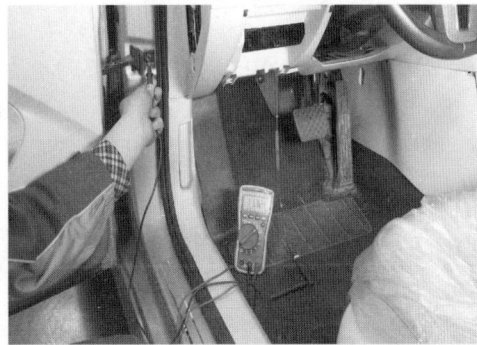

图 4-27　检测电压（2）

③ 检测 50 供电继电器线路

（1）检测 50 继电器 2/85 号脚至搭铁的线路通断（图 4-28）。

标准值：0.1 ~ 1.0Ω。

（2）检测熔断丝至 50 继电器 3/30 号脚的线路通断（图 4-29）。

标准值：0.1 ~ 1.0Ω。

图 4-28　检测 50 供电继电器线路（1）

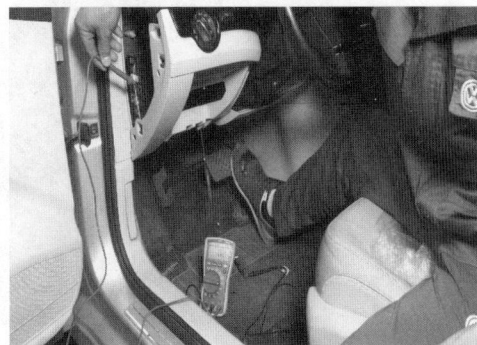

图 4-29　检测 50 供电继电器线路（2）

（3）检测车身控制单元 B 区 29 号脚至 50 继电器 1/86 号脚的线路通断（图 4-30）。

标准值：0.1~1.0Ω。

（4）检测 50 继电器 5/87 号脚至起动机供电线插接器的线路通断（图 4-31）。

标准值：0.1~1.0Ω。

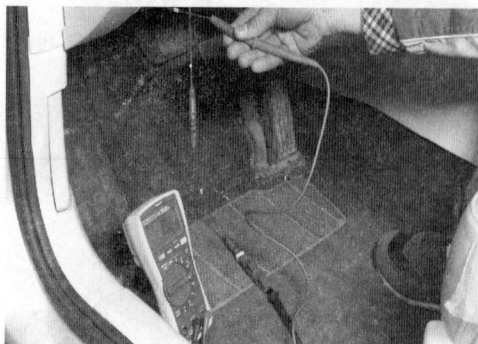

图 4-30 检测 50 供电继电器线路(3)

图 4-31 检测 50 供电继电器线路(4)

4 检测 50 供电继电器

（1）检测 30 和 87 的通断（图 4-32）。

标准值：∞。

（2）检测 85 和 86 的电阻（图 4-33）。

标准值：60~70Ω。

图 4-32 检测 50 供电继电器线路(5)

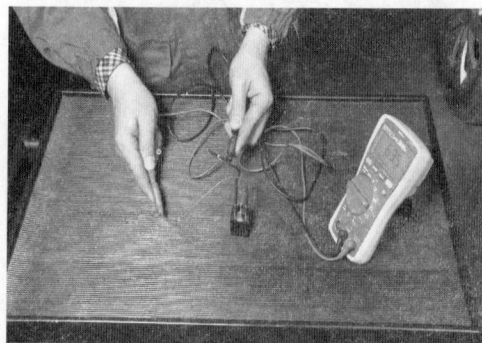

图 4-33 检测 50 供电继电器线路(6)

（3）检测通电后 30 和 87 的接触电阻（图 4-34）。

标准值：0.1~1.0Ω。

图 4-34 检测 50 供电继电器线路(7)

（4）若以上检查结果在正常范围内，则进行下一步。

⑤ 检测 15 供电继电器电源电压

（1）检测继电器 3/30 号脚的电源电压（图 4-35）。
标准值：蓄电池的电压。
（2）检测继电器 1/86 号脚的电源电压（图 4-36）。
标准值：蓄电池的电压。

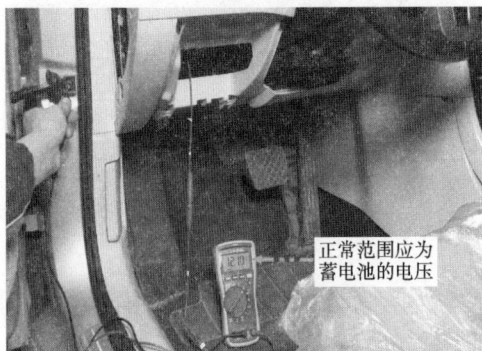

图 4-35　检测 15 供电继电器电源电压（1）

图 4-36　检测 15 供电继电器电源电压（2）

⑥ 检测 15 供电继电器线路

（1）检测车身控制单元 B 区 12 号脚至 15 继电器 1/86 号脚的线路通断（图 4-37）。
标准值：0.1~1.0Ω。
（2）检测 15 继电器 5/87 号脚至 SC10 的线路通断（图 4-38）。
标准值：0.1~1.0Ω。

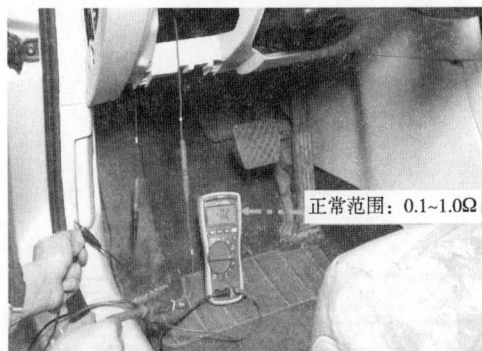

图 4-37　检测 15 供电继电器线路（1）

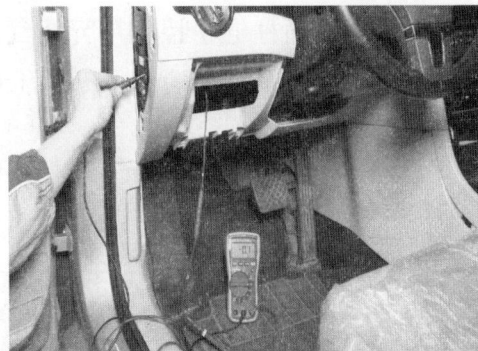

图 4-38　检测 15 供电继电器线路（2）

（3）检测熔断丝至 15 继电器 3/30 号脚的线路通断（图 4-39）。
标准值：0.1~1.0Ω。
（4）检测 15 继电器 2/85 号脚至转向柱搭铁的线路通断（图 4-40）。
标准值：0.1~1.0Ω。

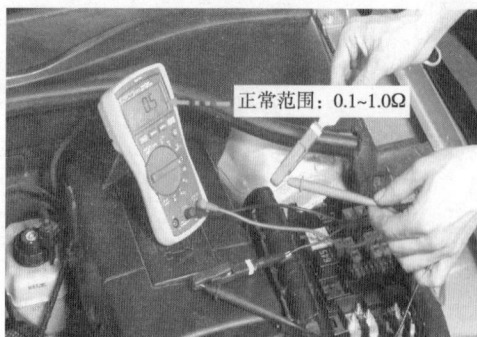

图 4-39 检测 15 供电继电器线路(3)

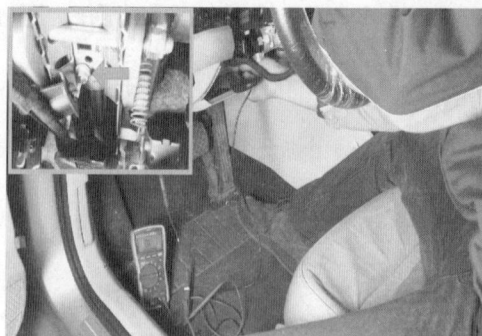

图 4-40 检测 15 供电继电器线路(4)

7 检测 15 供电继电器

同 50 供电继电器,以上检查在正常范围内,进行下一步。

8 检测转向柱电子控制单元的电源电压

(1)拆卸转向柱盖(图 4-41)。

(2)检测转向柱电子控制单元的电源电压(图 4-42)。

标准值:蓄电池的电压。

图 4-41 拆卸转向柱盖

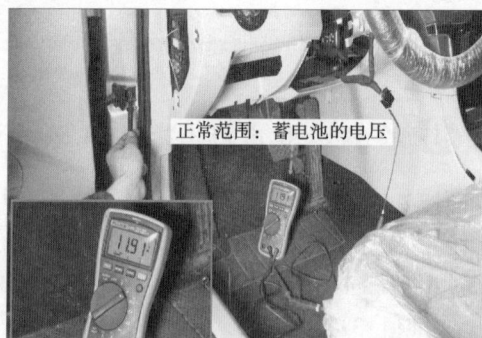

图 4-42 检测转向柱电子控制单元的电源电压

9 检测转向柱电子控制单元的线路

(1)检测转向柱电子控制单元插接器 1 号脚至 SC17 熔断丝的线路通断(图 4-43)。

标准值:$0.1 \sim 1.0\Omega$。

(2)检测转向柱电子控制单元插接器 2 号脚至车身搭铁的线路通断(图 4-44)。

标准值:$0.1 \sim 1.0\Omega$。

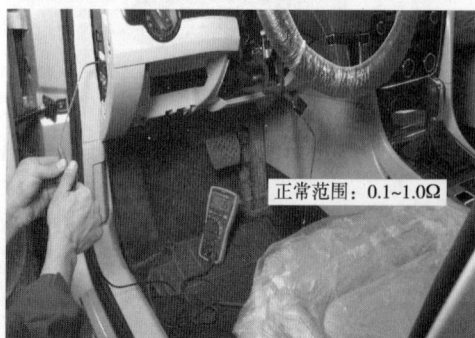

图 4-43 检测转向柱电子控制单元的线路(1)

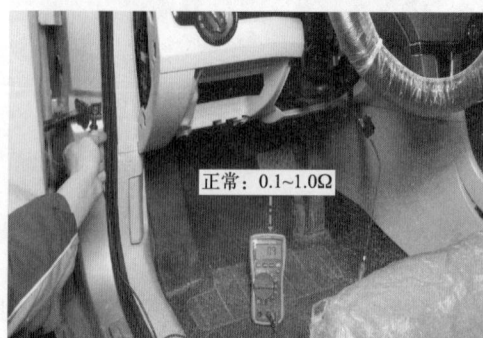

图 4-44 检测转向柱电子控制单元的线路(2)

（3）检测转向柱电子控制单元插接器 14 号脚至车身控制单元 C 区 31 号脚的线路通断（图 4-45）。

标准值:0.1~1.0Ω。

（4）检测转向柱电子控制单元插接器 14 号脚至车身控制单元 C 区 13 号脚的线路通断（图 4-46）。

标准值:0.1~1.0Ω。

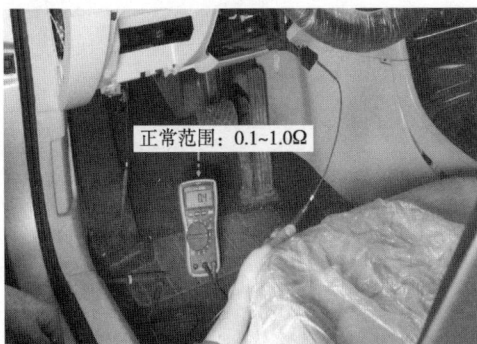

图 4-45　检测转向柱电子控制单元的线路(3)

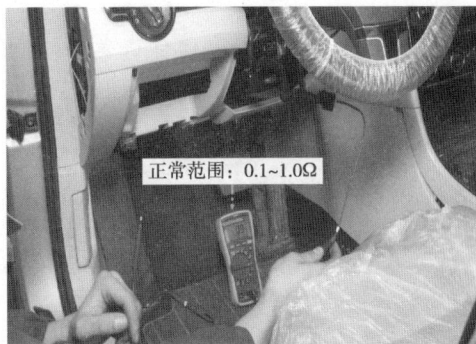

图 4-46　检测转向柱电子控制单元的线路(4)

❿ 检测车身控制单元 C 区 13 号脚至车身搭铁的电压

检测车身控制单元 C 区 13 号脚至车身搭铁的电压（图 4-47）。

标准值:蓄电池的电压。

⓫ 恢复车辆

恢复车辆（图 4-48）。

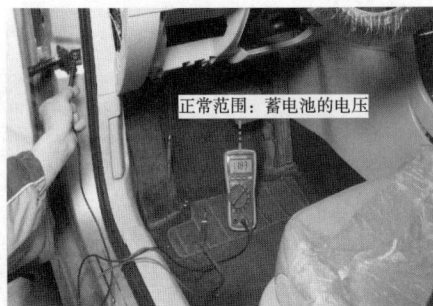

图 4-47　检测车身控制单元 C 区 13 号脚至车身
搭铁的电压

图 4-48　恢复车辆

二　检查控制系统

控制系统主要检查曲轴位置传感器,可参照《项目一　发动机故障指示灯常亮》的检查步骤进行检查;其次检查发动机控制单元电源电路;再次检查发动机防盗锁止系统。

❶ 发动机控制单元电源电路检查

连接解码仪,进入发动机控制单元,解码仪显示与发动机控制单元失去通信,在排除诊断仪连接正常的情况下,一般表明发动机控制单元的电源电路有故障。

1)检查熔断丝 SB10、SB19

从发动机熔断丝盒中用专用熔断丝夹将熔断丝 SB10 和 SB19 拔下(图4-49)。

注意:拆装之前点火开关关闭。

2)安装 V. A. G1598/42 测量盒

拆装之前确保点火开关已关闭,断开蓄电池负极,连接好之后再将蓄电池负极接好(图4-50)。

注意:连接插接器时必须保证发动机控制单元插接器处于平面。

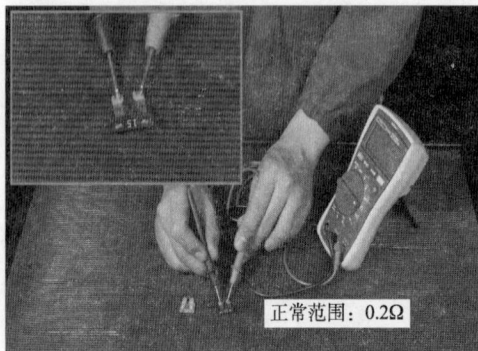

图4-49　检查熔断丝 SB10、SB19

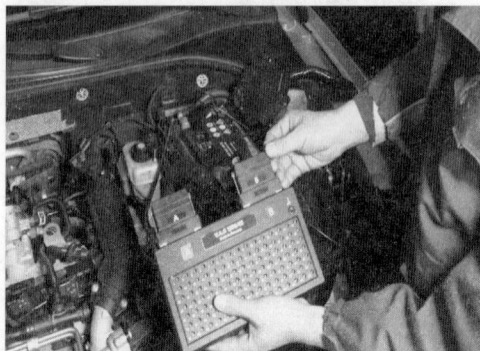

图4-50　安装 V. A. G1598/42 测量盒

3)检查控制单元线路的通断

(1)检查发动机控制单元 1 号脚至 655 车身搭铁的通断(图4-51)。

标准值:0.8~2.0Ω。

(2)检查发动机控制单元 2 号脚至 655 车身搭铁的通断(图4-52)。

标准值:0.8~2.0Ω。

图4-51　检查控制单元线路的通断(1)

图4-52　检查控制单元线路的通断(2)

(3)检查发动机控制单元 3 号脚和 5 号脚的通断(图4-53)。

标准值:0.1~1.0Ω。

(4)检查发动机控制单元 92 号脚和熔断丝 F19 线路的通断(图4-54)。

标准值:0.1~1.0Ω。

图 4-53 检查控制单元线路的通断(3)

图 4-54 检查控制单元线路的通断(4)

4)检查发动机控制单元电源电压

(1)检查发动机控制单元 92 号脚常供电电压(图 4-55)。

标准值:蓄电池的电压。

(2)检查发动机控制单元 87 号脚电压(图 4-56)。

标准值:蓄电池的电压。

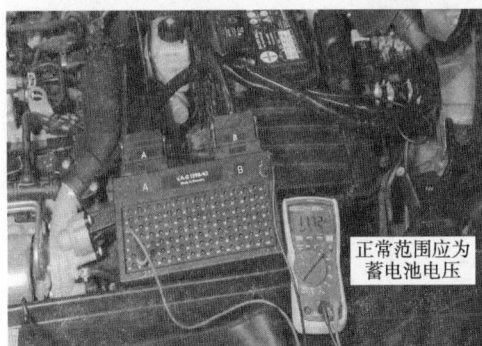

图 4-55 检查发动机控制单元电源电压(1)

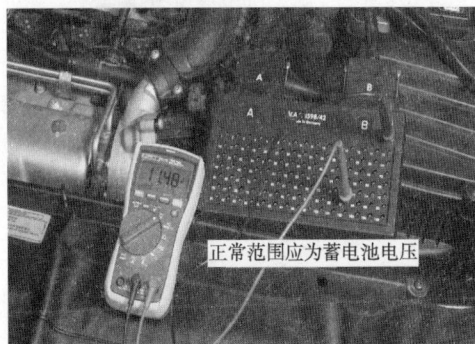

图 4-56 检查发动机控制单元电源电压(2)

(3)检查发动机控制单元 3 号脚电压(图 4-57)。

标准值:蓄电池的电压。

(4)检查发动机控制单元 5 号脚电压(图 4-58)。

标准值:蓄电池的电压。

图 4-57 检查发动机控制单元电源电压(3)

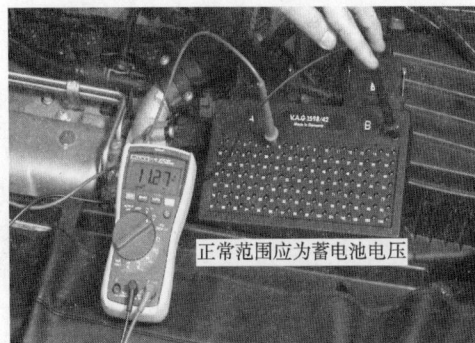

图 4-58 检查发动机控制单元电源电压(4)

5）恢复车辆

恢复车辆（图4-59）。

图4-59 恢复车辆

❷ 发动机防盗电路检查

如图4-60所示，防盗锁止系统控制电路检查如下（以朗逸为例）。

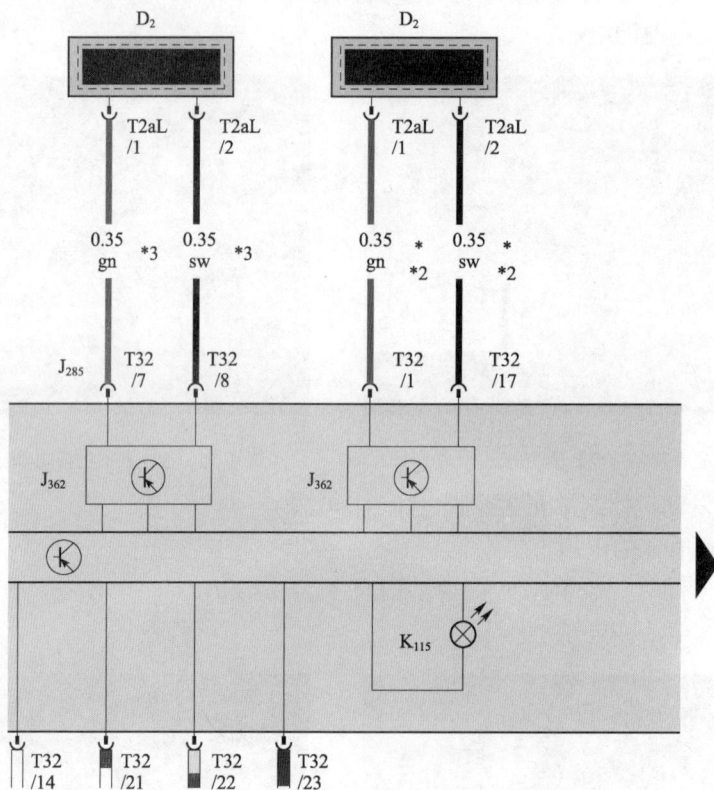

图4-60 防盗系统控制电路

D2-防盗锁止系统识读线圈；J362-防盗锁止系统控制单元；K115-发动机防盗锁止系统指示灯；＊2-仅适用于带2.0L发动机的汽车；＊3-仅用于带1.4L发动机的汽车

（1）检查钥匙及匹配。检查钥匙电池及芯片有无损坏，检查钥匙的防盗匹配是否正常，不正常应重新匹配。

（2）如图4-61所示，检查防盗锁止系统识读线圈的阻值，正常值在26Ω左右。

（3）如图4-62所示，检查防盗锁止系统识读线圈T2aL/1到仪表控制单元（B）J285/T32/

7之间线路的电阻,检查T2aL/2到仪表控制单元(B)J285/T32/8之间线路的阻值,正常值为0.1~1Ω。否则,应修复或检查线路。

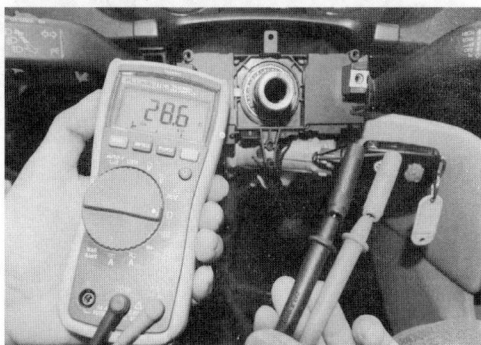

图4-61 防盗锁止系统识读线圈阻值检查

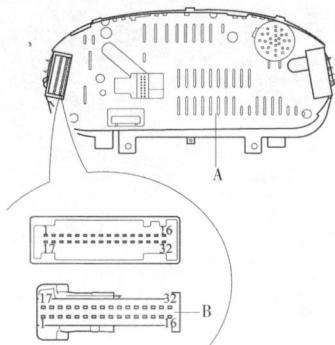

图4-62 仪表控制单元T32插头示意图
A-仪表板中的控制单元J285;B-32芯插头连接T32,蓝色,仪表板中的控制单元插头

三 检查点火系统(电路检查)

1 高压试火

用专用工具将火花塞拆下(图4-63)。
注意:检查时,手不能接触到火花塞和点火线圈的金属部位。

2 检测熔断丝SB4

从发动机熔断丝盒中用专用熔断丝夹将熔断丝SB4拔下(图4-64)。
注意:拆装之前点火开关关闭。

图4-63 高压试火

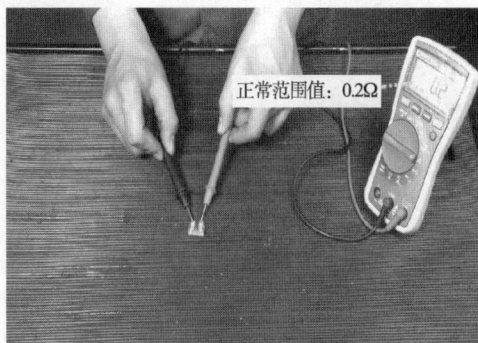

图4-64 检测熔断丝SB4

3 检测四个缸的电源电压

打开点火开关,检测点火线圈3号脚的电压(图4-65)。
标准值:蓄电池的电压。

4 检测四个点火线圈插接器3号脚到熔断丝SB4的线路通断

检测四个点火线圈插接器3号脚到熔断丝SB4的线路通断(图4-66)。
标准值:0.1~1.0Ω。

图 4-65 检测四个缸的电源电压

正常范围: 11~12.5V

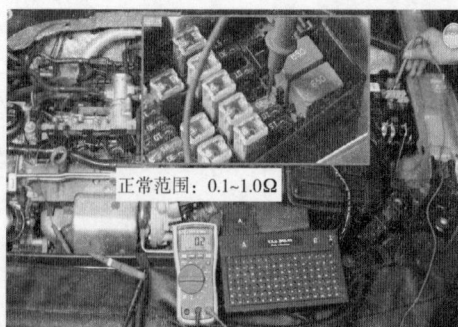

图 4-66 检测点火线圈插接器 3 号脚到 SB4 的线路通断

正常范围: 0.1~1.0Ω

⑤ 检测四个缸点火线圈与高压搭铁线路的通断

检测四个点火线圈插接器 3 号脚到高压搭铁线路的通断(图 4-67)。

标准值:0.8 ~ 2.0Ω。

⑥ 检测四个缸点火线圈与低压搭铁线路的通断

检测方法同上。

⑦ 检测 644 主继电器电源电压

检测 644 主继电器 3/30 号脚的电源电压(图 4-68)。

标准值:蓄电池电压。

备注:86 脚的电压检测与 30 脚相同。

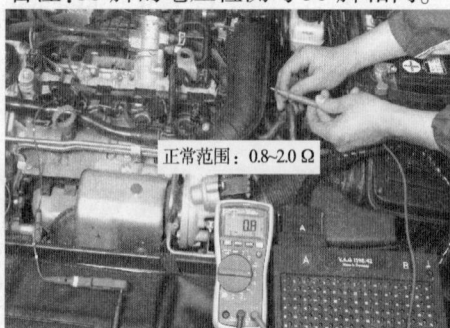

图 4-67 检测点火线圈与高压搭铁线路的通断

正常范围: 0.8~2.0 Ω

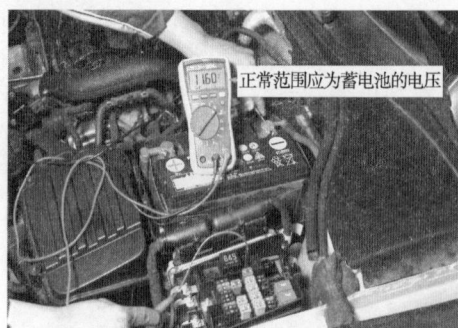

图 4-68 检测 644 主继电器电源电压

正常范围应为蓄电池的电压

⑧ 检测 644 主继电器的线路通断

(1)检测 644 主继电器的 87 号脚至 SB4 熔断丝的线路通断(图 4-69)。

(2)检测 644 主继电器的 86 号脚至发动机控制单元 92 号脚的通断(图 4-70)。

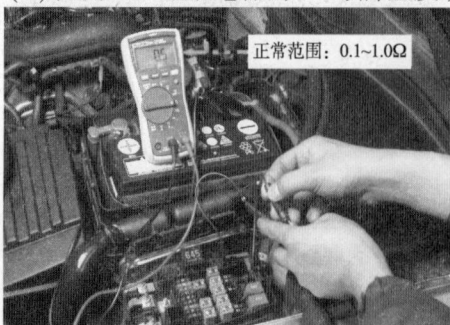

图 4-69 检测 644 主继电器的线路通断(1)

正常范围: 0.1~1.0Ω

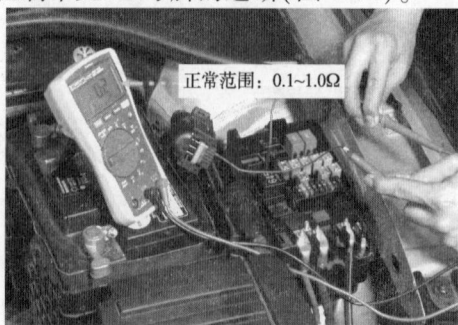

图 4-70 检测 644 主继电器的线路通断(2)

正常范围: 0.1~1.0Ω

(3)检测发动机控制单元 69 号脚到主继电器 85 号脚(图 4-71)。

⑨ 644 主继电器的检测

检测方法同 50 继电器。

⑩ 恢复车辆

恢复车辆(图 4-72)。

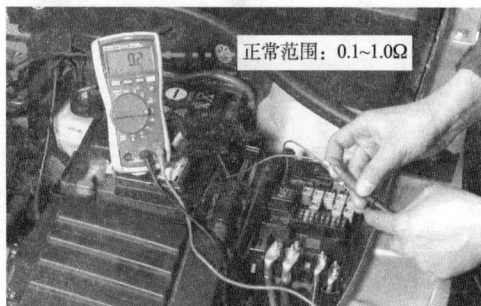

正常范围: 0.1~1.0Ω

图 4-71　检测 644 主继电器的线路通断(3)

图 4-72　恢复车辆

四　检查燃油系统

理论链接 12　电动燃油泵分类

(1)按燃油泵的安装位置分类。

①外装式:电动燃油泵安装在油箱外低于油箱的位置,在大排量汽车上常作为第二级增压泵。

②内装式:电动燃油泵安装在油箱内,淹没在燃油中,现已被广泛采用。

(2)按液压泵的结构分类

泵体是电动燃油泵泵油的主体,根据其结构的不同大致可以分为三种不同的类型,分别是涡轮式、滚柱式和齿轮式,如图 4-73 所示。现代汽车几乎全部采用齿轮式或涡轮式电动燃油泵。

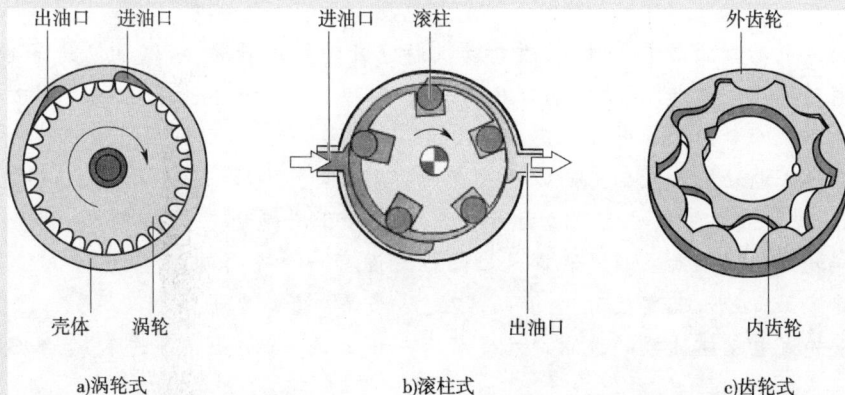

出油口　进油口　　　　进油口　滚柱　　　　　外齿轮

壳体　涡轮　　　　　　出油口　　　　　　内齿轮

a)涡轮式　　　　　　b)滚柱式　　　　　　c)齿轮式

图 4-73　电动燃油泵的类型

涡轮式电动燃油泵如图 4-74 所示,由永磁式电动机、泵体、止回阀、安全阀、滤网等组成。

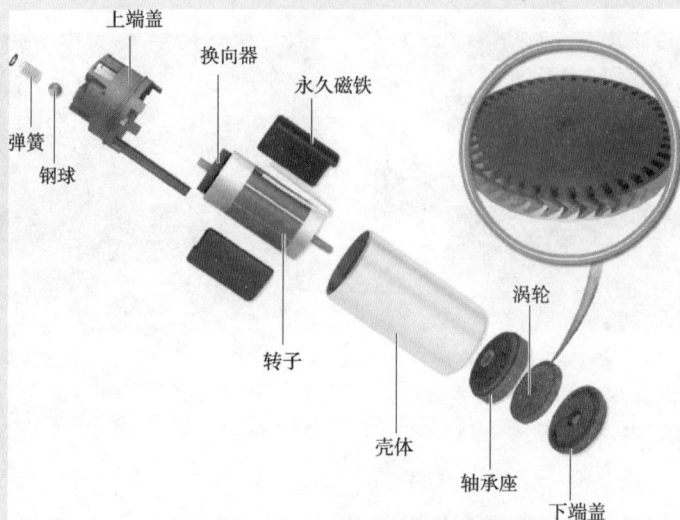

图 4-74　涡轮式电动燃油泵结构

涡轮式电动燃油泵的电动机部分包括固定在外壳上的永久磁铁和产生电磁力矩的电枢以及安装在外壳上的电刷装置。电刷与电枢上的换向器相接触,其引线连接到外壳上的接柱上,将控制电动燃油泵的电压引到电枢绕组上。电动燃油泵的外壳两端卷边铆紧,使各部件组装成一个不可拆卸的总成。

理论链接 14　涡轮式电动燃油泵工作原理

涡轮式电动燃油泵工作时,永磁电动机通电带动泵体旋转,将汽油从进油口吸入,汽油经电动燃油泵内部,再从出油口压出如图 4-75 所示,给燃油系统供油。电动燃油泵的转速和泵油量由外加电压决定,通常情况下为恒定值。

在涡轮式电动燃油泵的出油口处设有一个止回阀,可以在发动机熄火后,防止燃油倒流,以保持燃油供给系统有一定的残余压力,便于下次起动。

在涡轮式电动燃油泵的进油口或出油口处设有一个安全阀,可在燃油滤清器或高压管路堵塞等意外情况发生时,打开而泄压,从而保护直流电动机。

在涡轮式电动燃油泵的进油口处安装有一个滤网,可防止杂质进入燃油泵造成卡死或密封不良。

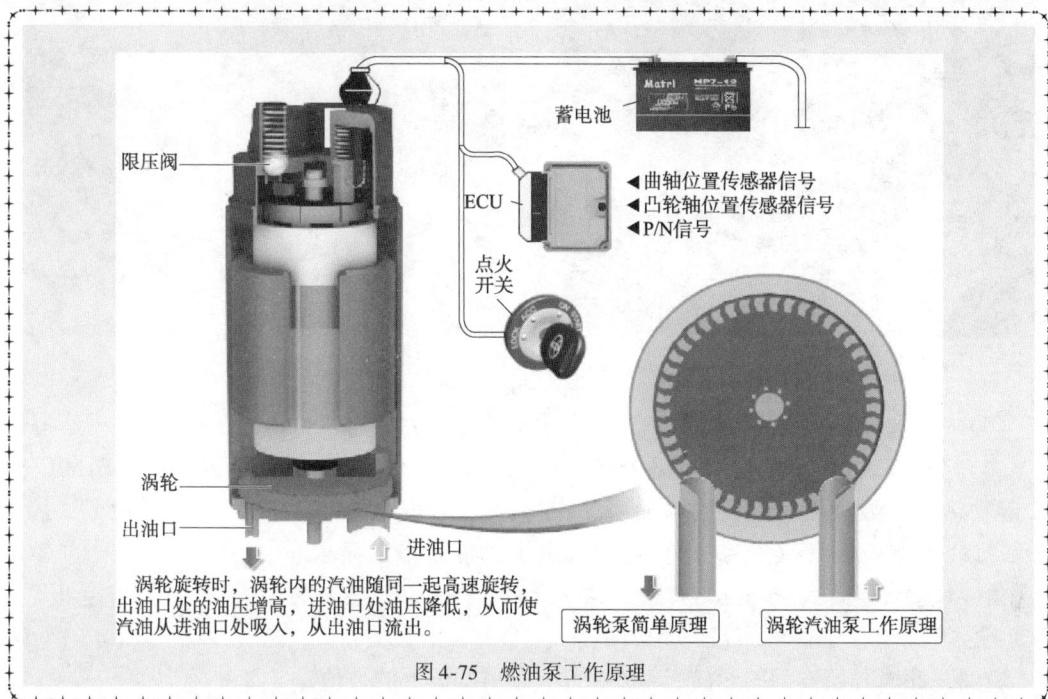

图 4-75　燃油泵工作原理

限压阀

蓄电池

曲轴位置传感器信号
凸轮轴位置传感器信号
P/N信号

ECU

点火
开关

涡轮

出油口

进油口

涡轮旋转时，涡轮内的汽油随同一起高速旋转，出油口处的油压增高，进油口处油压降低，从而使汽油从进油口处吸入，从出油口流出。

涡轮泵简单原理　　涡轮汽油泵工作原理

❶ 燃油系统压力检测（以朗逸为例）

注意：燃油系统内存在燃油压力，检查时必须戴防护眼镜和手套并穿好防护服，以免皮肤接触或造成人身伤害。

（1）燃油系统泄压。

拔下燃油泵熔断丝 SC28 或者拔下油泵继电器 J17；起动发动机直至发动机熄火；重复起动发动机 2～3 次，直到发动机不能着车（图 4-76）。

（2）松开供油软管与油轨连接处的卡子。

在松开软管连接之前，在软管连接处放置一块干净抹布，然后小心地拔出软管，以释放残余压力（图 4-77）。

图 4-76　燃油系统泄压

图 4-77　松开供油软管与油轨连接处的卡子

（3）从燃油压力测试仪中选择一个三通接头和一根与之匹配的橡胶软管（图 4-78）。

（4）将三通接头的一端与橡胶软管连接，另一端与供油软管连接，并将卡子固定回原位，防止漏油；而橡胶软管则与燃油轨道的接口相连（图 4-79）。

图4-78 选择橡胶软管

图4-79 连接橡胶软管

(5)将三通接头的螺纹接口与燃油压力表的接头连接(图4-80)。

(6)打开点火开关。连接笔记本故障诊断仪 – VAS – VAS 6150B – 或 – VAS 6150C,选择"起动诊断""发动机""接受""无任务""控制单元列表""右击—发动机电控系统""控制单元自诊断""作动器诊断""执行""燃油泵电子设备""点击显示屏中间(＞)""点击显示屏左下角(＞)3 次""点击显示屏右下角(开始)按钮""点击显示屏右下角(停止)按钮"(图4-81)。

燃油泵此时开始安静的运转,读取燃油压力测试仪上的数值。

额定值:0.4～0.7MPa。

图4-80 连接燃油压力表

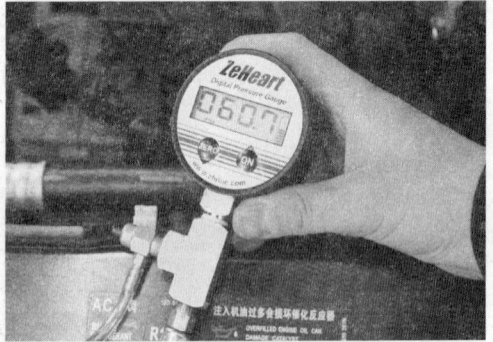

图4-81 测量燃油系统压力

如果超出了额定值,检查燃油系统的管路是否有扭曲或阻塞。

排除管路问题后,说明燃油滤清器内的燃油压力调节器有故障,更换燃油滤清器。

如果低于额定值:拆卸燃油泵;检查燃油泵内管路连接是否正常,是否有泄漏情况。

❷ 检查电动燃油泵

假如测量油压不正常,需检查电动燃油泵。接通点火开关,应能从油箱口处听到电动燃油泵运转的声音;或用手捏住进油管时,能感觉到进油管的油压脉动。如果电动燃油泵不工作,按以下步骤检查。

1)拆下后排座椅

拆下后排座椅(图4-82)。

2)检测油泵电阻

(1)拆开油泵控制单元的插接器(图4-83)。

图 4-82　拆下后排座椅

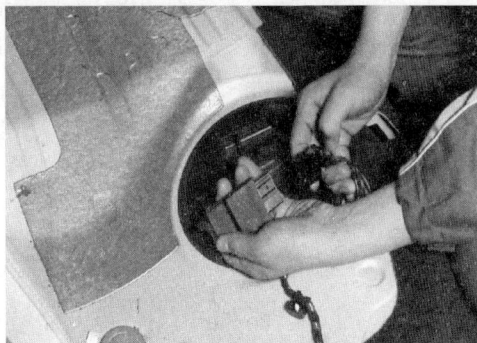

图 4-83　检测油泵电阻(1)

（2）拆开油泵的插接器（图 4-84）。

（3）检测油泵插接器 1 号脚和 5 号脚之间的电阻（图 4-85）。

标准值:0.3~0.5Ω。

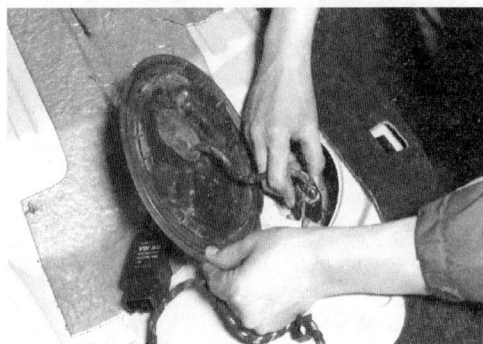

图 4-84　检测油泵电阻(2)

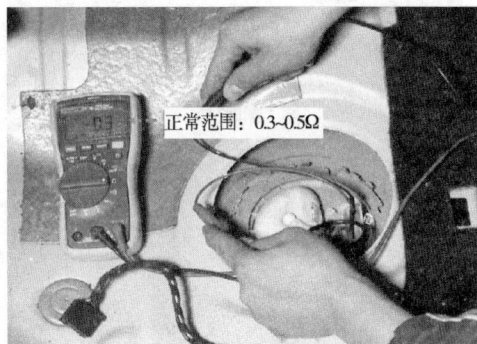

正常范围: 0.3~0.5Ω

图 4-85　检测油泵电阻(3)

3）检测燃油泵测量浮子

（1）检测燃油泵 3、4 号脚的电阻（图 4-86）。

标准值:355Ω。

注意:2、3 号脚的电阻与 2、4 号脚的电阻之和约等于 3、4 号脚的电阻。

（2）检测燃油泵 2、3 号脚的电阻（图 4-87）。

标准值:142Ω。

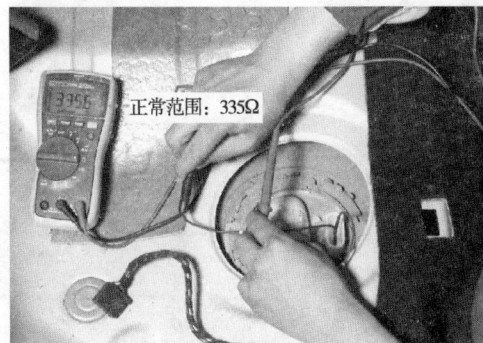

正常范围: 335Ω

图 4-86　检测燃油泵测量浮子(1)

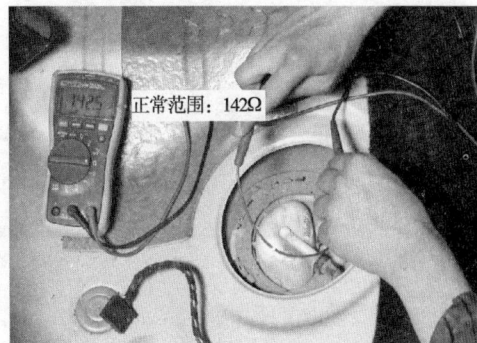

正常范围: 142Ω

图 4-87　检测燃油泵测量浮子(2)

79

（3）检测燃油泵 2、4 号脚的电阻（图 4-88）。

标准值：195Ω。

4）检测燃油泵控制单元的电源电压

（1）检测燃油泵控制单元 1 号脚的常电源电压（图 4-89）。

标准值：蓄电池电压。

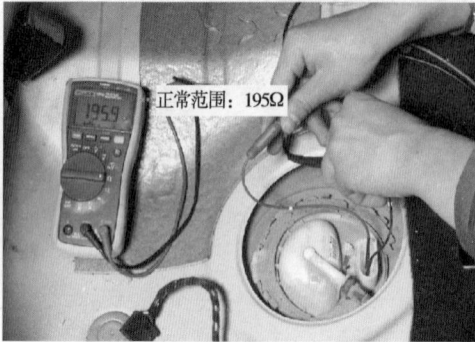

图 4-88　检测燃油泵测量浮子(3)

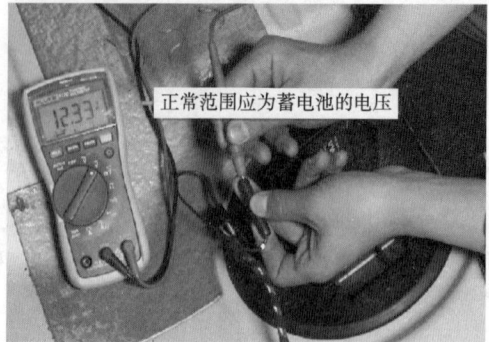

图 4-89　检测燃油泵控制单元的电源电压(1)

（2）检测燃油泵控制单元 3 号脚点火开关控制的电源电压（图 4-90）。

标准值：蓄电池电压。

5）安装 V. A. G1598/42 测量盒

拆装之前确保点火开关已关闭，断开蓄电池负极，连接好之后再将蓄电池负极接好（图 4-91）。

注意：连接插接器时必须保证发动机控制单元插接器处于平面。

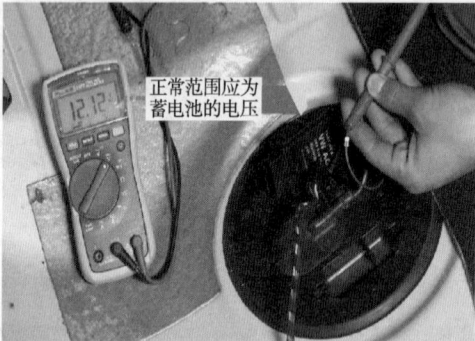

图 4-90　检测燃油泵控制单元的电源电压(2)

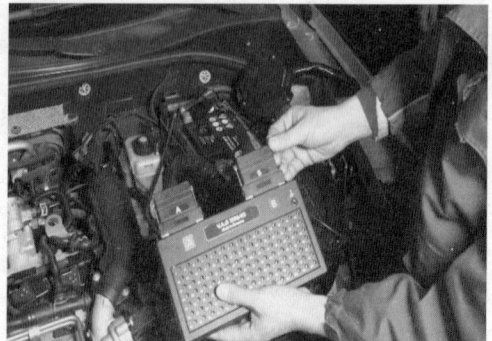

图 4-91　安装 V. A. G1598/42 测量盒

6）检测燃油泵信号电压

检测油泵插接器 1 号脚和 5 号脚之间的电压（图 4-92）。

注意：此电压在打开点火开关时，供电 3s。

标准值：蓄电池电压。

7）检测燃油泵的控制线路

（1）检测燃油泵控制单元插接器 6 号脚至车身搭铁的线路通断（图 4-93）。

标准值：0.1~1.0Ω。

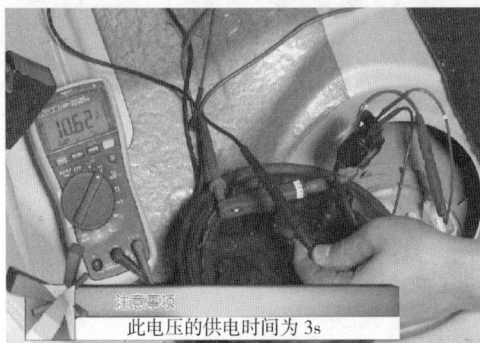

此电压的供电时间为 3s

图 4-92　检测燃油泵信号电压

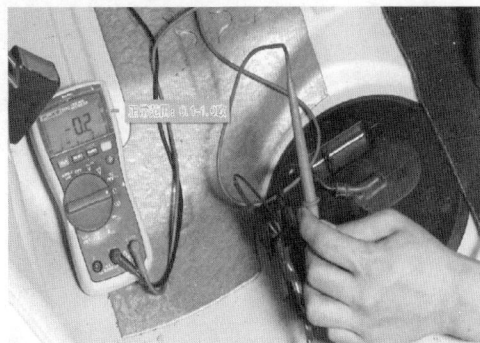

图 4-93　检测燃油泵的控制线路(1)

(2)检测燃油泵控制单元插接器 6 号脚至 SC27 熔断丝的线路通断(图 4-94)。标准值:0.1~1.0Ω。

(3)检测燃油泵控制单元插接器 3 号脚至 SC29 熔断丝的线路通断(图 4-95)。标准值:0.1~1.0Ω。

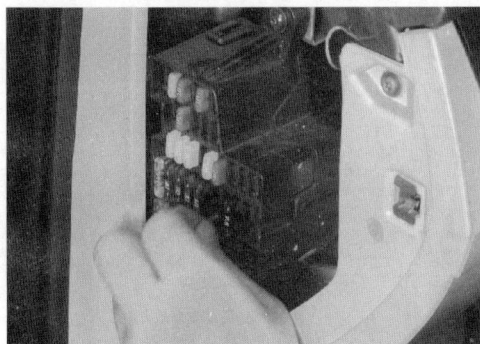

图 4-94　检测燃油泵的控制线路(2)

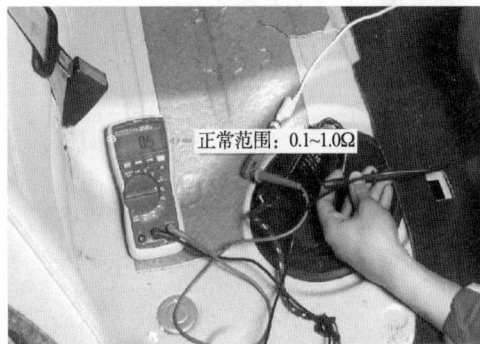

正常范围:0.1~1.0Ω

图 4-95　检测燃油泵的控制线路(3)

(4)检测燃油泵控制单元插接器 2 号脚至发动机控制单元 28 号脚的线路通断(图 4-96)。标准值:0.1~1.0Ω。

(5)检测燃油泵控制单元插接器 7 号脚至车身控制单元 B 区 38 号脚的线路通断(图 4-97)。标准值:0.1~1.0Ω。

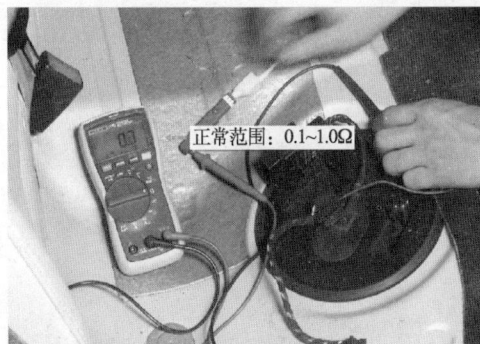

正常范围: 0.1~1.0Ω

图 4-96　检测燃油泵的控制线路(4)

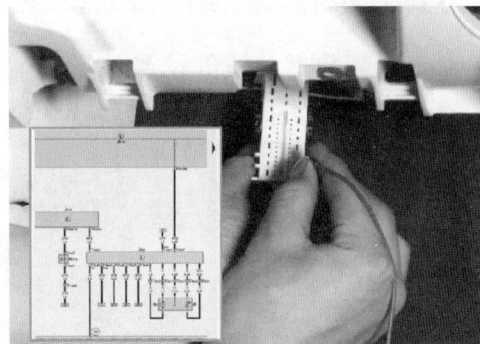

图 4-97　检测燃油泵的控制线路(5)

8)恢复插接器及车辆

恢复插接器及车辆(图 4-98)。

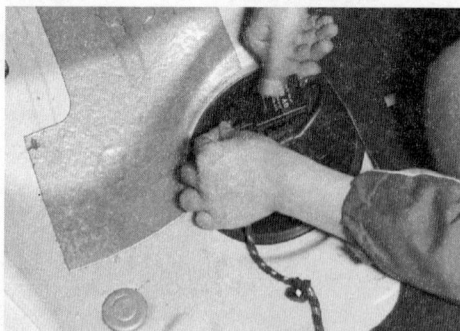
图 4-98　恢复插接器及车辆

五　检查数据总线系统

❶　故障再现

起动发动机。发动机起动后马上熄火转速表指示针没有转动制动警告灯一直闪烁。
挡位显示闪烁 3 下后挡位显示消失（图 4-99）。

❷　读取故障码

连接蓝牙时,需要关闭点火开关。
打开点火开关,打开诊断软件。
按提示输入车辆的信息选择发动机控制单元。
读取故障码,清除故障码,重新刷新,故障码不能清除（图 4-100）。

图 4-99　故障再现

0001 - 发动机电控系统 (KWP2000 / TP20 / 03C906022AS /		
故障代码	SAE 代码	故障文本
49493 000	U0155	仪表板控制单元 无通信, tbd
05488 000	P1570	发动机控制单元停用 tbd

图 4-100　读取故障码

❸　安装 V. A. G1598/42 测量盒

拆装之前确保点火开关已关闭,断开蓄电池负极,连接好之后再将蓄电池负极接好（图 4-101）。
注意: 连接插接器时必须保证发动机控制单元插接器处于平面。

❹　检测数据总线的信号波形

(1)将诊断仪 DSO1 红色测量线连接 V. A. G1598/42 测量盒 68 号脚(图 4-102)。

图 4-101　安装 V. A. G1598/42 测量盒

图 4-102　检测数据总线的信号波形(1)

诊断仪 DSO1 黑色测量线连接 V. A. G1598/42 测量盒搭铁。

诊断仪 DSO2 红色测量线连接 V. A. G1598/42 测量盒 67 号脚。

诊断仪 DSO2 黑色测量线连接 V. A. G1598/42 测量盒蓄电池搭铁。

（2）打开点火开关。点击进入示波器界面观察数据总线的波形正常波形（图 4-103）。

（3）高线短路的波形（图 4-104）。

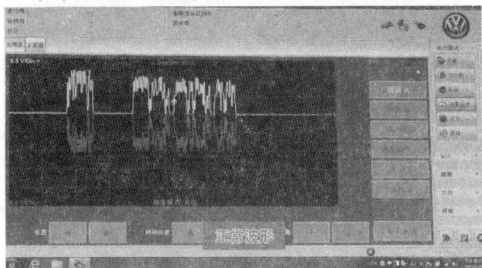

图 4-103　检测数据总线的信号波形（2）

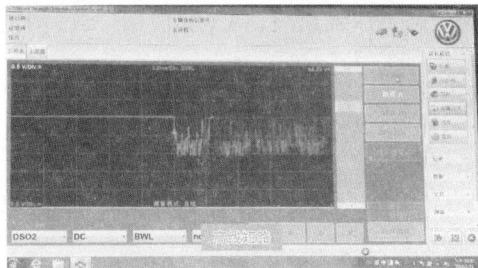

图 4-104　检测数据总线的信号波形（3）

（4）低线短路的波形（图 4-105）。

（5）高线和低线短路的波形（图 4-106）。

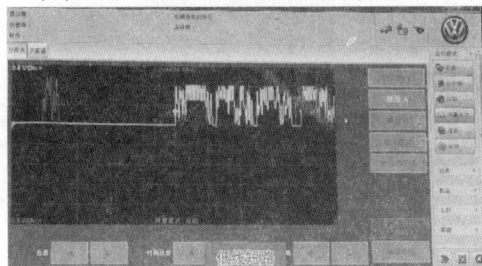

图 4-105　检测数据总线的信号波形（4）

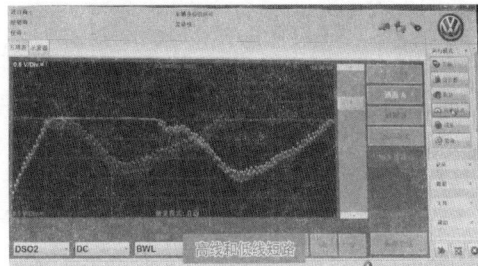

图 4-106　检测数据总线的信号波形（5）

5 检测数据总线的线路

（1）检测发动机控制单元 68 号脚至搭铁线路通断（图 4-107）。

标准值：大于 1kΩ。

（2）检测发动机控制单元 67 号脚至搭铁线路通断（图 4-108）。

标准值：大于 1kΩ。

图 4-107　检测数据总线的线路（1）

图 4-108　检测数据总线的线路（2）

六 检查机械部分

参照《项目五　发动机起动困难故障诊断》的检查步骤进行检查。

83

七 竣工检查

经过以上检查,确定故障部位并进行维修或更换。维修完毕后,转动点火开关,检查车辆是否能正常起动。如果能起动,说明故障已经排除,如果仍然不能起动,则说明故障未完全排除,按照项目中的步骤,重新进行检查和维修。

维修工作结束后,将工具放回原处,清洁并整理工作场地。

项目评价

评 分 表

项目编号:

姓名:_____ 学号:_____
开始时间:__时__分 结束时间:__时__分 用时:___

序号	项 目	评分项目	评价标准	分值	学生自评	学生互评	教师评价
1	时间要求	按规定时间完成项目作业	酌情扣 1~5 分	5			
2		选用工具恰当	酌情扣 1~5 分	5			
3		能正确排除点火系统故障	操作错误无分	10			
4		能正确排除燃油系统故障	不能排除无分	10			
5	质量要求	能正确排除电控系统故障	不能排除无分	15			
6		能正确排除机械部分故障	不能排除无分	10			
7		能正确排除传感器故障	不能排除无分	15			
8		能正确排除 ECM 故障	不能排除无分	10			
9		及时清理工具和工作现场	酌情扣 1~5 分	5			
10	安全要求	遵守安全操作规程	酌情扣 1~5 分	5			
11	文明要求	按文明生产规则进行操作	酌情扣 1~5 分	5			
12	环保要求	更换旧件放入规定回收桶	酌情扣 1~5 分	5			
		本项目得分		100			
						日期:	

注:发生重大事故(人身和设备安全事故)、严重违反维修原则和情节严重的野蛮操作等,采取一票否决制。

项目拓展

请你阅读以下案例,然后按照本项目中学习的处理思路,排除案例中的故障。

案例

有一辆本田三厢飞度轿车,行驶里程为 14000km,该车在正常行驶中突然自动熄火,再次起动时无法着车。根据驾驶人介绍,该车尚未进行过任何维修。

试分析故障原因,并给出故障排除流程图。

(1)分析故障。

(2)读取故障码。

(3)检查故障部位。

(4)排除故障。

项目五 发动机起动困难故障诊断

一辆 2013 年款新帕萨特 1.4T 自动挡轿车,行驶里程为 56000km。用户反映该车近阶段起动时,需要多次起动或长时间起动起动机才能着车(图 5-1)。现在我们的任务就是一起维修该车。

图 5-1 发动机起动困难

项目要求

1. 时间要求:建议 4 学时。
2. 能力要求:在规定时间内完成诊断与排除发动机起动困难的任务。
3. 质量要求:参照厂家的生产规范及质量要求。
4. 安全要求:严格按照安全操作规程进行项目作业。
5. 5S 作业:自觉按照企业 5S 生产规则进行项目作业。
6. 环保要求:努力按照环境保护要求进行项目作业。

项目分析

发动机起动困难时,其原因一般为混合气过稀或过浓所致。如果进气系统严重漏气或燃油系统供油不足,均会引起混合气过稀导致发动机起动困难。而混合气过浓却会导致发动机热车起动困难。传感器故障、点火系统点火能量偏低及汽缸压力偏低也会造成发动机起动困难。归纳故障原因可能是:进排气系统故障、燃油系统故障、点火系统故障、控制系统故障、机械部分故障,如图 5-2 所示。下面我们来具体分析。

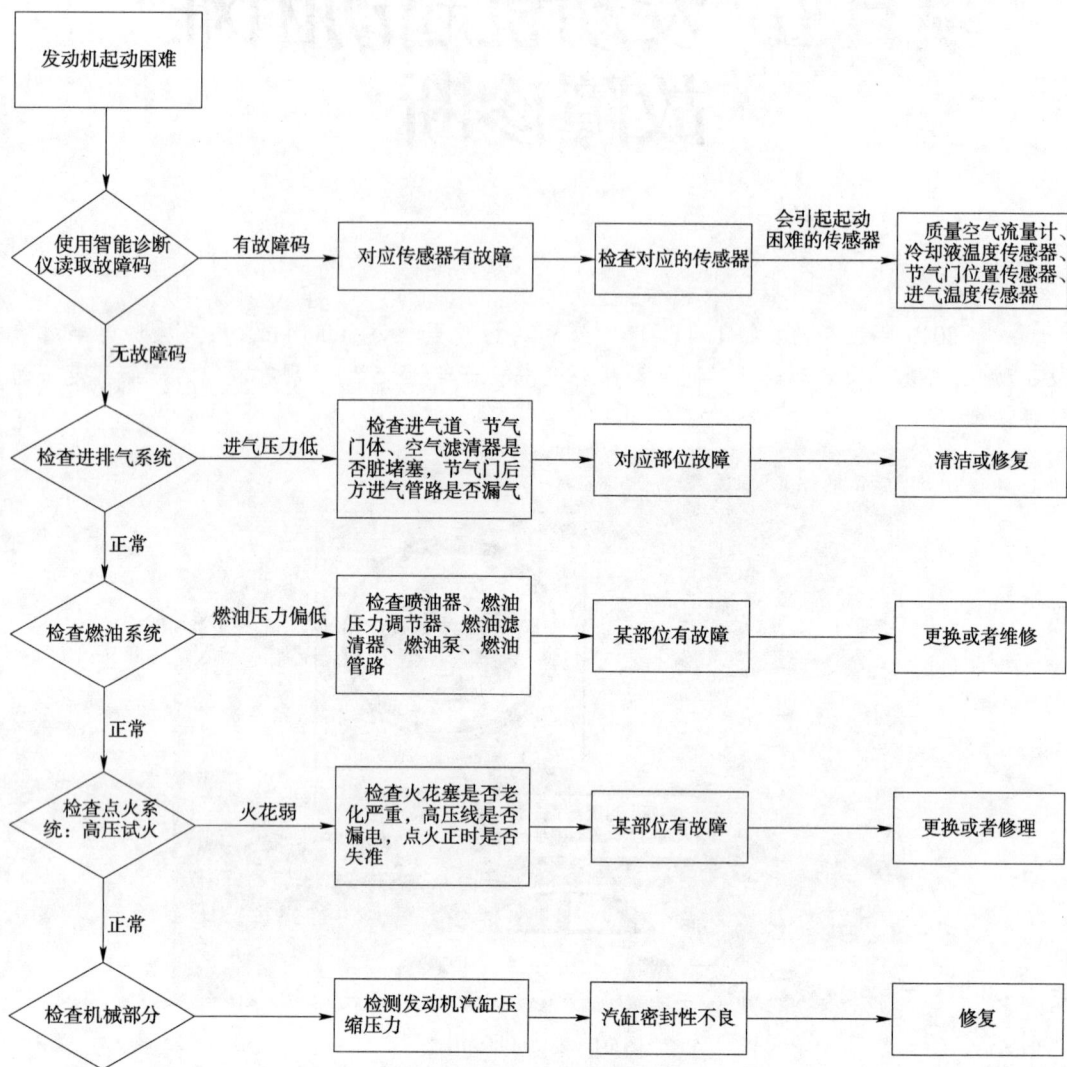

图 5-2 发动机起动困难故障原因

❶ 进排气系统故障分析

进排气系统引起的发动机起动困难主要是进排气系统脏堵。进排气系统脏堵主要有进气道堵塞、节气门体脏堵、空气滤清器脏堵,或者节气门后方进气管路漏气。

❷ 燃油系统故障分析

燃油系统引起的发动机起动困难,故障原因主要为:燃油压力偏低。燃油和进排气系统工作原理如图 5-3 所示,由图中灰色油路中可知,喷油器故障,高压油泵故障,燃油泵控制单元故障,燃油泵故障,燃油管路故障均会引起燃油压力偏低。

86

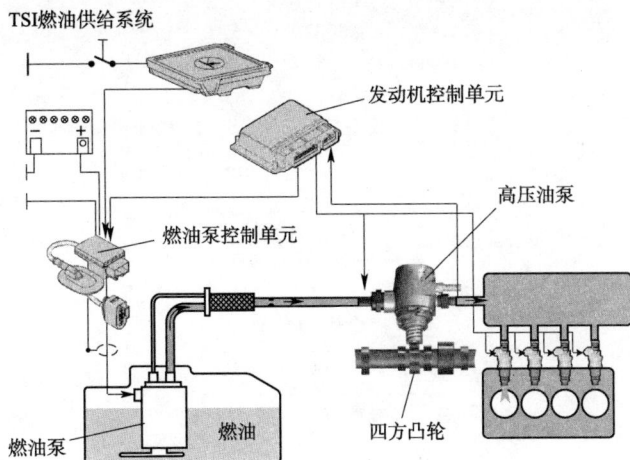

图 5-3　燃油和进排气系统工作原理图

3 点火系统故障分析

发动机起动困难时,确认点火系统是否有故障,首先是高压试火,如果火花弱,说明点火系统有故障,故障原因主要有:火花塞老化严重,高压线漏电,点火正时失准等。

4 控制系统故障分析

控制部分主要是传感器故障,主要检查方法是使用汽车智能诊断仪读取故障码和数据流,根据故障码和数据流确认并排除故障。会引起发动机起动困难的传感器有:冷却液温度传感器、进气温度传感器。

5 机械部分故障分析

如图 5-4 所示,机械部分故障主要是汽缸密封性不良,造成汽缸压力偏低。汽缸压缩压力不足,汽缸密封性降低,会使发动机动力下降,使发动机起动困难、汽车行驶无力,燃油消耗增加。

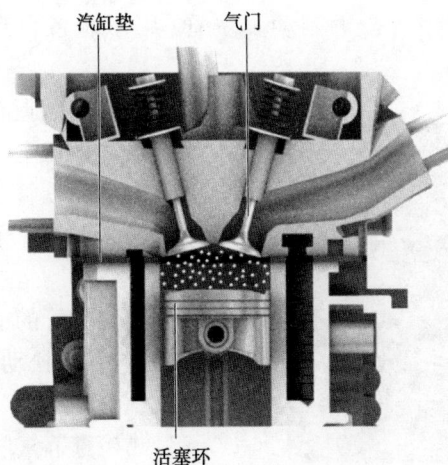

图 5-4　气门结构原理图

```
┌─────────────┐
│  检查控制系统  │
└─────────────┘
       ↓
┌─────────────┐
│ 检测进排气系统 │
└─────────────┘
       ↓
┌─────────────┐
│  检查燃油系统  │
└─────────────┘
       ↓
┌─────────────┐
│  检查点火系统  │
└─────────────┘
       ↓
┌─────────────┐
│  检查机械部分  │
└─────────────┘
       ↓
┌─────────────┐
│   竣工检查    │
└─────────────┘
```

项目步骤

在进行故障诊断与维修之前,首先尝试起动发动机,仔细观察车辆状况,确认故障现象。根据故障现象初步判断可能发生故障的区域。

一 检查控制系统

控制系统主要检查传感器,参照项目一及项目二的检查步骤进行检查。

二 检查进排气系统

❶ 检查进气系统管路泄漏情况

(1)拔下曲轴箱通风软管,拔下制动真空管(用于装备自动变速器的车型,如图5-5所示)。

图 5-5　曲轴箱

(2)静态外观泄漏检查(图5-6、图5-7)。
①检查并按压空气滤清器软管总成。
②检查通风软管、制动助力器真空软管。
③PCV 阀软管表面有无破裂、老化,断裂等现象。
④各连接软管的卡箍位置是否正确,卡箍是否完好,是否存在松动现象。目测检查进气歧管有无裂纹,破损。
⑤目测检查节气门体衬垫处,进气歧管衬垫处,是否有破损、泄漏现象。

图 5-6　静态外观泄漏检查(1)

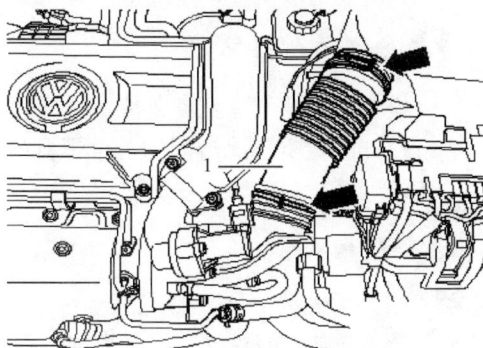

图 5-7　静态外观泄漏检查(2)

理论链接 1　进气系统组成与功用

　　如图 5-8、图 5-9 所示,发动机的进气空气供给系统的结构非常紧凑,目标是尽可能地缩短气流路径。系统无需配备空冷式增压空气冷却器和相应的增压空气管路,进气歧管上直接集成了水冷式增压空气冷却器。

图 5-8　进气系统结构(1)

图 5-9　进气系统结构(2)

❷ 检查空气滤清器

(1)松开固定空气滤清器外壳的 4 个螺钉(图 5-10)。

(2)松开固定空气滤清器的 1 个螺钉(图 5-11)。

图 5-10　检查空气滤清器(1)

图 5-11　检查空气滤清器(2)

(3)拉出滤芯进行检查。如果滤芯过脏堵塞,可去掉滤芯后再起动发动机,如能正常起动,则应更换滤芯,否则进行第一步检查控制系统(图 5-12)。

图 5-12　检查空气滤清器(3)

理论链接 2　空气滤清器结构(图 5-13)

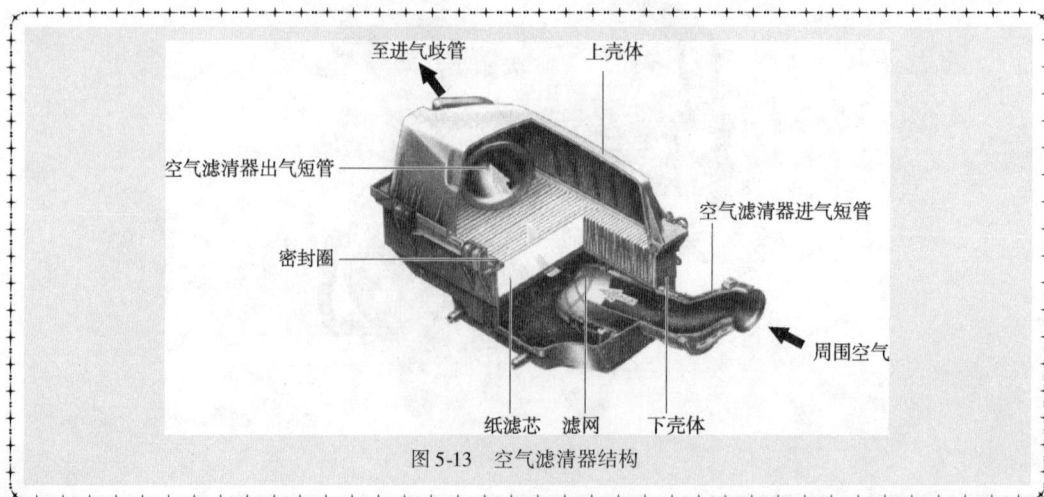

图 5-13　空气滤清器结构

3 检测进气系统真空度

（1）拔下进气歧管上的真空管（图5-14）。

（2）将检测连接管接至真空管（图5-15）。

图5-14 检测进气系统真空度(1)

图5-15 检测进气系统真空度(2)

（3）将测量表的管接头连接至真空管（图5-16）。

（4）用手按下表下端的排气阀，对真空表进行校零（图5-17）。

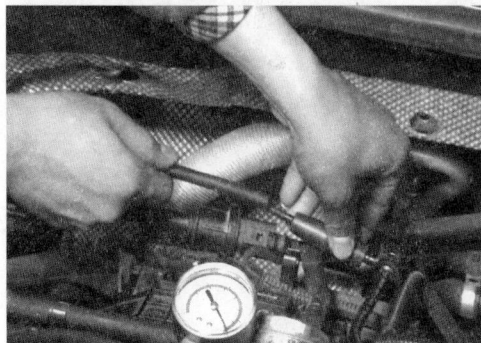

图5-16 检测进气系统真空度(3)

图5-17 检测进气系统真空度(4)

（5）起动发动机怠速运转，记录真空表读数，正常值为51.33~71.66Pa（图5-18）。

（6）急加速检测记录真空表读数，迅速开启、关闭节气门时，正常值在6.66-84.66kPa之间随之摆动（图5-19）。如果活塞环、节气门漏气，节气门突然开启，指针会回落到0，如果节气门突然关闭，指针也跳回不到84.66kPa。

图5-18 检测进气系统真空度(5)

图5-19 检测进气系统真空度(6)

(7)测试完毕后,恢复管路(图5-20)。

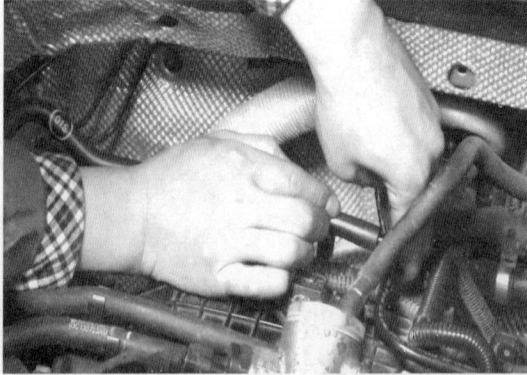

图5-20 检测进气系统真空度(7)

4 检测汽缸压力

(1)发动机暖机(图5-21)。

(2)拔掉点火线圈插头,使用专用工具拆下点火线圈(图5-22)。

图5-21 检测汽缸压力(1)

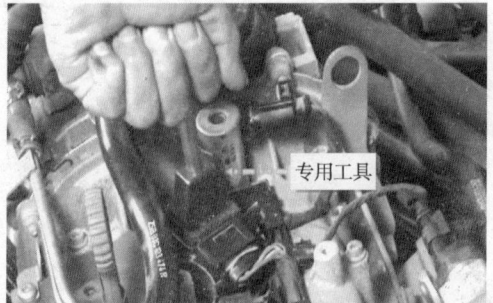

专用工具

图5-22 检测汽缸压力(2)

(3)使用火花塞专用套筒拆出各个缸火花塞(图5-23)。

(4)拆卸燃油泵熔断丝F27、F29(图5-24)。

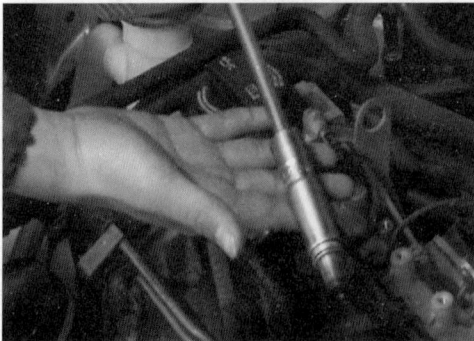

图5-23 检测汽缸压力(3)

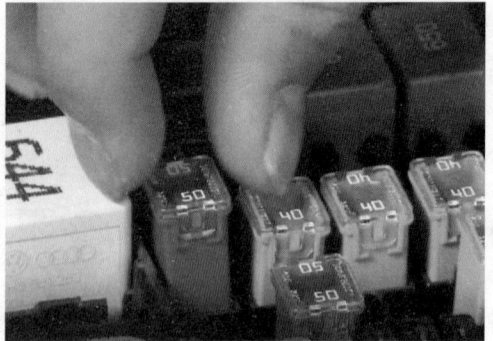

图5-24 检测汽缸压力(4)

(5)检测汽缸压力(图5-25)。

用力压紧测量头,将加速踏板踩到底,起动发动机,保持5s,读取并测量各汽缸压力。

(6)读取并记录数据(图5-26)与维修手册中的数据对比;如果测得所有汽缸压力全部偏低,且里程表显示行车里程很长,则可能是汽缸漏气过大;如果测得某一汽缸压力偏低,向汽缸中加入少量机油,再次进行测量,如果压力回升,说明活塞环损坏,需要进一步检查活塞环;如果压力继续偏低,说明气门卡滞或未正确就位,或者汽缸盖衬垫漏气,需要检查气门或者汽缸盖衬垫。

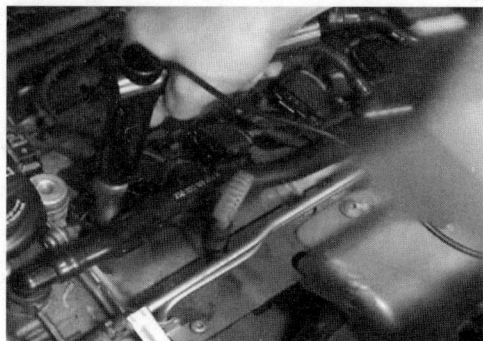

图 5-25　检测进气系统真空度(5)

图 5-26　检测进气系统真空度(6)

(7)安装火花塞和点火线圈,并装回熔断丝,进行车辆恢复。

注意:在尽可能短的时间内测量汽缸压力,此时发动机依靠起动机的带动运转,如果时间过长可能损坏起动机。

5 检查三元催化器

理论链接3　三元催化器功用与结构(图 5-27、图 5-28)

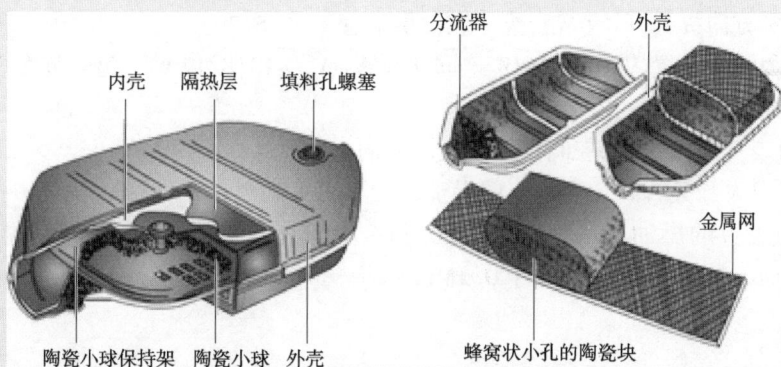

图 5-27　三元催化器结构

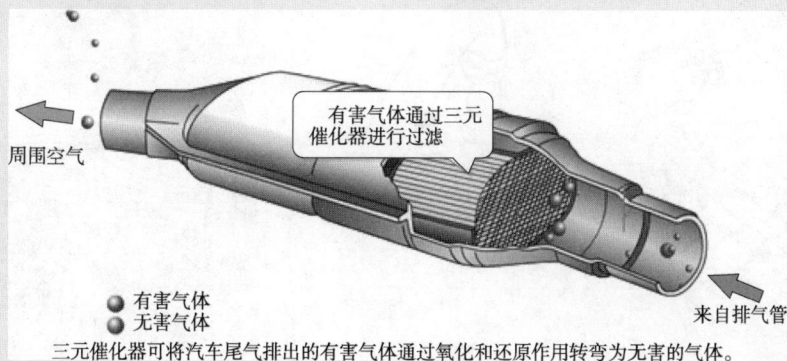

三元催化器可将汽车尾气排出的有害气体通过氧化和还原作用转变为无害的气体。

图 5-28　三元催化器功用

通过拆掉试验,检查三元催化器是否堵塞。将三元催化器及后方排气管拆卸后,起动发动机,如果发动机能正常起动,说明排气管三元催化器堵塞,应清洗或更换;如果发动机仍不能起动,继续下面的检查项。

使用专门的三元催化清洗剂对三元催化器进行清洁,清洗液通过专用设备由进气歧管吸入发动机,通过燃烧室、排气管到达三元催化器,在一定温度下,与三元催化器表面的覆盖物发生化学反应,以达到清洁目的。清洗步骤如下:

(1)打开发动机点火开关,起动发动机,待发动机冷却液温度表显示正常后关闭点火开关。

(2)将三元催化清洗剂倒入配套的专用设备内,并将设备的一端套入进气歧管内。

(3)起动发动机,将转速控制在2000r/min左右,打开流量控制阀,将清洗剂缓慢滴入进气管道内,清洗时间为30~40min。

(4)清洗完毕后保持发动机转速3~5min,脏物被溶解或强氧化后由排气管排出。

三 检查燃油系统

1 检查燃油压力

注意:燃油系统内存在燃油压力!必须戴防护眼镜和手套并穿好防护服,以免皮肤接触或造成人身伤害。在松开软管连接之前,在软管连接处放置一块干净的抹布。然后小心地拔出软管,以释放剩余压力。

(1)沿箭头方向提起开锁按钮,拔下燃油供油管1(图5-29)。

(2)将压力测量装置 V. A. G 1318 连同接头 V. A. G 1318/17A 一起安装在燃油供油管上(图5-30)。

打开压力表上的截止阀,控制杆指向流动方向。

反复接通点火开关直到压力表上的燃油压力不再提高。

读取压力表上的燃油压力。额定值:0.35~0.7MPa。如果燃油压力正常,检查保持10min压力。(10min后压力不能低于0.3MPa)。

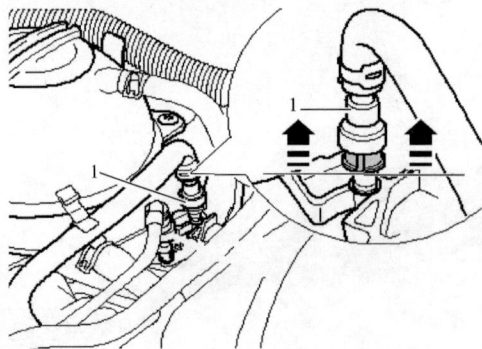

图5-29 检查燃油压力(1)

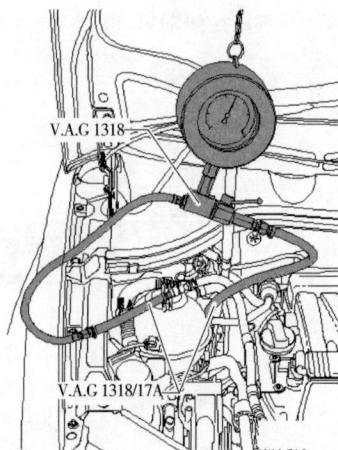

图5-30 检查燃油压力(2)

如果超出了额定值,检查燃油泵和燃油滤清器之间的回油管是否扭曲或阻塞。

如果没有发现故障,燃油滤清器内的燃油压力调节器有故障,更换燃油滤清器。

如果没有达到额定值,检查燃油滤清器前的燃油压力。在燃油滤清器和供油管之间连接压力测量装置 V. A. G 1318 和接头 1318 /17 A(图 5-31、图 5-32)。

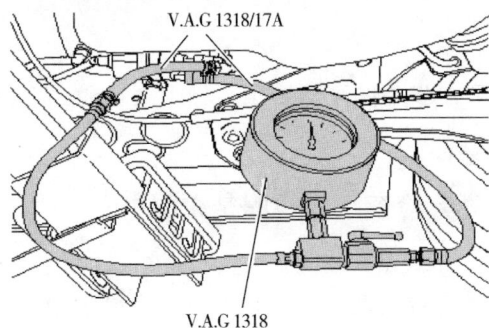

图 5-31 检查燃油压力(3)

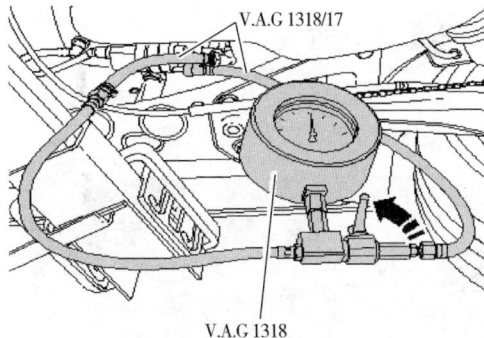

图 5-32 检查燃油压力(4)

打开压力测试仪上的截止阀。控制杆指向流动方向。起动发动机并以怠速运转。缓慢关闭压力测量装置的截止阀。压力必须升高至于 0.6MPa。当到达了 0.6MPa 以后,立即再次打开截止阀。

如果压力增加,则说明燃油泵正常。燃油滤清器内的燃油压力调节器有故障。更换燃油滤清器。如果压力不提高:则为燃油泵损坏,更换燃油泵。

❷ 检查发动机燃油管路

(1)确定燃油管路的位置(图 5-33)。

(2)检查发动机燃油管路(图 5-34)。

起动发动机,运行 1 ~ 2min 后,关闭发动机。检查发动机各个油软管的连接处有无泄漏。

检查输油总管与高压泵的连接处有无泄漏。

图 5-33 检查发动机燃油管路(1)

图 5-34 检查发动机燃油管路(2)

注意:

①若渗漏部位不明显,则可使用干净的白纸擦拭检查部位的表面,检查是否有燃油泄漏。

②在检查过程中,如发现燃油泄漏,则要立即对其修复。

③对于隐蔽部位(如活性炭罐连接管)和没有系统油压的连接密封部位,可使用尾气分析仪进行检查。

四 检查点火系统

1 高压试火

参考《项目四　发动机无法起动故障诊断》第二步中的高压试火。如果火花弱,需要检查点火系统,如果火花正常,则进行步骤五检查机械部分。

图 5-35　检查点火线是否漏电

2 检查点火线圈是否漏电

拿一根点火线圈在发动机运行时,用绝缘外壳挨着搭铁移动。当移动到某个位置,点火线圈出现外壳跳火,说明点火线圈该处漏电。应更换点火线圈(图 5-35)。

五 检查机械部分

参考《项目四　发动机无法起动故障诊断》第五步检查机械部分。

六 竣工检查

经过以上检查,确定故障部位并进行维修或更换。维修完毕后,起动发动机,检查发动机起动困难现象是否消失。如果故障依然存在,需按照项目中的步骤重新检查和维修,直至故障排除。

诊断与维修工作结束后,用洁净的布将工具擦干净并放回工具箱,将废弃物分门别类放入相应的垃圾桶,将工作现场打扫干净。

项目评价

评 分 表

项目编号:

姓名:_____　学号:_____
开始时间:__时__分　结束时间:__时__分　用时:_____

序号	项 目	评分项目	评价标准	分值	学生自评	学生互评	教师评价
1	时间要求	按规定时间完成项目作业	酌情扣 1~5 分	5			
2		选用工具恰当	酌情扣 1~5 分	5			
3		能正确排除控制系统故障	操作错误无分	10			
4		能正确排除进排气系统故障	不能排除无分	15			
5	质量要求	能正确排除燃油系统故障	不能排除无分	20			
6		能正确排除点火系统故障	不能排除无分	15			
7		能正确排除机械部分故障	不能排除无分	10			
8		及时清理工具和工作现场	酌情扣 1~5 分	5			

序号	项　目	评分项目	评 价 标 准	分值	学生自评	学生互评	教师评价
9	安全要求	遵守安全操作规程	酌情扣 1~5 分	5			
10	文明要求	按文明生产规则进行操作	酌情扣 1~5 分	5			
11	环保要求	更换旧件放入规定回收桶	酌情扣 1~5 分	5			
		本项目得分		100			
				日期：			

※发生重大事故(人身和设备安全事故)、严重违反维修原则和情节严重的野蛮操作等,采取一票否决制。

项目拓展

阅读以下案例,然后按照本项目中学习的处理思路,排除案例中的故障。

案例

一辆奥迪 A6 型轿车,装备 2.8L 发动机(五气门),行驶 120000km,在使用中出现每天早晨冷车起动很难着火的故障。冷车起动发动机时几乎没有着火征兆,起动时发动机转动声音很平稳且无明显变化(无压缩感)。

试分析故障原因,并给出故障排除流程图。

(1)分析故障。

(2)检查故障部位。

(3)排除故障。

项目六 发动机怠速不良故障诊断

维修车间接待一辆新帕萨特 1.4TSI 自动挡轿车,行驶里程为 120000km。据客户反应,发动机起动正常,但不论冷车或热车,怠速均不稳定,怠速转速过低,易熄火(图6-1)。请你按照技术规范,正确诊断并排除故障。

图6-1 发动机怠速不良

项目要求

1. 时间要求:建议 6 学时。
2. 能力要求:在规定时间内完成检查与排除发动机怠速不良的任务。
3. 质量要求:参照厂家的生产规范及质量要求。
4. 安全要求:严格按照安全操作规程进行项目作业。
5. 6S 作业:自觉按照企业 6S 生产规则进行项目作业。
6. 环保要求:努力按照环境保护要求进行项目作业。

项目分析

发动机怠速不良是发动机维修中比较常见的故障现象,如怠速偏低、怠速偏高、怠速游车(忽高忽低)及无怠速等。怠速不良不仅影响发动机运行的稳定性,还会影响发动机废气中有害气体的排放。点火系统、供给系统、控制系统、其他故障都可能引起发动机怠速不良，应根据检测结果、理论分析、维修经验做出正确判断。

1 点火系统故障分析

点火系统中，点火正时失准，单缸缺火或单缸点火不良均能引起发动机怠速不良，故障原因主要为火花塞电极烧蚀或有积炭等原因。

2 供给系统故障分析(图6-2)

供给系统引起的发动机怠速不良主要原因为：单缸不喷油、燃油压力偏低，进气管漏气。燃油系统压力偏低故障原因主要为燃油泄漏、燃油滤清器脏堵、喷油器雾化不良等。

进气系统管路泄漏，主要是指节气门体脏漏，排气不良，EGR阀、真空软管、PCV软管破损漏气或接口脱落及连接错误，进气歧管破损或歧管垫漏气，空气滤清器堵塞等。

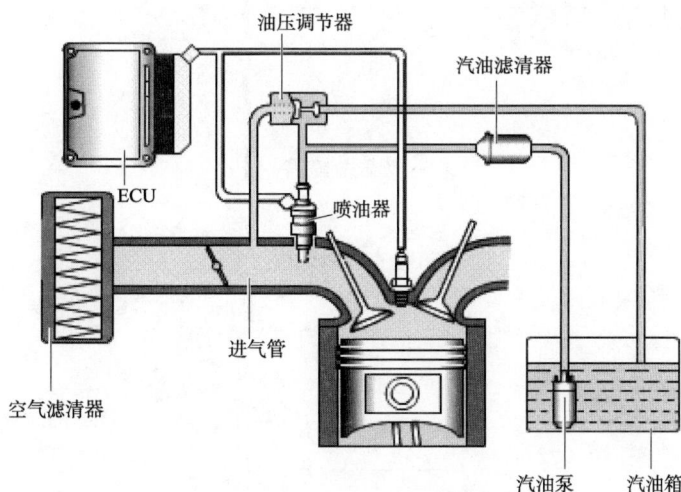

图6-2　供给系统工作原理图

3 控制系统故障分析

控制系统包括传感器、ECU和执行器。传感器故障主要为冷却液温度传感器，空气流量计，进气温度传感器，氧传感器等故障可导致怠速不良。

执行器主要包括怠速控制阀、EGR阀、炭罐电磁阀等。

4 其他故障分析

机械部分故障主要是汽缸密封性不良，造成汽缸压力偏低。正时链条故障导致配气相位失准也会造成发动机怠速不良。

理论链接1　炭罐结构（图6-3）

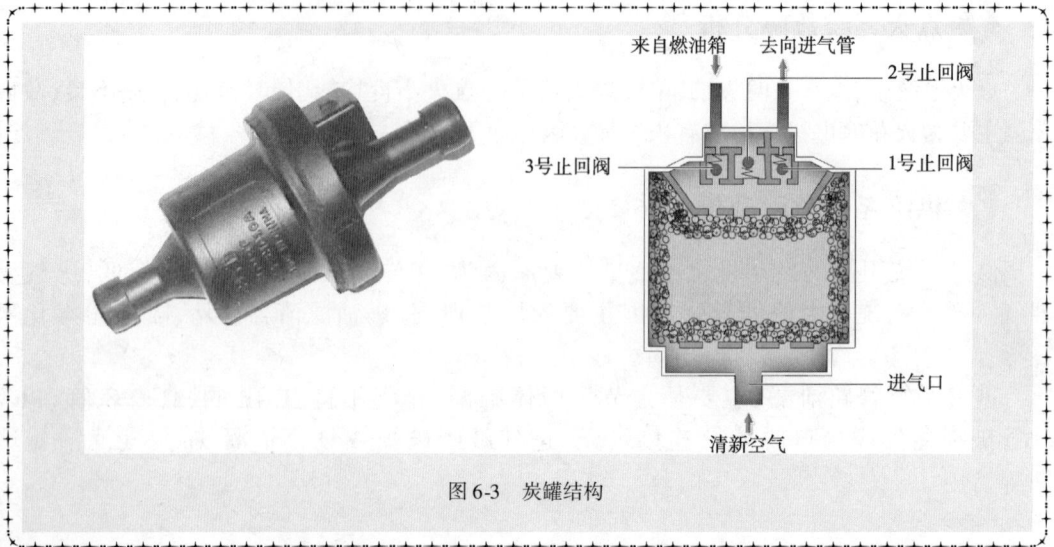

来自燃油箱　去向进气管
2号止回阀
3号止回阀　1号止回阀
进气口
清新空气

图6-3　炭罐结构

项目路径

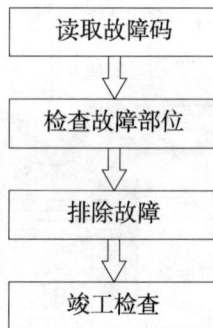

读取故障码

↓

检查故障部位

↓

排除故障

↓

竣工检查

项目步骤

在进行故障诊断与维修之前,首先转动点火开关,起动发动机,观察发动机转速表指针的摆动幅度,判断是正常怠速抖动,还是负荷怠速抖动(打开空调、灯光、打转向盘等);检查发动机外部件是否正常,导线插接器有无松脱,各管路有无脱落、破损,有无漏油、漏气、漏电、漏水现象;排气管是否"突、突"(燃烧不好)、冒黑烟及有汽油味等不正常现象,根据故障现象初步判断故障区域。

一　读取故障码

使用汽车故障电脑诊断仪读取故障码,对照维修手册中的故障码表,查阅故障码发生的原因、影响、排除方法。如果没有故障码,则考虑控制单元不监视的元件可能存在故障,对这些部件进行检测。

二 检查故障部位

1 检查控制系统

1）检查传感器

参照以前学过的项目，检查冷却液温度传感器、空气流量计、进气温度传感器、氧传感器等。

2）检查怠速控制阀（丰田车系）

（1）就车检查。

关闭点火开关时，怠速控制阀落座时会发出"嗒嗒"声，如果听不到，应检查怠速控制阀是否脏堵，以及与 ECU 间的连接线是否损坏。

（2）如图 6-4 所示，使用万用表检查。

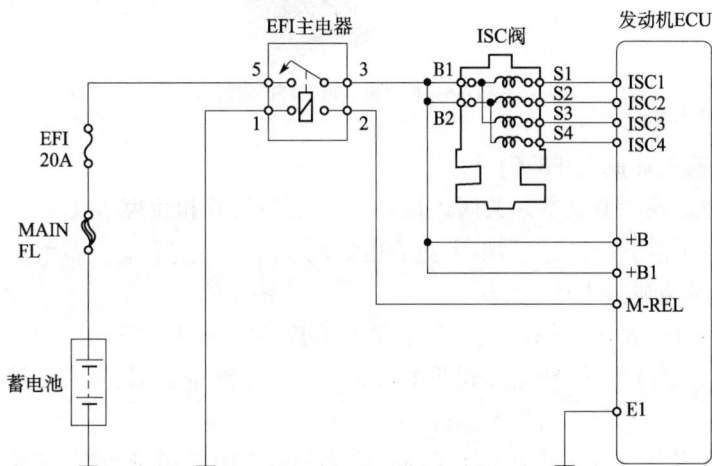

图 6-4　丰田汽车怠速控制阀电路

①选用数字万用表，调到直流电压 20V 挡。

②关闭点火开关，断开怠速控制阀线束连接器，然后打开点火开关，分别检查线束连接器两端子与搭铁之间的电压并记录数据，正常情况下应为 12V，如果测得的数据不符合标准，则应检查主继电器的供电电路。

③分别检查 B1—S1、B1—S2、B1—S3、B1—S4 四个线圈的电阻并记录数据，正常情况下，标准电阻值为 10 ~ 30Ω，若不符合标准，则更换怠速控制阀。

（3）人工试验。

将 B1、B2 端子接蓄电池负极，然后按 S1→S2→S3→S4→S1 的顺序重复连接蓄电池负极，怠速控制阀应该逐渐伸出，再按 S4→S3→S2→S1→S4 的顺序连接蓄电池负极，怠速控制阀应该逐渐缩回，否则应清洗或更换怠速控制阀。

3）检查 EGR 阀（图 6-5）

①拆下 EGR 阀上的真空管，在 EGR 阀的真空管上连接手动真空泵。

②用手动真空泵给 EGR 阀施加负压，EGR 阀应能保持住负压，若负压下降或达不到规定值，应检查 EGR 阀膜片是否漏气，必要时更换 EGR 阀。

③若 EGR 阀能保持住负压，则起动发动机使之怠速运转。

④用手动真空泵给 EGR 阀施加约 19.95kPa 的负压,这时,应出现怠速不良或发动机熄火的情况,否则检查 EGR 阀、管路是否堵塞。

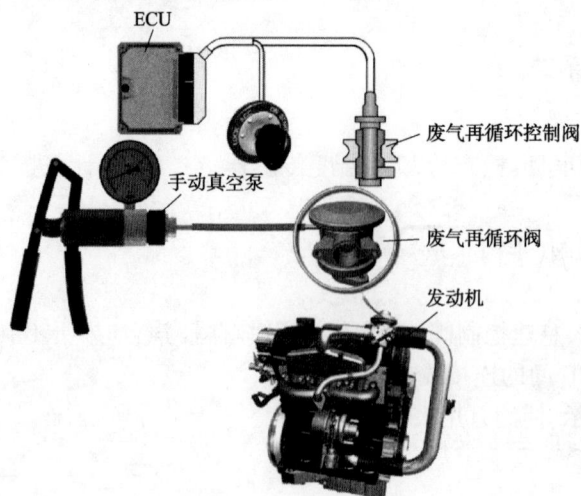

图 6-5　检查废气再循环控制阀

4)检查炭罐电磁阀

(1)拆卸炭罐电磁阀(图 6-6)。

①断开占空比控制型真空开关阀连接器、2 个真空软管和线束卡夹。

②用棘轮扳手拆下螺钉,然后取下炭罐电磁阀。

(2)检查炭罐电磁阀电阻(图 6-7)。

①选用数字万用表,调到 Ω 挡,红黑表笔互测检查测量误差。

②将红黑表笔分别连接到电磁阀两个端子上并记录测量数据,正常情况下,标准电阻为 $23 \sim 26\Omega$。

③用数字万用表分别测量两个端子与搭铁之间的电阻并记录数据,正常情况下,电阻应为 $10k\Omega$ 甚至更大。

④若测得的数据不符合标准,则更换炭罐电磁阀。

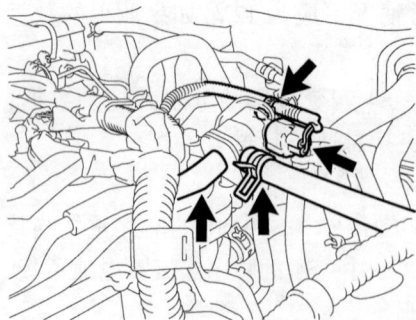

图 6-6　拆卸炭罐电磁阀

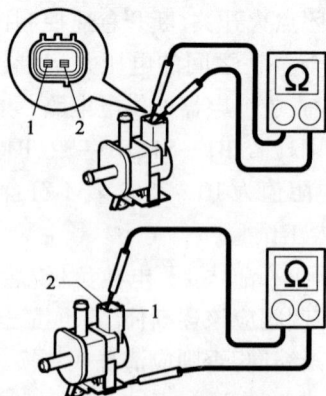

图 6-7　检查炭罐电磁阀电阻
1、2-端子

(3)检查炭罐电磁阀通断(图 6-8)。

往炭罐电磁阀任一管口吹气,不通电时,两管口之间不互通,接上电源之后导通。若不符合上述情况,则更换炭罐电磁阀。

（4）安装炭罐电磁阀（图6-9）。

①将炭罐电磁阀装回原位，用手拧入螺栓。

②选用扭力扳手，以3.4N·m的力矩紧固螺栓。

③连接线束连接器，确保锁止可靠。

④连接2个真空软管和线束卡夹。

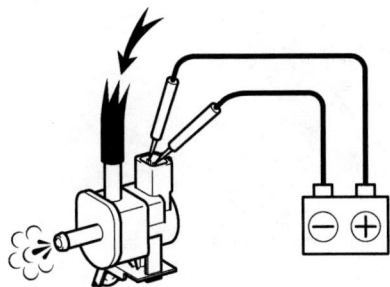

图6-8　检查炭罐电磁阀通断　　　　　　图6-9　安装炭罐电磁阀

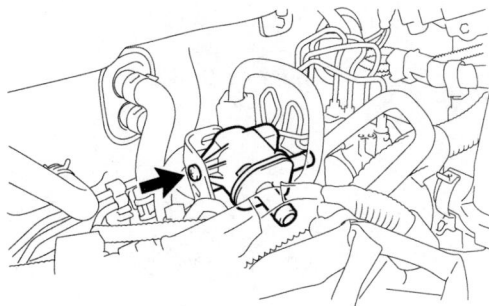

❷ 检查点火系统

1）检查单缸工作不良

发动机怠速运转时采用单缸断火法，逐个对各缸断火，观察发动机转速的下降量是否相等。如果在某缸断火时，发动机转速基本不变，说明该缸工作不良或不工作，检查该缸的火花塞、点火线圈及控制线路。

2）检查火花塞

拆检工作不良汽缸的火花塞，检查电极有无烧蚀或积炭，火花塞电极间隙是否正常。

理论链接2　火花塞结构（图6-10）

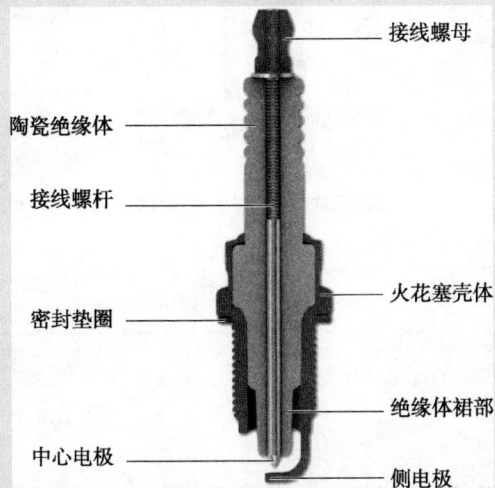

图6-10　火花塞结构

理论链接3   常用火花塞电极结构类型（图6-11）

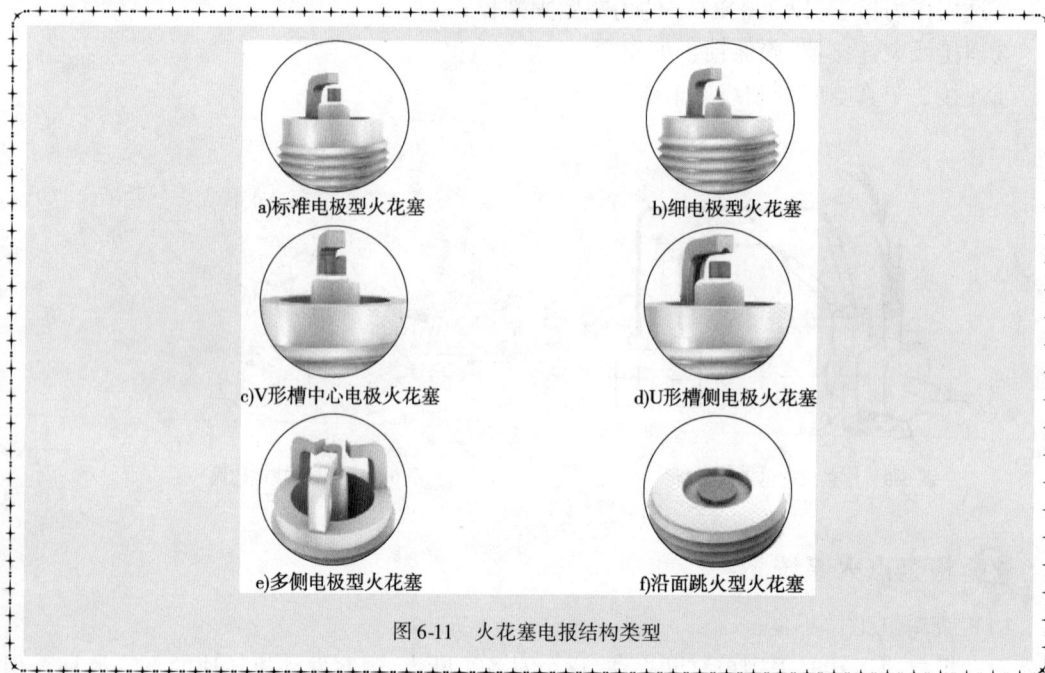

a)标准电极型火花塞

b)细电极型火花塞

c)V形槽中心电极火花塞

d)U形槽侧电极火花塞

e)多侧电极型火花塞

f)沿面跳火型火花塞

图6-11   火花塞电报结构类型

理论链接4   火花塞热特性（图6-12）

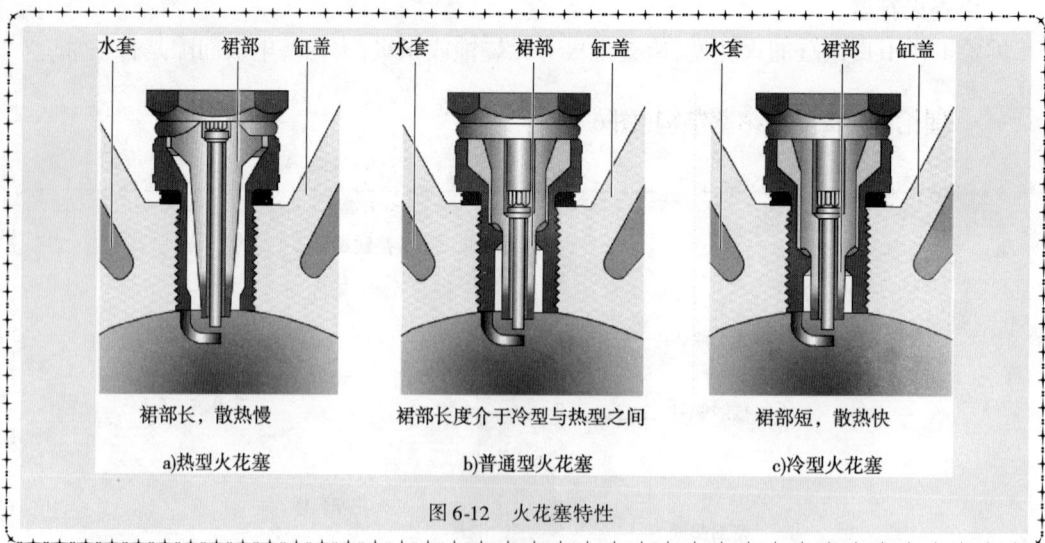

水套   裙部   缸盖   水套   裙部   缸盖   水套   裙部   缸盖

裙部长，散热慢

裙部长度介于冷型与热型之间

裙部短，散热快

a)热型火花塞

b)普通型火花塞

c)冷型火花塞

图6-12   火花塞特性

（1）目视检查火花塞（图6-13、图6-14）。

①检查螺纹是否完好。

②检查陶瓷是否有裂纹。

③检查火花塞与点火线圈套接触部位。

④检查火花塞电极状况。

若火花塞电极颜色不正常,则根据维修手册规定里程进行清洁或更换。若火花塞烧蚀严重时,必须更换火花塞。

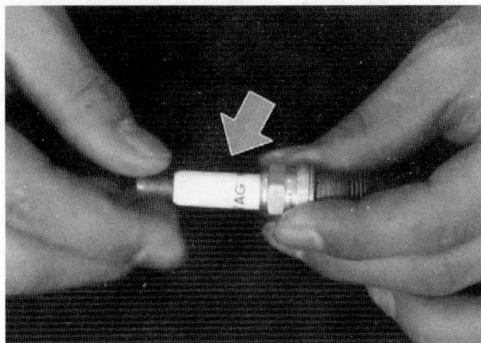

图 6-13　目视检查火花塞(1)

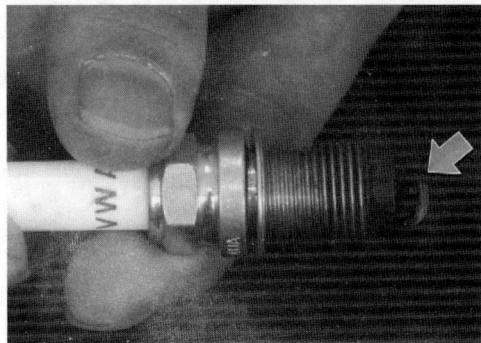

图 6-14　目视检查火花塞(2)

(2)检查火花塞电极间隙(图 6-15)。

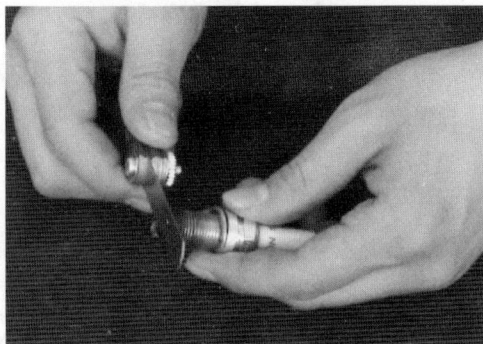

图 6-15　检查火花塞电极间隙

如果间隙过宽,可能引起缺火;若太窄,可能导致电极过早被烧蚀。

使用塞尺检查火花塞电极间隙,火花塞电极间隙应为 0.95~1.05mm。

如果测得的数据不符合标准,要更换新的火花塞。

3)检查点火线圈

理论链接5　单独点火方式用点火线圈结构(图 6-16)

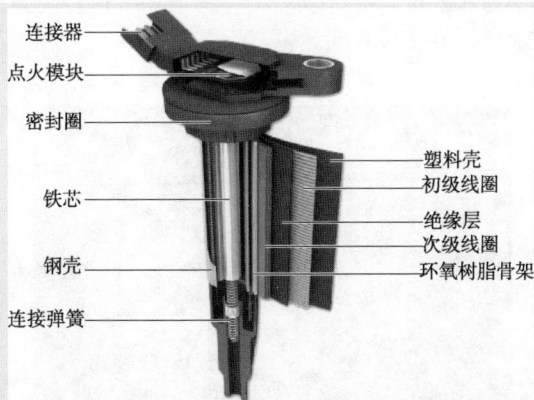

图 6-16　单独点火线圈结构

连接器
点火模块
密封圈
铁芯
钢壳
连接弹簧

塑料壳
初级线圈
绝缘层
次级线圈
环氧树脂骨架

理论链接6　单独点火方式用点火线圈工作原理(图6-17)

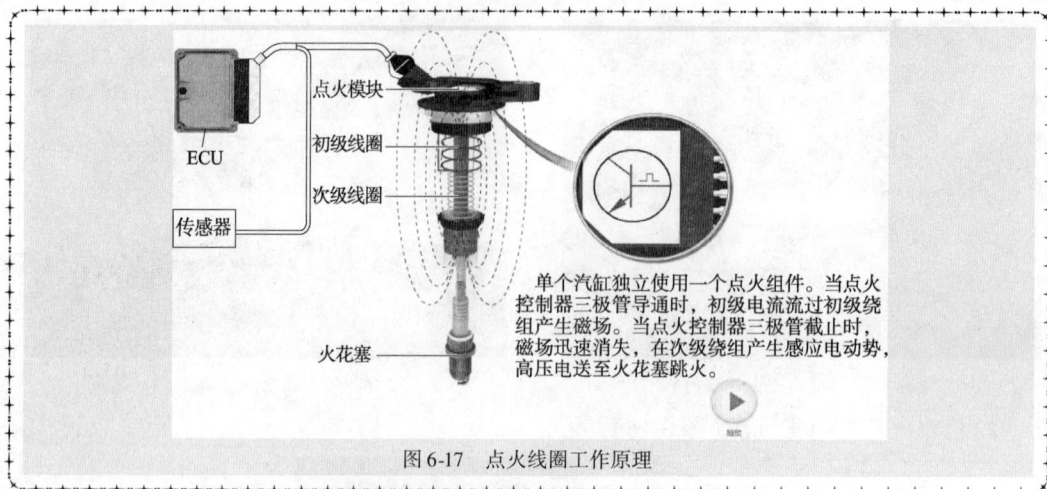

单个汽缸独立使用一个点火组件。当点火控制器三极管导通时,初级电流流过初级绕组产生磁场。当点火控制器三极管截止时,磁场迅速消失,在次级绕组产生感应电动势,高压电送至火花塞跳火。

图6-17　点火线圈工作原理

(1)检查点火线圈总成(图6-18、图6-19)。

①检查点火线圈线束连接器有无损坏、锈蚀。

②检查点火线圈外观有无损坏、破裂。

③检查点火线圈与火花塞套接部位橡胶有无损坏、老化、裂纹。

④检查点火线圈与火花塞套接部位有无烧蚀、锈蚀。

⑤如有上述情况,则更换点火线圈。

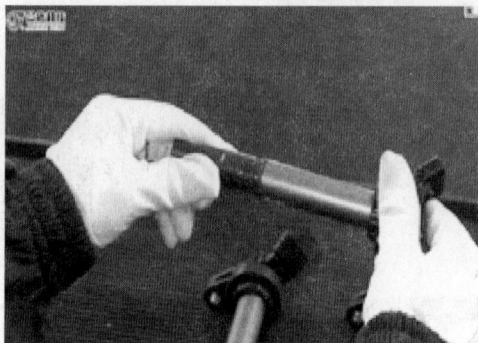

图6-18　检查点火线圈总成(1)

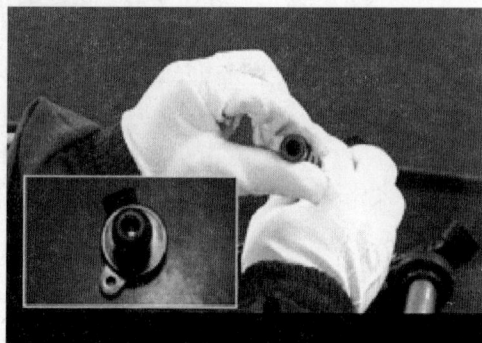

图6-19　检查点火线圈总成(2)

(2)检查点火线圈电阻(图6-20)。

标准值:8~11Ω。

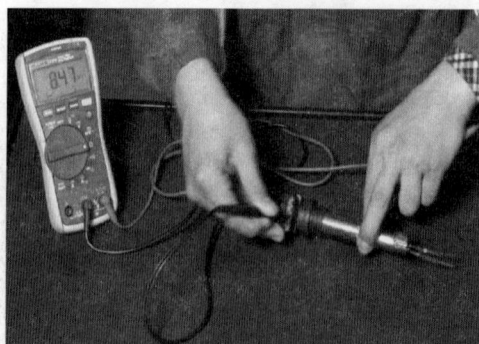

图6-20　检查点火线圈电阻

4）检查点火正时

（1）安装点火正时灯。

①拉紧驻车制动器操纵杆，将挡位置于 N 挡。

②起动发动机运转一段时间，使冷却液不低于80℃后，关闭发动机。

③如图 6-21 所示，选用点火正时灯，将感应夹连接至第一缸点火信号线，红色线夹连接至蓄电池正极，黑色线夹连接至蓄电池负极。

④确认点火开关置于 LOCK 位置，打开诊断接口盖。

⑤如图 6-22 所示，使用 SST 连接诊断接口的 13TC 和 4CG 端子。

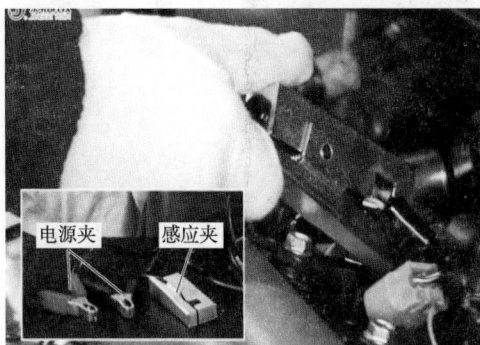

图 6-21　安装感应夹

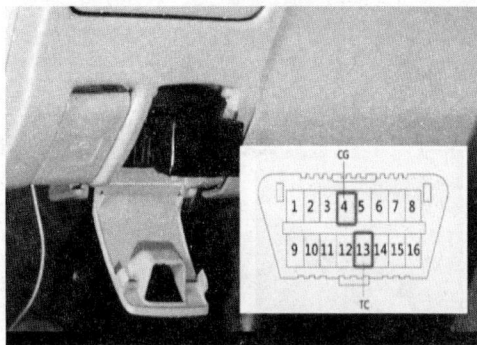

图 6-22　连接 SST

（2）检查点火正时（图6-23）。

①起动发动机保持怠速运转。

②使用点火正时灯直接照射曲轴皮带轮。

③调整点火正时灯调整按钮，使曲轴皮带轮上的正时记号与汽缸体上的正时记号零刻度对应上时，读取点火正时灯上的数值，即为点火正时。

发动机怠速下，点火正时标准数值为8°～12° BTDC（怠速点火正时），若测得的数值不符合标准，则需要进行调整。

（3）取下点火正时灯。

①关闭发动机，依次取下红黑线夹、感应夹，取下点火正时灯。

②取下 SST，关闭车辆检查端口盖。

③安装发动机罩。

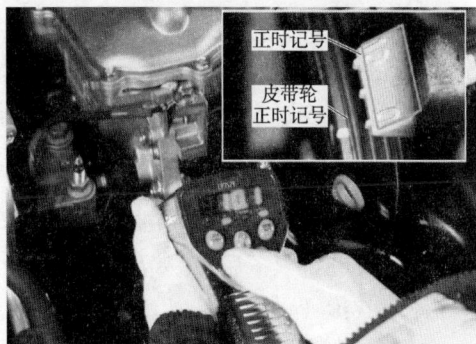

图 6-23　检查点火正时

注意：短接13TC 和4CG 端子的目的是为了读取初始点火提前角，连接端子前应检查端子号，端子连接错误可能会损坏发动机；现在很多车辆的点火正时是固定不可调的，若发现点火正时失准，需要从引起点火正时失准的源头进行检查与调整。

5）检查点火系统线路

（1）轻轻地上下或者左右摆动电气配线（连接到 ECM 的配线和连接到点火线圈的配线）以检查故障。主要检查接头的根部，查看导线是否从端子中脱开，如果有这种情况，需要更换新的配线（图6-24）。

（2）断开插接器，查看线头是否被锈蚀或腐蚀。如果有，则需要更换新的配线（图6-25）。

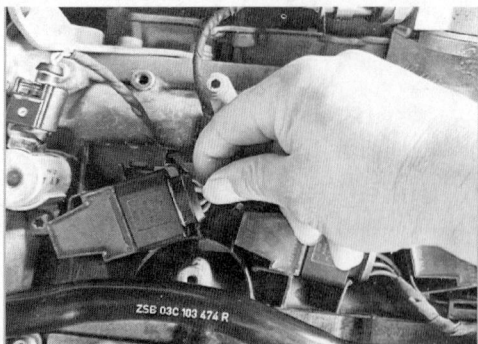

图 6-24　检查点火系统线路(1)

图 6-25　检查点火系统线路(2)

(3)检查四个点火线圈的供电端子 T4/3 的供电电压(图 6-26)。

标准值:蓄电池的电压。

(4)拔下检查点火线圈的供电熔断丝 SB4(图 6-27)。

图 6-26　检查点火系统线路(3)

图 6-27　检查点火系统线路(4)

(5)检测熔断丝 SB4 的好坏。

万用表进行校零后检测熔断丝的通断(图 6-28)。

标准值:0.1~1Ω。

(6)检测 SB4 熔断丝的供电端电压(图 6-29)。

如有电压,说明 SB4 熔断丝供电线路正常。需要检查 SB4 到点火线圈供电端子 T4/3 的线路导通情况。

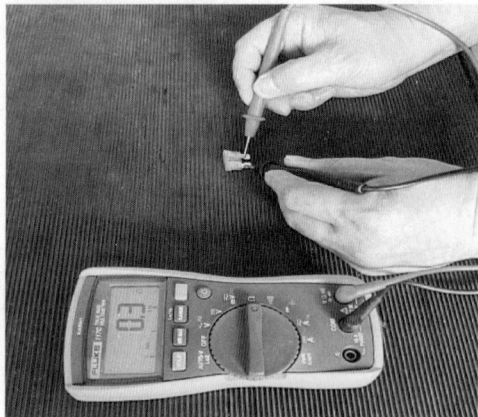

图 6-28　检查点火系统线路(5)

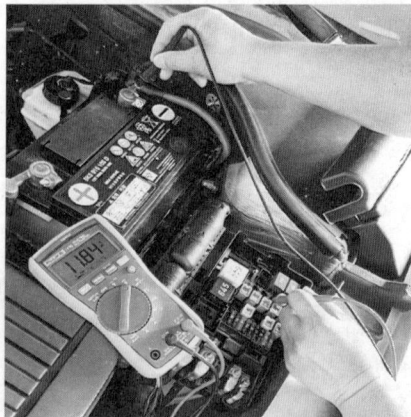

图 6-29　检查点火系统电路(6)

（7）检查主继电器（图6-30）。

（8）检测主继电器 J271 的 30 端子和 87 端子的通断（图6-31）。

图6-30　检查点火系统电路(7)

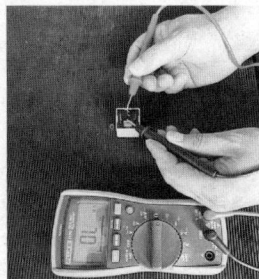

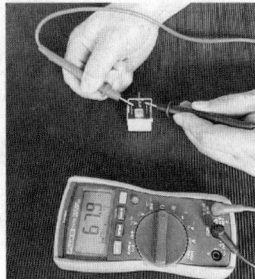

图6-31　检查点火系统电路(8)

标准值：∞ 。

检测 85 和 86 的电阻。

标准值：60 ~ 70Ω。

（9）检测主继电器 J271 通电后 30 和 87 的接触电阻（图6-32）。

标准值：0.1 ~ 1.0Ω。

（10）打开点火钥匙，检测主继电器 J271 的 30 端子和 86 端子的电压（图6-33）。

标准值：蓄电池的电压。

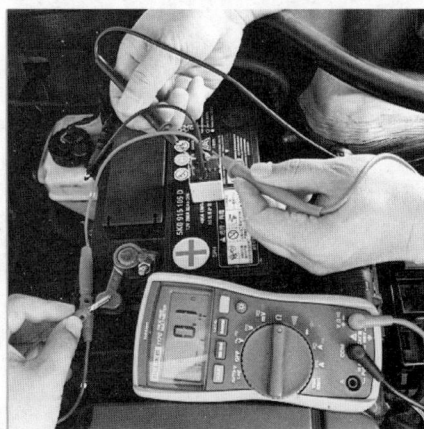

图6-32　检查点火系统电路(9)

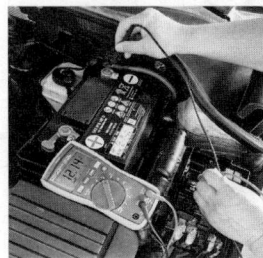

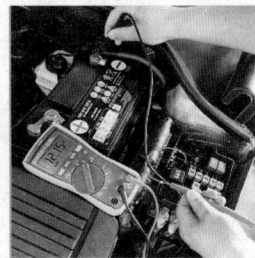

图6-33　检查点火系统电路(10)

（11）检测主继电器 J271 的 85 端子到搭铁之间的电阻（图6-34）。

标准值：0.1 ~ 1.0Ω。

（12）检测主继电器 J271 的 87 端子到 SB4 熔断丝之间线路的通断（图6-35）。

标准值：0.1 ~ 1.0Ω。

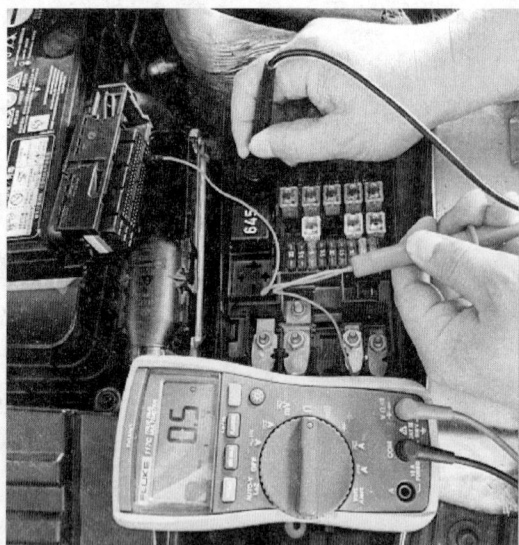

图 6-34　检查点火系统电路(11)

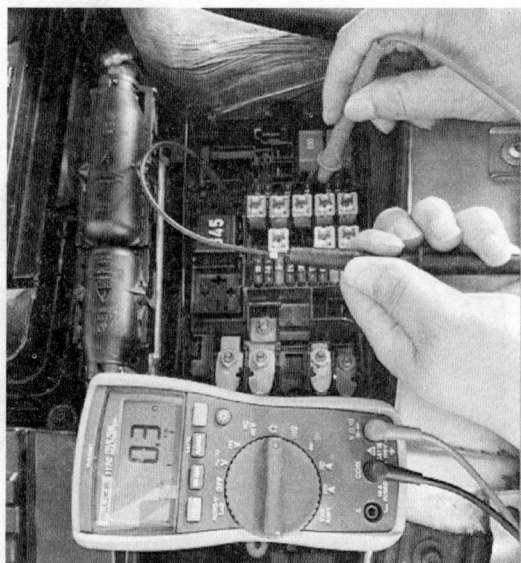

图 6-35　检查点火系统电路(12)

(13)检测 4 个点火线圈的搭铁(图 6-36)。

标准值:0.1~1.0Ω。

(14)检测 4 个点火线圈到发动机 ECU 之间信号线的通断(图 6-37)。

标准值:0.1~1.0Ω。

图 6-36　检查点火系统电路(13)

图 6-37　检查点火系统电路(14)

点火系统电路图如图 6-38、图 6-39 所示。

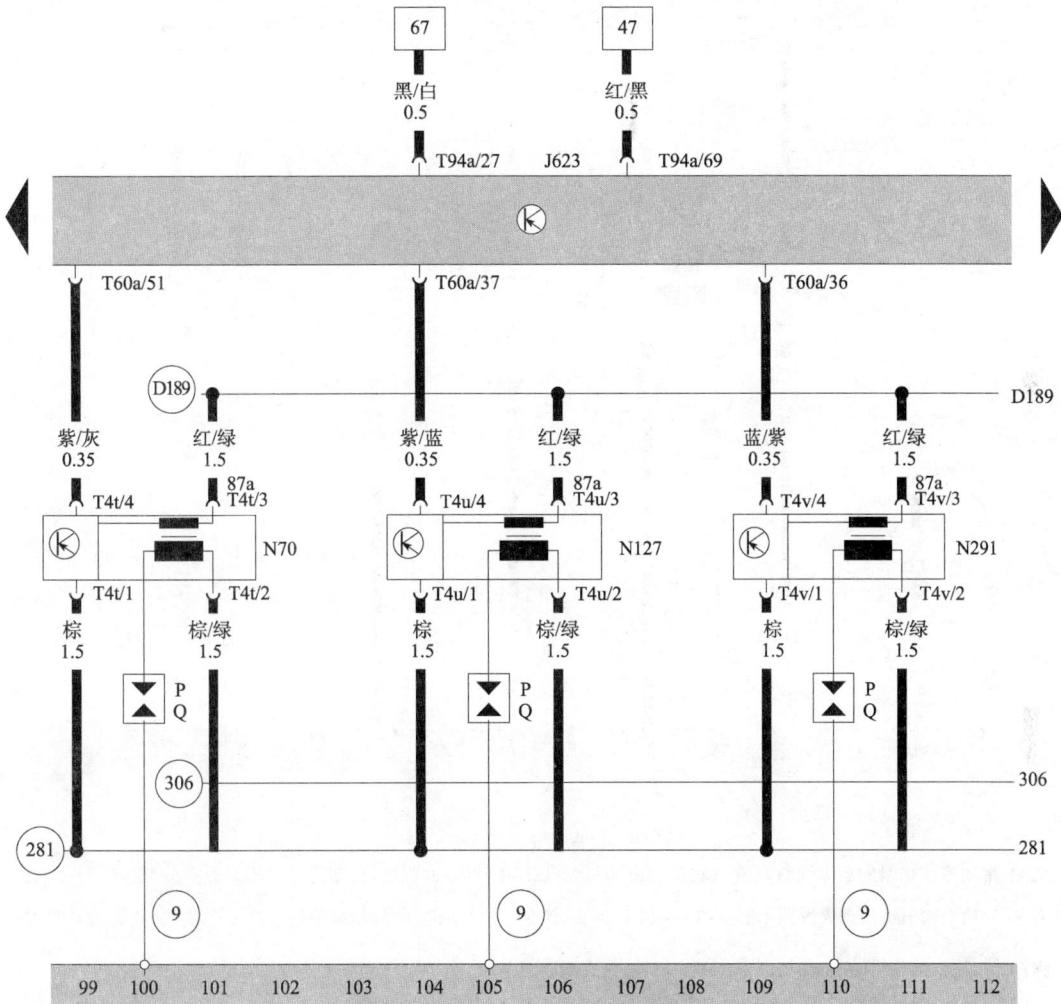

图 6-38 点火系统电路图(1)

J623-发动机控制单元,在发动机舱内蓄电池左侧;N70-带功率输出级的点火线圈 1,在汽缸盖罩顶部右侧;N127-带功率输出级的点火线圈 2,在汽缸盖罩顶部中间右侧;N291-带功率输出级的点火线圈 3,在汽缸盖罩顶部中间左侧;P-火花塞插头;Q-火花塞;T4t-4 针插头,黑色,带功率输出级的点火线圈 1 插头;T4u-4 针插头,黑色,带功率输出级的点火线圈 2 插头;T4v-4 针插头,黑色,带功率输出级的点火线圈 3 插头;T60a-60 针插头,黑色,发动机控制单元插头;T94a-94 针插头,黑色,发动机控制单元插头;(9)-搭铁点,自身搭铁;(281)-搭铁连接线,在发动机预接线导线束中;(306)-搭铁连接线(点火线圈),在发动机预接线导线束中;(D189)-连接线(87a),在发动机预接线导线束中

111

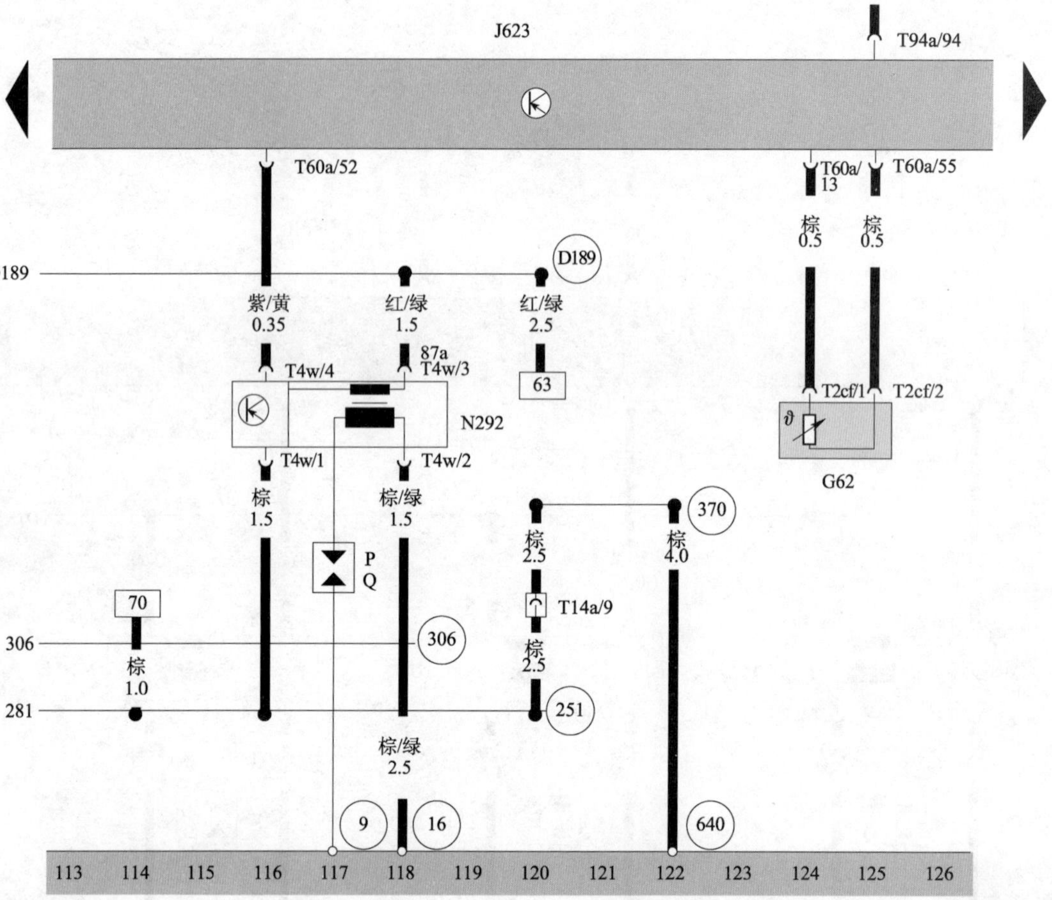

图 6-39　点火系统电路图(2)

N292-带功率输出级的点火线圈4,在汽缸盖罩顶部左侧;T2cf-2 针插头,黑色,冷却液温度传感器插头;T4w-4 针插头,黑色,带功率输出级的点火线圈4插头;T14a-14 针插头,黑色,在发动机舱内,左纵梁前方;(16)-搭铁点,在发动机左侧;(370)-搭铁连接线,在主导线束中;(640)-搭铁点,在发动机舱内,左纵梁前部左侧

③ 检查燃油系统

1)检查燃油压力

理论链接6　高压燃油系统

帕萨特1.4TSI 汽车采用高压燃油系统工作原理如下。

(1)1.4TSI—Mortonic 工作原理(图6-40)。

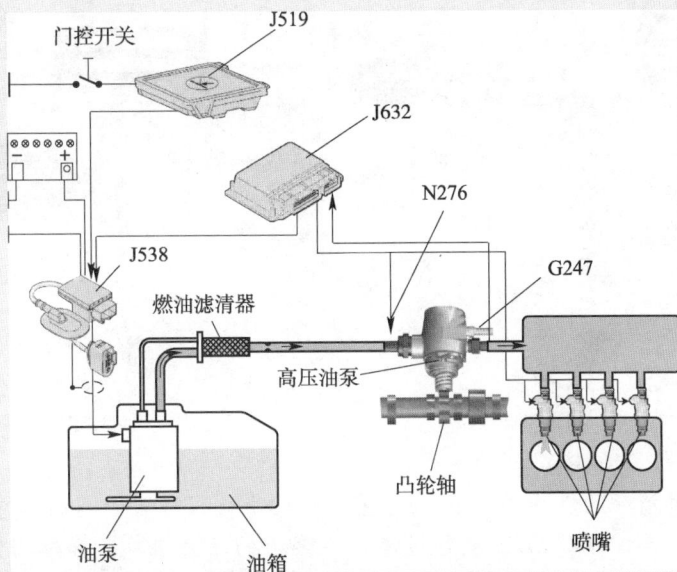

图 6-40　1.4TSI—Mortonic 工作原理

（2）高压油泵位置（图 6-41）。

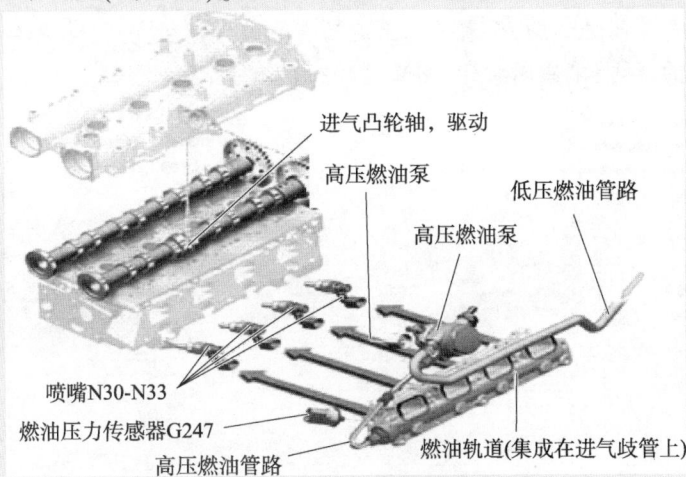

图 6-41　高压油泵位置

（3）高压油泵（图 6-42）。

第三代高压燃油泵使用在 1.4TSI 与 2.0TSI 发动机上，更小的输油行程（3mm），集成在泵上的限压阀，无需来自燃油分配器的回油管。根据发动机负载，压力可在 3～14MPa 之间任意调节。

（4）第三代高压油泵工作原理。

①进油行程（图 6-43）。

燃油压力调节阀 N276 在整个进油行程中由发动机控制单元控制，由此产生的电磁场克服弹簧力将阀门打开，泵塞向下运动，导致在泵腔里的压力下降，燃油从低压端流入泵腔。

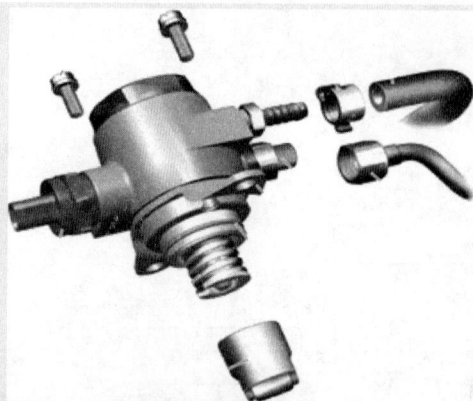

图 6-42　高压油泵

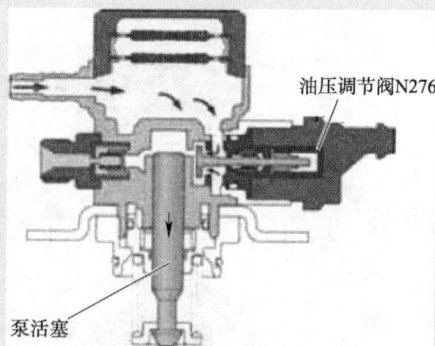

图 6-43　进油行程

②回油行程(图 6-44)。

为匹配实际消耗的燃油供给量,当泵塞开始向上行程时进油阀仍保持打开状态,泵塞迫使多余的燃油回流到低压端,通过集成在泵上的压力阻尼器和燃油供给管路上的限流器来平衡多余脉冲。

③输油行程(图 6-45)。

从已计算的输油行程开始,燃油压力调节阀就不再回油了,泵内升高的压力和阀门滚针弹簧的力会关闭进油阀,泵塞的向上运动在泵腔里产生高压,如果泵腔内侧压力高于燃油分配器的压力,排油阀打开,燃油被泵入燃油分配器。

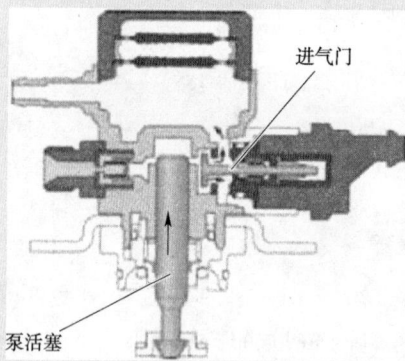

图 6-44　回油行程

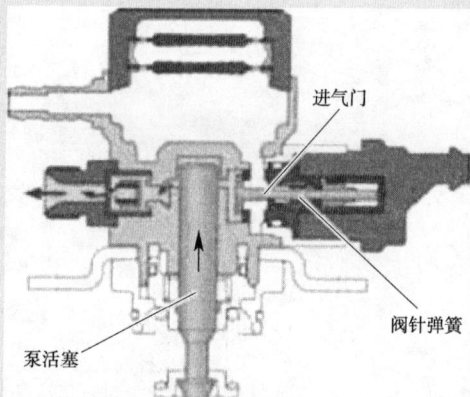

图 6-45　输油行程

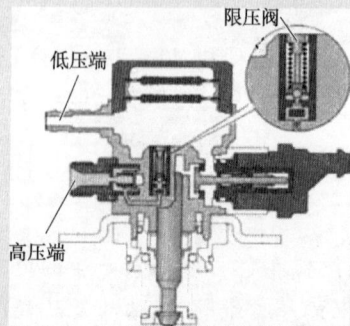

图 6-46　高压油泵限压阀

④高压油泵限压阀(图 6-46)。

限压阀集成在高压燃油泵上,可以在受热膨胀或在功能故障时保护零部件不会经受到燃油的高压,这是一个弹簧按压阀,在燃油压力超 14MPa 时打开,当阀门打开时,燃油从高压端流入低压端。

(5)第二代高压油泵工作原理。

①安装位置(图 6-47)。

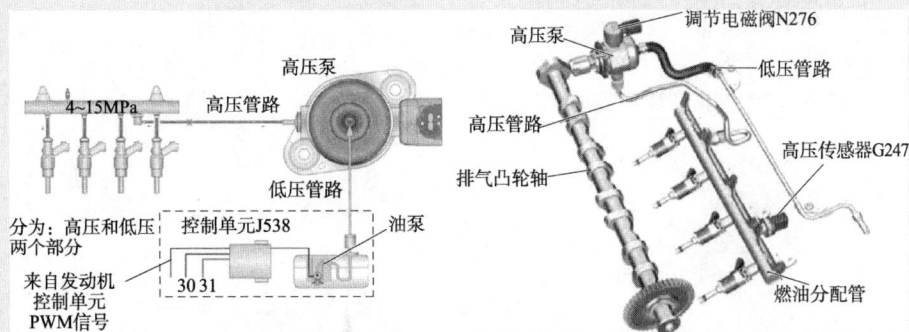

图 6-47　安装位置

② 工作原理(图 6-48)。

泵活塞被凸轮轴通过圆柱挺杆驱动,高压泵产生最高约 15MPa 压力。燃油压力通过安装在燃油泵上的压力调节电磁阀 N276 调节。根据发动机需要调解到 4～15MPa 之间。若 N276 有故障,则燃油系统无高压。

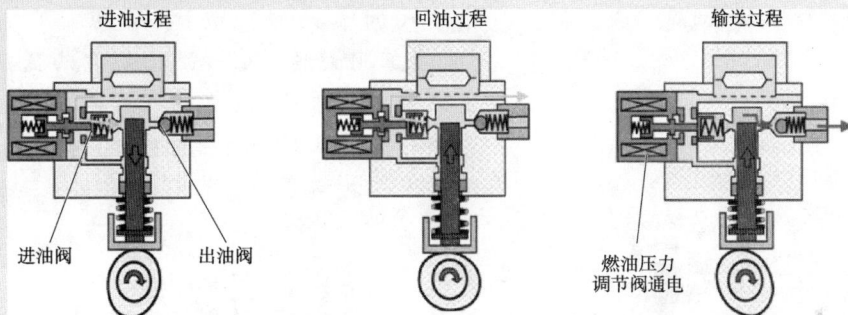

图 6-48　工作原理

(6)高压油泵泄压方法。

出于安全考虑,在打开高压部件之前,例如拆卸高压泵、燃油分配器、喷嘴、燃油管或燃油压力传感器 G247 之前,必须将高压范围内的燃油压力降低到 0.4～0.7MPa,消除燃油高压,以防发生危险。

1.4TSI 与 2.0TSI 发动机装配第三代高压泵,泄压方法相同;1.8TSI 发动机装配第二代高压泵,泄压方法与上两款发动机不同。

①配备二代泵发动机的车辆。

a.拆卸燃油压力调节阀 N276 插头。

b.拔下燃油泵控制单元熔断丝。

c.起动发动机。

d.用 VAS 505X 进入 01－11－140 组观察到燃油压力下降到 0.4～0.7MPa。

e.关闭点火开关。并立即打开高压系统,如果不马上打开高压管路,燃油压力可能会再度稍稍升高。

f.完成修理后要清除故障存储器。

②配备三代泵发动机的车辆。

引导性故障查询→功能/部件选择→驱动装置→TSI 发动机→01—有自诊断能力系统→发动机控制器功能→释放高压燃油的压力。

汽车发动机故障诊断与排除

进油滤网
密封圈
连接器
电磁线圈
回位弹簧
衔铁
针阀
喷口
密封圈

图6-49 轴针式喷油器结构

喷油器一般由壳体、电磁线圈、复位弹簧、衔铁、针阀和滤网等组成,图6-49所示为轴针式喷油器结构。其优点是针阀前端的轴针伸入喷孔,可使燃油以环状喷出,有利于雾化,且由于轴针在喷口中不断运动,故喷孔不易堵塞。缺点是燃油雾化质量稍差,且由于针阀质量较大,因而动态响应性较差。

图6-50所示为孔式喷油器,针阀的前端没有轴针,故针阀不露出喷孔,孔式喷油器的喷孔数为1个或2个,大众发动机配有6个喷孔的喷油器,针阀头部为锥形或球形(也称球阀式喷油器)。孔式喷油器的特点是燃料雾化质量好,且球阀式针阀的质量仅为轴针式针阀的一半,响应速度快。不足之处是喷孔易堵塞。

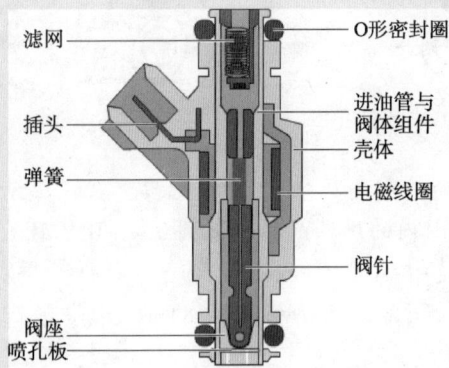

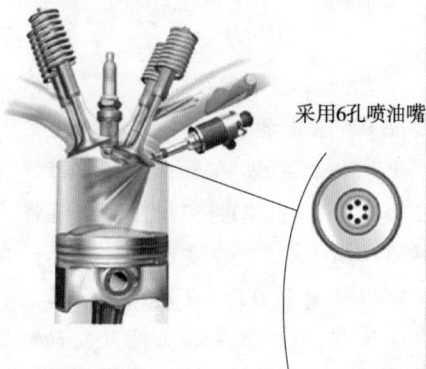

滤网
O形密封圈
插头
进油管与阀体组件
壳体
弹簧
电磁线圈
阀针
阀座
喷孔板
采用6孔喷油嘴

图6-50 孔式喷油器结构

理论链接8 电磁喷油器工作原理

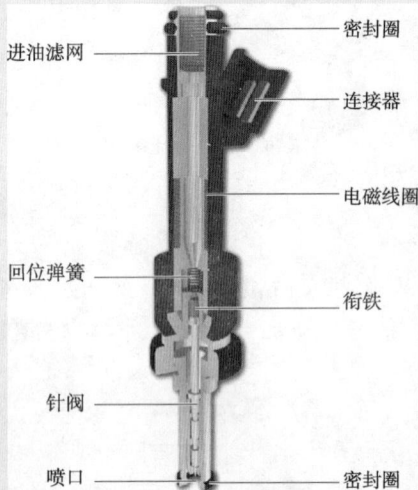

喷油器实际上是一个电磁阀,针阀与衔铁制成一体随衔铁一起移动。如图6-51所示,当电磁线圈通电后,衔铁被吸起(针阀升程约为0.1mm),汽油便从喷孔喷射出去;当电磁线圈断电后磁力消失,针阀被弹簧压紧在阀座上,汽油因此被密封在油腔内。

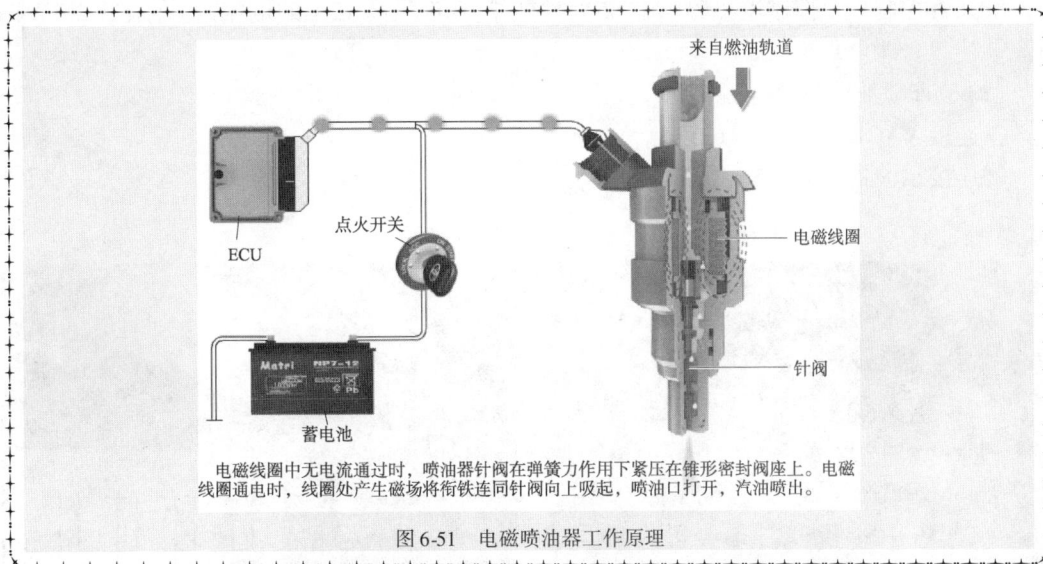

来自燃油轨道

点火开关

ECU

电磁线圈

针阀

蓄电池

电磁线圈中无电流通过时,喷油器针阀在弹簧力作用下紧压在锥形密封阀座上。电磁线圈通电时,线圈处产生磁场将衔铁连同针阀向上吸起,喷油口打开,汽油喷出。

图 6-51　电磁喷油器工作原理

2)检测喷油器及 ECU 控制电路

在起动发动机状态下,采用听诊器检查喷油器的脉动声,如果听不到喷油器工作声音,可用 LED 试灯接在喷油器导线连接器上,如图 6-52 所示,如果在起动发动机时试灯点亮,说明喷油器控制系统工作正常,如果喷油器有故障,应清洗或更换。

如果试灯不亮,说明喷油器控制系统或控制线路有故障。如图 6-52 电路图所示,应检查喷油器与电源、ECU 接线是否连接良好。如果外部电路都正常,则可能是 ECU 内部故障。可用替换试验方法确认 ECU 是否故障。

图 6-52　LED 试灯接喷油器连接器实物图

(1)检查电磁喷油器的阻值(图 6-53)。

标准值:0.6~3Ω。

(2)检查喷油器供电端子电压(图 6-54)。

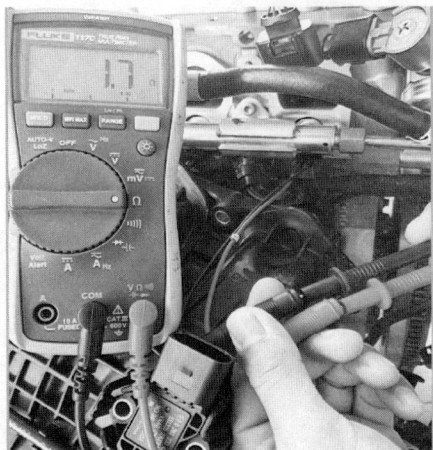

图 6-53　检查电磁喷油器的阻值

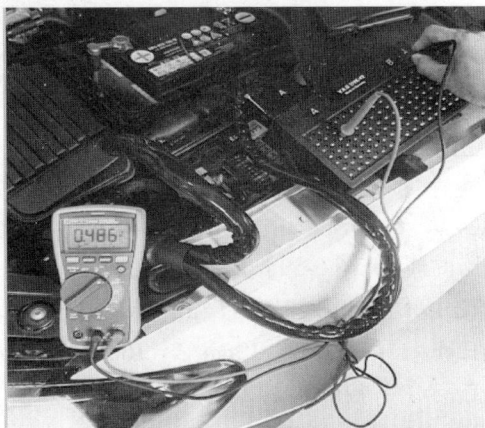

图 6-54　检查喷油器供电端子电压

117

发动机控制单元控制电磁喷嘴在65V时打开,允许最高12A的电流,允许最低2.6A的电流。

(3)检查喷油器波形。

①连接VAG1598/42(图6-55)。

②连接示波器VAS6356(图6-56)。

图6-55　检查喷油器波形(1)

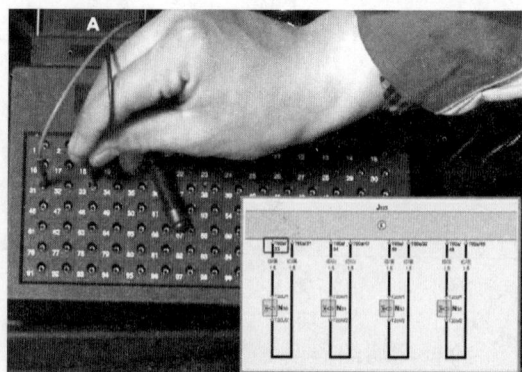

图6-56　检查喷油器波形(2)

③检测喷油器波形(图6-57)。

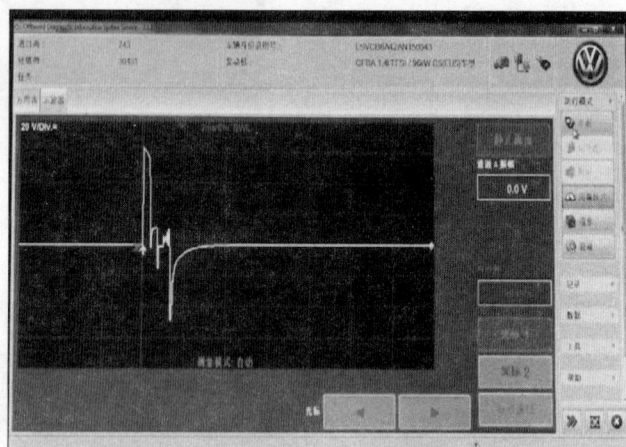

图6-57　检查喷油器波形(3)

(4)图6-58所示为喷油器控制电路图,检查每个喷油器控制端子到发动机ECU J623之间线路的通断(图6-59)。标准值:0.1~1Ω。

T2cL/1－T60a/33,T2cL/2－T60a/31,

T2cm/1－T60a/34,T2cm/2－T60a/47,

T2cn/1－T60a/49,T2cn/2－T60a/32,

T2co/1－T60a/48,T2co/2－T60a/46。

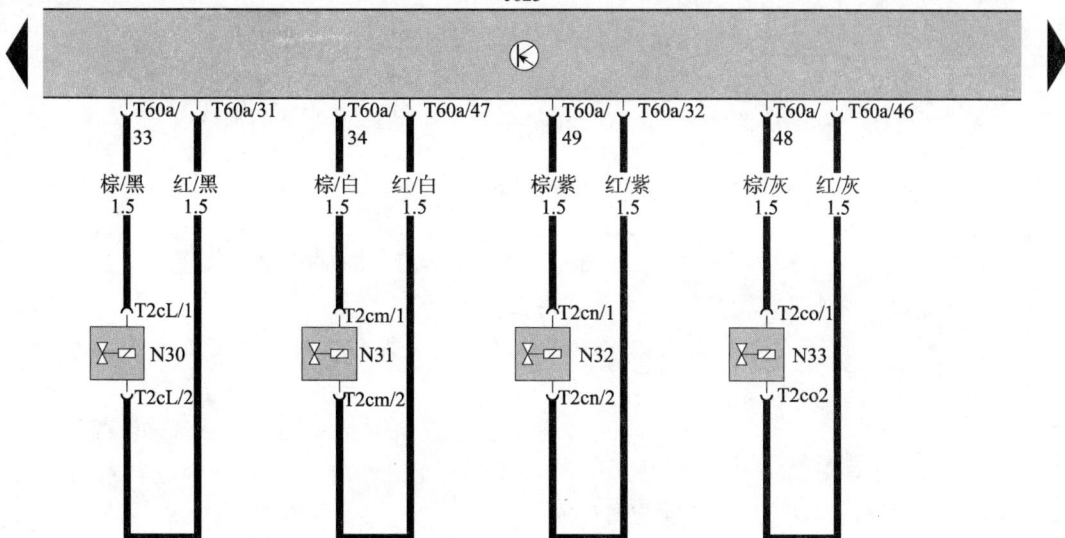

图 6-58 喷油器控制电路图

J623-发动机控制单元,在发动机舱内蓄电池左侧;N30-喷嘴,第 1 缸;N31-喷嘴,第 2 缸;N32-喷嘴,第 3 缸;N33-喷嘴,第 4 缸;T2cL-2 针插头,黑色,第 1 缸喷嘴插头;T2cm-2 针插头,黑色,第 2 缸喷嘴插头;T2cn-2 针插头,黑色,第 3 缸喷嘴插头;T2co-2 针插头,黑色,第 4 缸喷嘴插头;T60a-60 针插头,黑色,发动机控制单元插头

图 6-59 检查喷油器端子到发动机 ECU J623 的线路通断

　　参考"项目四　发动机无法起动故障诊断"第三步中的检查燃油压力。如压力过高,则检查回油管。

实践操作 1　检查回油管路是否脏堵

　　(1)断开蓄电池负极电缆。

　　(2)将回油管路从油压调节上断开,选用新的油管,一端连接油压调节器,一端放入类似油桶的容器。

　　(3)重新连接蓄电池负极电缆。

　　(4)观察系统油压是否恢复正常,若油压正常,则更换回油管路;若仍偏高,则更换油压调节器。

3)检查发动机燃油管路

参考"项目五　发动机起动困难故障诊断"第三步中的检查发动机燃油管路。

4)检查电磁喷油器

参考"项目四　发动机无法起动故障诊断"第三步中的检查电磁喷油器。

实践操作2　检查喷油器喷油量及密封性

（1）用手旋松两个固定螺栓，从喷油器检测清洗机上拆下喷油器安装总成支架。

（2）将四个喷油器依次安装到总成支架上。

（3）如图6-60所示，将总成支架连同喷油器一起安装到检测清洗机上，然后用手紧固两个固定螺栓。

（4）依次将4个喷油器测试连接线与喷油器连接，并安装喷油器清洗机连接管。

（5）打开喷油器清洗机开关，进入C项调节怠速测试时间，并进入2项进行测试。

（6）调节燃油压力，并将其调节到标准范围内。

（7）如图6-61所示，依次对各喷油器测试2~3次，并连续喷射15s，如果喷油量不符合规定，则更换喷油器总成。

注意：
在支架安装的时候要确保喷油器与量筒盖上的孔对准，防止泄漏。

图6-60　安装支架

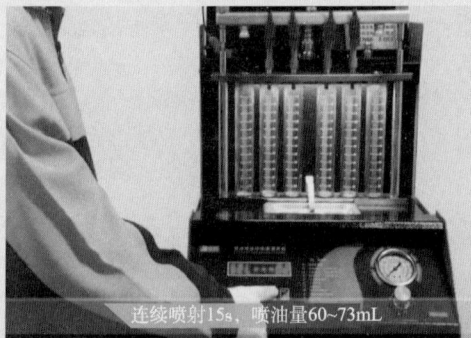

连续喷射15s，喷油量60~73mL

图6-61　喷油量检查

（8）进入7项进行检漏测试，检查喷油器是否有燃油泄漏，并同时调节燃油压力至标准范围内。

（9）检查完成后关闭电源开关，拆卸喷油器清洗机连接管，依次断开喷油器测试连接线。

（10）用手旋松两个螺栓，从喷油器检测清洗机上拆下喷油器安装总成支架；如图6-62所示，并依次从总成支架上拆下4个喷油器。

注意：
拆下喷油器时要小心，拔不出可边转动边拔。

图6-62　拆喷油器

（11）最后，将总成支架安装到检测清洗机上，然后用手紧固两个固定螺栓。

注意：

①在支架安装的时候要确保喷油器与量筒盖上的孔对准，防止泄漏。

②对喷油器滴油情况进行检查，正常情况下每12min不多于一滴。

③拆下喷油器时要小心，拔不出可边转动边拔。

汽车发动机故障诊断与排除

5）检查进排气系统

（1）检查进排气系统管路泄漏情况。

实践操作3　检查进气系统管路泄漏情况

①拆卸发动机罩。

②静态外观泄漏检查。

进气管路检查参考"项目五 发动机起动困难故障诊断"第二步中的检查进气系统管路泄漏情况。

排气管路检查的步骤有：

a. 根据举升机的操作规范，举升车辆至合适位置。

b. 检查并确认排气歧管衬垫处（图6-63），前排气管总成及衬垫（图6-64）等各点是否有废气泄漏痕迹。

图6-63　检查排气歧管衬垫

图6-64　检查前排气管总成及衬垫

c. 如图6-65、图6-66所示，检查并确认前排气管氧传感器连接处等各点，中央排气管及衬垫，排气尾管是否有废气泄漏痕迹。

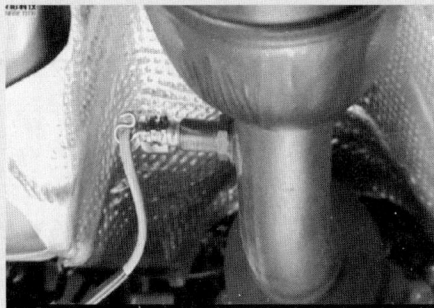

图6-65　检查氧传感器连接处

图6-66　检查中央排气管及衬垫

d. 根据举升机的操作规范，举升车辆至合适位置。

③动态外观泄漏检查。

a. 检查挡位是否处于P挡或空挡，驻车制动器处于制动状态。

b. 起动发动机保持怠速运行一段时间。

c. 按照静态外观的检查步骤，检查动态外观泄漏情况。

d. 关闭点火开关，使发动机熄火。

④安装发动机罩。

如在检测过程中发现泄漏，需立即做修复处理。

（2）检查节气门体。

理论链接9　节气门体结构（图6-67）

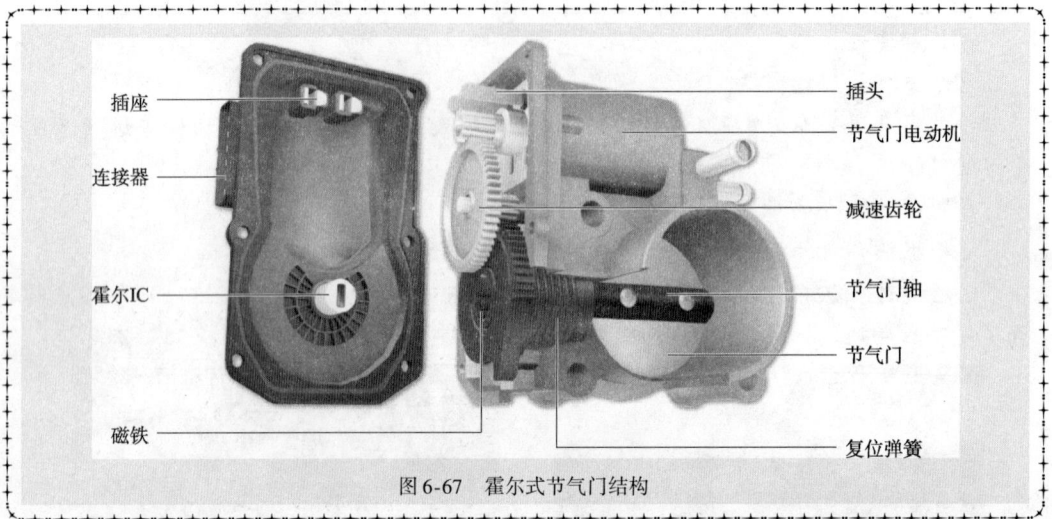

图6-67　霍尔式节气门结构

实践操作4　检查节气门体

检查节气门控制电动机的工作声音

①将点火开关置于ON位置。

②踩下加速踏板时,检查电动机的工作声音。确保电动机没有摩擦噪声。如果有摩擦噪声,则更换节气门体。

6）检查其他部分

三　竣工检查

经过以上检查,确定故障部位并进行维修或更换。维修完毕后,起动车辆,检查怠速不良现象是否消失。如果消失,说明故障已经排除;如果仍然存在,则说明故障未完全排除,按照项目中的步骤,重新进行检查和维修。

维修工作结束后,将工具放回原处,清洁并整理工作场地。

项目评价

评　分　表

项目编号：

姓名：_____　学号：_____

开始时间：__时__分　结束时间：__时__分　用时：_____

序号	项　目	评分项目	评价标准	分值	学生自评	学生互评	教师评价
1	时间要求	按规定时间完成项目作业	酌情扣1~5分	5			

序号	项 目	评分项目	评 价 标 准	分值	学生自评	学生互评	教师评价
2	质量要求	选用工具恰当	酌情扣1~5分	5			
3		能正确排除控制部分故障	操作错误无分	10			
4		能正确排除点火系统故障	不能排除无分	15			
5		能正确排除燃油系统故障	不能排除无分	15			
6		能正确排除进排气系统故障	不能排除无分	15			
7		能正确排除机械部分故障	不能排除无分	15			
8		及时清理工具和工作现场	酌情扣1~5分	5			
9	安全要求	遵守安全操作规程	酌情扣1~5分	5			
10	文明要求	按文明生产规则进行操作	酌情扣1~5分	5			
11	环保要求	更换旧件放入规定回收桶	酌情扣1~5分	5			
本项目得分				100			
				日期:			

注:发生重大事故(人身和设备安全事故)、严重违反维修原则和情节严重的野蛮操作等,采取一票否决制。

项目拓展

　　阅读以下案例,然后按照本项目中学习的处理思路,排除案例中的故障。

案例

　　一辆2011款帕萨特1.8TSI轿车,发动机故障灯亮。发动机怠速过高,转速不稳,在1500~2200r/min之间波动,加速缓慢,发动机转速只能达到3000r/min左右。

　　请你按照技术规范,正确诊断并排除故障。

　　(1)外观检查。

　　(2)读取故障码。

　　(3)检查故障部位。

　　(4)排除故障。

项目七 发动机加速不良动力不足的故障诊断

如图 7-1 所示,维修车间接待一辆帕萨特 1.4T 自动挡轿车,行驶里程为 76000km。行驶过程中踩下加速踏板,发动机转速不能马上升高,有迟滞现象,并且发动机有轻微的抖动。请你按照技术规范,正确诊断并排除故障。

图 7-1　发动机加速不良

项目要求

1. 时间要求:建议 8 学时。
2. 能力要求:在规定时间内完成检查与排除发动机加速不良动力不足的任务。
3. 质量要求:参照厂家的生产规范及质量要求。
4. 5S 作业:自觉按照企业 5S 生产规则进行项目作业。
5. 文明要求:自觉按照文明生产规则进行项目作业。
6. 环保要求:努力按照环境保护要求进行项目作业。

项目分析

发动机加速时,需要的油、气都要增多,如果供油和供气不足,必然会引起发动机加速不良动力不足。检查时,应从供给系统入手。另外,点火不良或汽缸压力低也会造成加速不良。

❶ 控制系统故障分析

控制系统出现故障会引起喷油量异常,导致燃烧速度降低,进而会引起发动机加速不良动力不足,控制系统导致加速不良的原因主要有空气流量计(进气压力传感器)故障、加速踏板传感器故障,节气门位置传感器故障等。

节气门位置传感器由节气门轴驱动,用于检测节气门的开度大小和开关的快慢,并将其转换为电信号传给 ECU,作为 ECU 判定发动机运转工况、调整喷油量和喷油正时的依据。常见的节气门位置传感器有可变电阻式和霍尔式。

空气流量计是计算发动机吸气量的电子测量装置,可将空气流量信号转换为电压信号传到 ECU。ECU 根据进气量信号、发动机转速信号即可计算出最佳喷油量,以获得与发动机运转工况相适应的最佳浓度的可燃混合气。如果空气流量计中的铂热丝表面有脏污,将影响空气流量计的测量精度。

(1)进气温度传感器故障分析。

进气温度的变化会引起空气密度的变化,因而在计算喷油量时应根据进气温度进行修正,进气温度传感器就是测量这一信号的传感器。如果进气温度传感器中的热敏电阻失灵,将无法检测到进气温度,无法给 ECU 提供参考信号。

理论链接1　进气温度传感器结构(图 7-2)

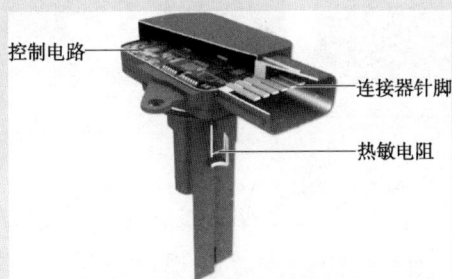

图 7-2　进气温度传感器内部结构

理论链接2　进气温度传感器工作原理(图 7-3)

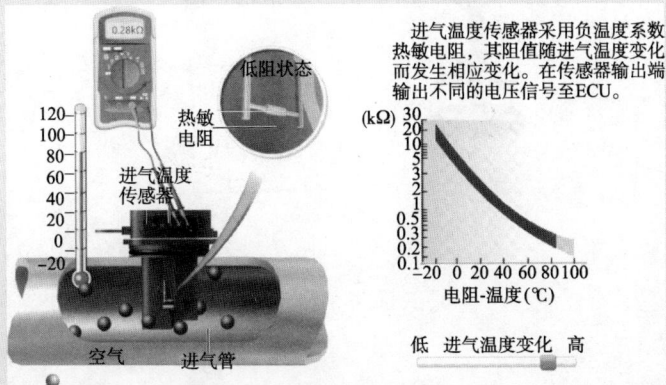

图 7-3　进气温度传感器工作原理

（2）节气门位置传感器故障分析。

节气门位置传感器由节气门轴驱动,用于检测节气门的开度大小和开关的快慢,并将其转换为电信号传给 ECU,作为 ECU 判定发动机运转工况、调整喷油量和喷油正时的依据。常见的节气门位置传感器有可变电阻式和霍尔式。如果是可变电阻式传感器,则可能出现触点磨损、电阻片断裂等故障;如果是霍尔式传感器,则可能出现霍尔元件破损、电磁线圈短路或断路等故障。

理论链接3　霍尔式节气门位置传感器结构（图7-4）

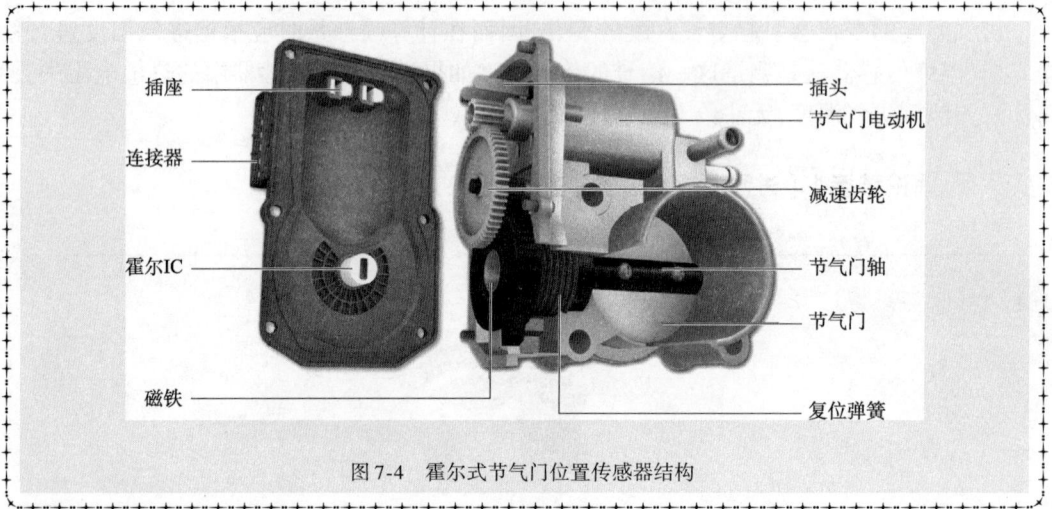

插座
连接器
霍尔IC
磁铁
插头
节气门电动机
减速齿轮
节气门轴
节气门
复位弹簧

图7-4　霍尔式节气门位置传感器结构

（3）氧传感器故障分析（图7-5）。

氧传感器安装在排气管上,用以检测废气中残余氧含量并以电压信号的形式传给 ECU,ECU 用以判断可燃混合气的浓度,并对喷油量进行修正,偏稀时增加喷油量,偏浓时减少喷油量,使可燃混合气浓度接近理论值(空燃比 14.7:1)。如果氧传感器无法提供参考信号,ECU 将不能实时控制喷油量,发动机性能会受到影响,尾气排放也会增大。

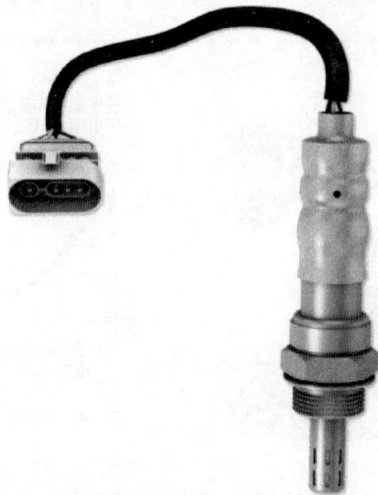

图7-5　氧传感器

理论链接 4　氧化锆式氧传感器结构（图 7-6）

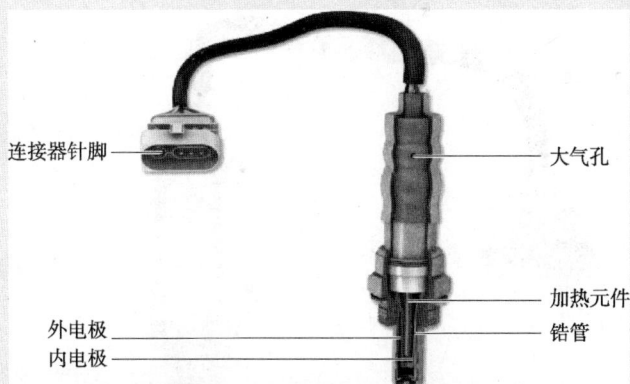

图 7-6　氧化锆式氧传感器

理论链接 5　氧化锆式氧传感器工作原理（图 7-7）

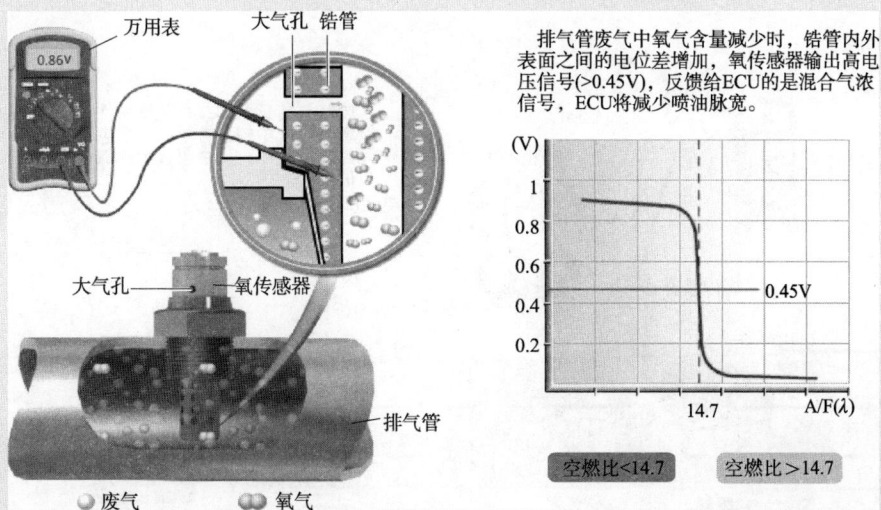

排气管废气中氧气含量减少时，锆管内外表面之间的电位差增加，氧传感器输出高电压信号（>0.45V），反馈给ECU的是混合气浓信号，ECU将减少喷油脉宽。

图 7-7　氧化锆式氧传感器工作原理

理论链接 6　氧化钛式氧传感器结构 (图 7-8)

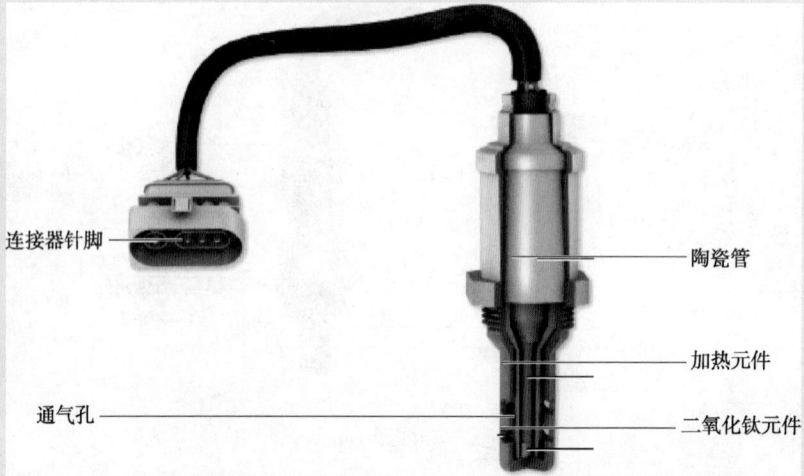

连接器针脚

陶瓷管

加热元件

通气孔

二氧化钛元件

图 7-8　氧化钛式氧传感器

理论链接 7　氧化钛式氧传感器工作原理 (图 7-9)

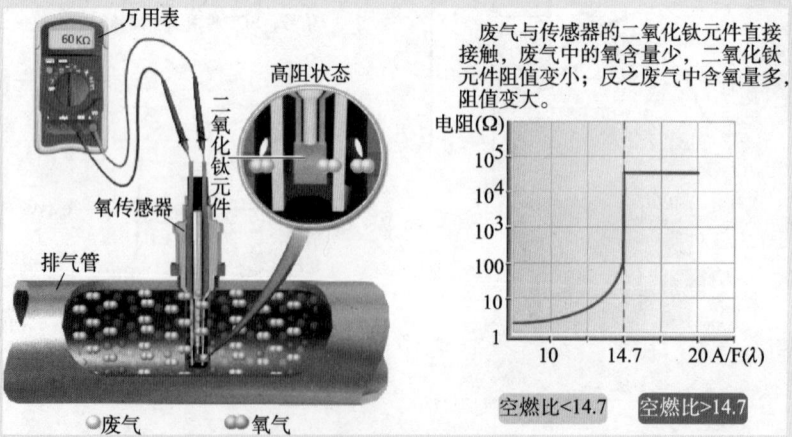

万用表

60 KΩ

高阻状态

二氧化钛元件

氧传感器

排气管

　废气与传感器的二氧化钛元件直接接触，废气中的氧含量少，二氧化钛元件阻值变小；反之废气中含氧量多，阻值变大。

电阻(Ω)

10^5
10^4
10^3
100
10
1

10　14.7　20 A/F(λ)

● 废气　　● 氧气

空燃比<14.7　空燃比>14.7

图 7-9　氧化钛式氧传感器工作原理

(4)爆震传感器故障分析。

如图7-10所示,如果点火时间过早,油气混合物燃烧产生的爆炸力将与活塞产生对冲,导致发动机爆震。爆震传感器安装在发动机体上,用于检测发动机是否爆震,并传输信号给 ECU 作为调整点火时间的依据。爆震传感器常出现的故障可能是紧固螺栓没有拧紧、线路断路或短路、传感器损坏。

图7-10　爆震传感器

理论链接8　爆震传感器结构(图7-11)

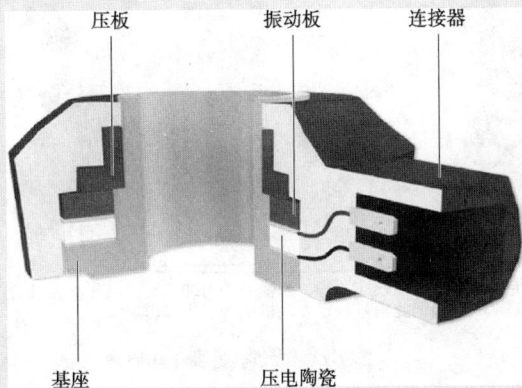

图7-11　爆震传感器结构

理论链接9　爆震传感器类型(图7-12)

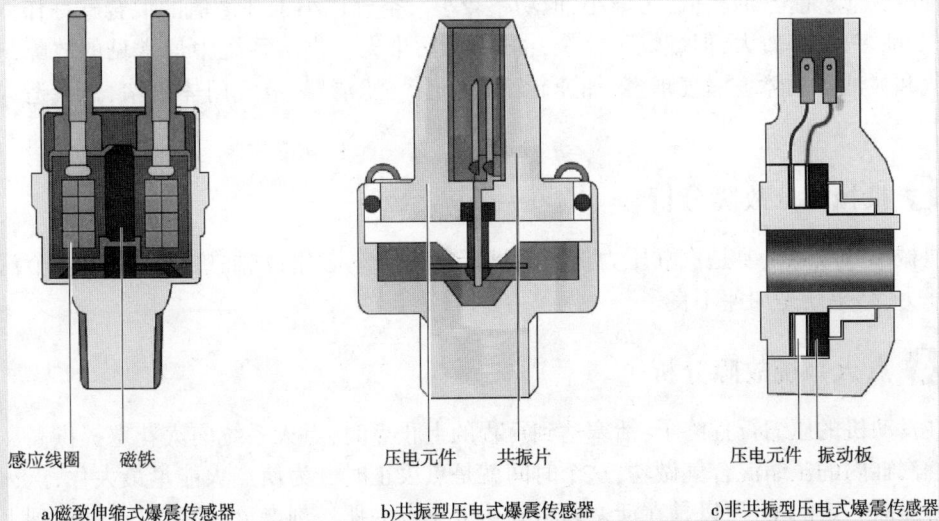

a)磁致伸缩式爆震传感器　　b)共振型压电式爆震传感器　　c)非共振型压电式爆震传感器

图7-12　爆震传感器分类

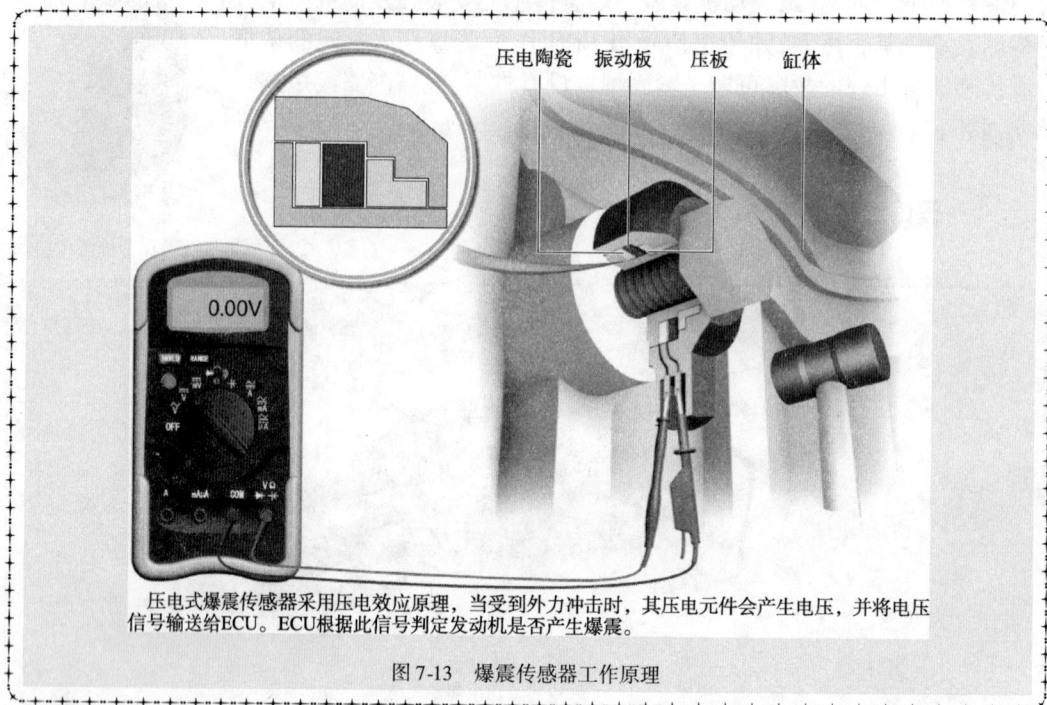

压电式爆震传感器采用压电效应原理,当受到外力冲击时,其压电元件会产生电压,并将电压信号输送给ECU。ECU根据此信号判定发动机是否产生爆震。

图7-13　爆震传感器工作原理

❷ 供给系统故障分析

发动机工作时,燃料必须和吸进的空气成适当的比例,才能形成可以燃烧的混合气,这就是空燃比。从理论上说,每克燃料完全燃烧所需的最少的空气克数,称作理论空燃比。各种燃料的理论空燃比是不相同的,汽油为14.7。空燃比大于理论值的混合气称作稀混合气,气多油少,燃烧完全,油耗低,污染小,但功率较小。空燃比小于理论值的混合气称作浓混合气,气少油多,功率较大,但燃烧不完全,油耗高,污染大。供给系统中最常见的故障是进气管漏气和喷油器故障。漏气越多,加速越不良。空气滤清器、节气门体脏堵,也会造成供气不足。

❸ 机械部分故障分析

机械部分故障主要是汽缸压力低。机械部分由于车老化,汽缸垫损坏使得两个汽缸无汽缸压力,结果就是加速不良。

❹ 点火系统故障分析

在发动机的压缩行程终了,活塞达到行程的上止点时,点火系统向火花塞提供高压火花以点燃汽缸内的压缩混合气做功,这个时间就是点火正时。为使点火能量最大化,点火正时一般要提前一定的量,所以是在活塞即将到达上止点的那一刻点火,而不是正好达到上止点时才点火,这个提前量称为点火提前角。如果点火正时不准,会导致发动机动力不足,会造成燃油燃烧不完全,导致发动机排放异常。

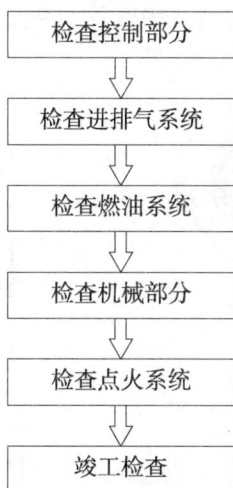

在进行故障诊断与维修之前,首先起动发动机,确认故障现象。根据故障现象初步判断可能的故障区域。

使用智能诊断仪读取故障码。

一 检查控制部分

1 检查加速踏板传感器

图 7-14 所示为全新帕萨特加速踏板传感器的控制电路图,结合其控制原理对其进行如下相关检测。

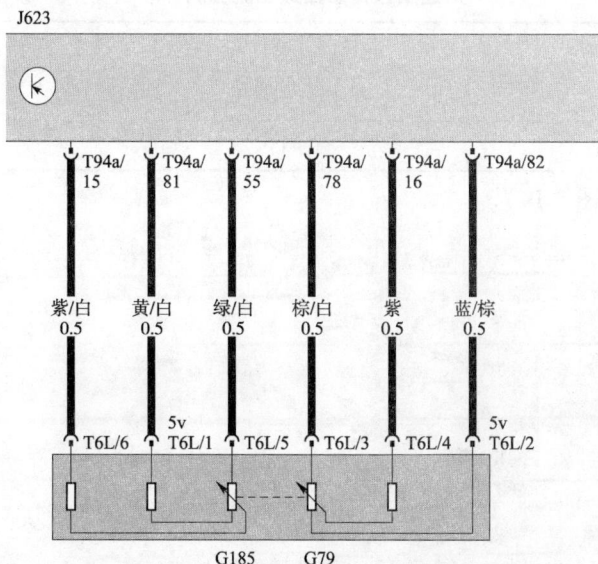

图 7-14 加速踏板传感器控制电路图

（1）使用专用诊断仪读取加速踏板位置传感器数值及故障码。

①将大众专用无线诊断插头 5054 连接到车辆（图 7-15）。

②将点火开关置于 ON 位置，并开启 ODIS 诊断系统（图 7-16）。

图 7-15　读取传感器数值及故障码（1）

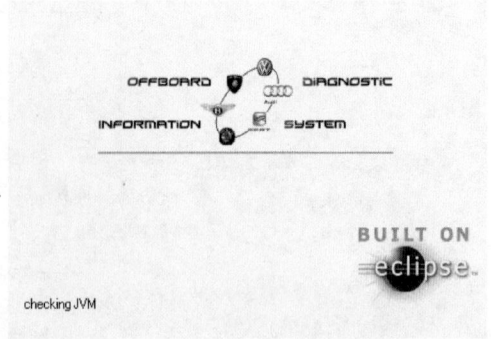

图 7-16　读取传感器数值及故障码（2）

③选择发动机 01 系统，右键引导功能选择读取测量值（图 7-17）。

④读取检测仪上的显示值（图 7-18），参考表 7-1 进行判定。

图 7-17　读取传感器数值及故障码（3）

图 7-18　读取传感器数值及故障码（4）

加速踏板传感器数据流检测标准　　　　　　　　表 7-1

加速踏板的操作	加速踏板位置1	加速踏板位置2
松开	70% ~ 100%	与 1 相同
踩下	0 ~ 15%	与 1 相同

⑤读取故障码（图 7-19）。

图 7-19　读取传感器数值及故障码（5）

如图 7-20 所示,如果读取测量值异常或无变化,则进行下一步检测。如测量值正常,则检测间歇性故障。

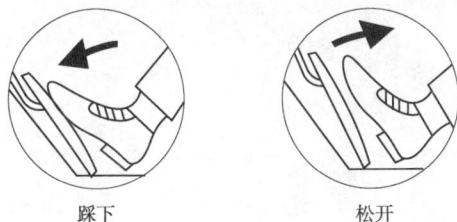

踩下　　　　　　松开

图 7-20　加速踏板测试位置

(2)检查波形及信号电压。

①连接大众专用检测设备 VAG1598/ 42(图 7-21)。

②关闭点火开关,松开 ECU60 针插头,连接 1598/42 的测量盒线束及 ECU 插头(图 7-22)。

图 7-21　检查波形及信号电压(1)

图 7-22　检查波形及信号电压(2)

③连接 1598/42 的测量盒线束与测量盒面板(图 7-23)。

④将 1598/42 线束 A、B 插头正确插接到 1598/42 测量盒上并锁紧,连接搭铁夹(图 7-24)。

图 7-23　检查波形及信号电压(3)

图 7-24　检查波形及信号电压(4)

⑤采用双通道记录仪模式测量 T94a/15、T94a/16 端子的电压波形,两个端子的信号电压应该为 2 倍关系(图 7-25)。

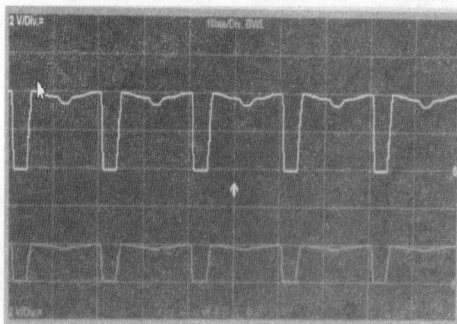

图 7-25　检查波形及信号电压(5)

⑥测量 T94a/15(图 7-26)、T94a/16(图 7-27)的信号电压,两个信号端子电压应该为 2 倍关系。16 端子的标准电压:0.8～4.5V。15 端子标准电压:0.8～2.2V,且为上面信号电压的 1/2。

图 7-26　检查波形及信号电压(6)

图 7-27　检查波形及信号电压(7)

如果所测波形异常,则更换加速踏板总成(加速踏板位置传感器)或进行步骤(3)。如果正常,则进行步骤(4)检查线束和连接器。

(3)检查加速踏板传感器供电电压(表 7-2)。

加速踏板检测标准电压
表 7-2

加速踏板的操作	开关状态	规定状态
T6L/5	点火开关置于 ON 位置	0V
T6L/3	点火开关置于 ON 位置	0V
T6L/1	点火开关置于 ON 位置	5V
T6L/2	点火开关置于 ON 位置	5V

①断开加速踏板位置传感器连接器(图 7-28)。
②将点火开关置于 ON 位置(图 7-29)。

图 7-28　检查加速踏板传感器供电电压(1)

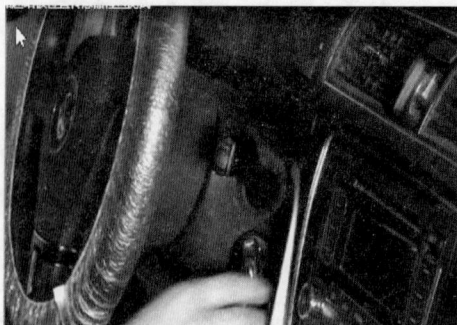

图 7-29　检查加速踏板传感器供电电压(2)

③连接传感器插头 T6L/1、T6L/2 号端子的检测引线(图 7-30)。

④检测 T6L/1、T6L/2 号端子与搭铁之间的电压(图 7-31)。

标准值:5V。

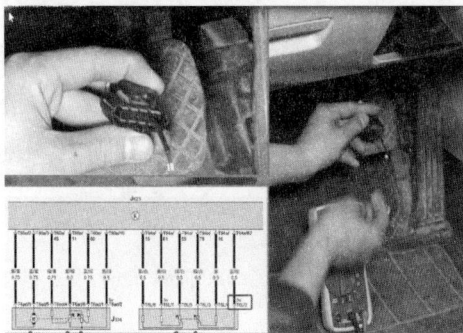

图 7-30　检查加速踏板传感器供电电压(3)

图 7-31　检查加速踏板传感器供电电压(4)

如果所测电压值异常,则进行(4)检查线束和连接器。

(4)检查线束和连接器(加速踏板位置传感器—ECU)。

①断开加速踏板位置传感器连接器(图 7-32)。

②断开 ECU 连接器,连接 VAS1598(图 7-33)。

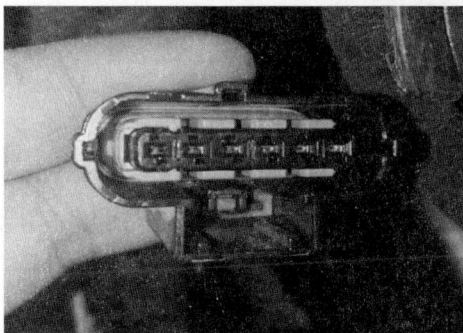

图 7-32　检查线束和连接器(1)

图 7-33　检查线束和连接器(2)

③按表 7-3 与表 7-4 测量线路电阻(图 7-34)。

加速踏板线路断路检查标准电阻　　　　　　　　　　　　　　表 7-3

检测仪连接	条　件	规　定　值
T94/57—T6L/6	始终	<1Ω
T94/58—T6L/1	始终	<1Ω
T94/56—T6L/5	始终	<1Ω
T94/78—T6L/3	始终	<1Ω
T94/79—T6L/4	始终	<1Ω
T94/80—T6L/2	始终	<1Ω

加速踏板线路短路检查标准电阻　　　　　　　　　　　　　　表 7-4

检测仪连接	条　件	规　定　值
T94/57—T6L/6 – 车身搭铁	始终	10kΩ 或更大
T94/58—T6L/1 – 车身搭铁	始终	10kΩ 或更大
T94/79—T6L/4 – 车身搭铁	始终	10kΩ 或更大
T94/80—T6L/2 – 车身搭铁	始终	10kΩ 或更大

④重新连接加速踏板位置传感器连接器(图 7-35)。

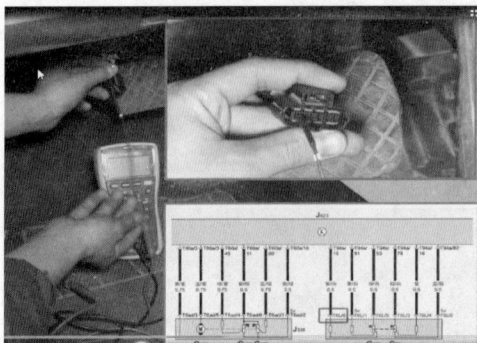

图 7-34 检查线束和连接器(3)

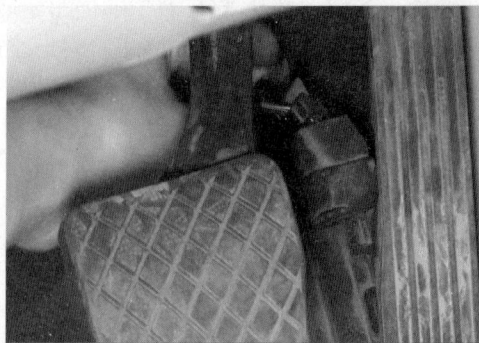

图 7-35 检查线束和连接器(4)

⑤重新连接 ECU 连接器(图 7-36)。

图 7-36 检查线束和连接器(5)

如果所测电阻值正常,则更换 ECU,如果所测电阻值异常,则需要维修或更换线束和连接器。

❷ 检查节气门位置传感器

图 7-37 所示为节气门控制器单元电路图,结合其控制原理进行如下相关检测。

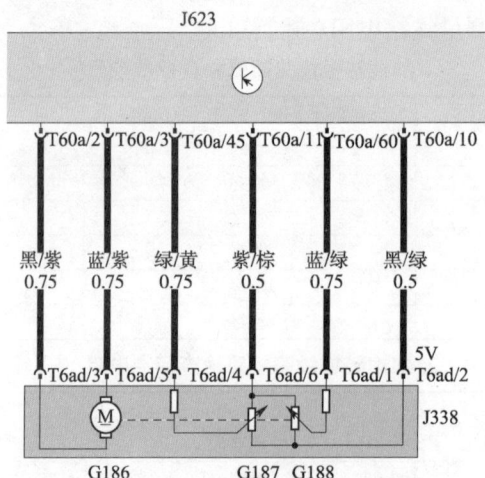

图 7-37 节气门控制器单元电路图

(1)使用专用诊断仪读取节气门位置传感器数值及故障码。

①将无线诊断插头5054连接到车辆(图7-38)。

②将点火开关置于ON位置,并开启ODIS诊断系统(图7-39)。

图7-38 读取传感器数值及故障码(1)

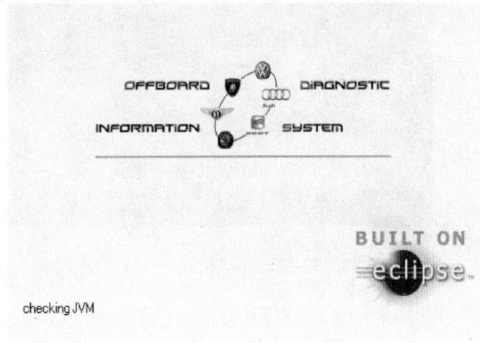

checking JVM

BUILT ON
eclipse™

图7-39 读取传感器数值及故障码(2)

③选择发动机01系统,右键引导功能选择读取测量值(图7-40)。

④读取检测仪上的显示值(图7-41、表7-5)。

0001 - 发动机电控系统 (UDS / ISOTP / 04E906027A / GD1 / X14 / EV_ECM14TFS

名称	值
▸ [IDE00083]_节气门位置,绝对值	
	14.9 %
▸ [IDE00349]_节气门位置,标准化	
	4.7 %
▸ [IDE01650]_节气门位置2	
	14.9 %
▸ [IDE00086]_加速踏板位置	
	14.5%

图7-40 读取传感器数值及故障码(3)

名称	值
▸ [IDE00083]_节气门位置,绝对值	
	85.1 %
▸ [IDE00349]_节气门位置,标准化	
	74.9 %
▸ [IDE01650]_节气门位置2	
	84.7 %
▸ [IDE00086]_加速踏板位置	

图7-41 读取传感器数值及故障码(4)

节气门线路检测标准电压   表7-5

加速踏板的操作	节气门位置
松开	约10%
踩下	70% ~ 100%

⑤读取故障码(图7-42)。

01 - 发动机电控系统 (KWP2000 / TP20 / M06IA0BK4??? / IA04 / H

事件代码	SAE代码	事件文字
00290 000	P0122	节气门电位计 信号太小, tbd
00546 000	P0222	节气门驱动器的角度传感器2 信号太小, tbd

图7-42 读取传感器数值及故障码(5)

(2)检查节气门控制单元的波形。

①连接VAG1598/42,并且采用双通道模式检测T60a/45和T60a/60波形(图7-43)。

②两个信号端子电压之和应该为5V,并且成镜像显示(图7-44)。

项目七

发动机加速不良动力不足的故障诊断

137

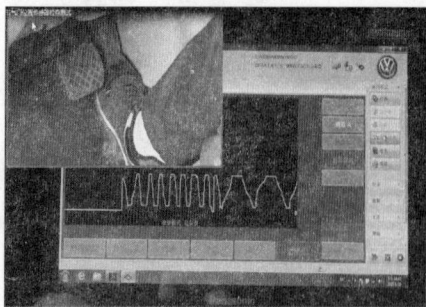

图7-43　检查节气门控制单元的波形(1)

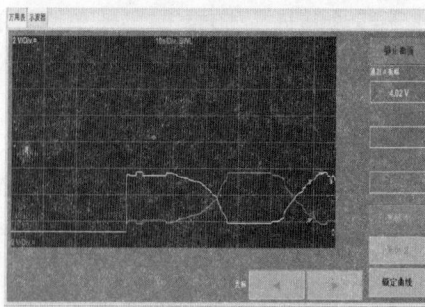

图7-44　检查节气门控制单元的波形(2)

③检测节气门驱动电动机波形(图7-45)。

如果所测波形异常,则进行供电电压检测。如果正常,则进行(4)检查线束和连接器。

(3)检查节气门位置传感器的供电电压。

①断开节气门控制单元J338插头并连接其2号端子引线(图7-46)。

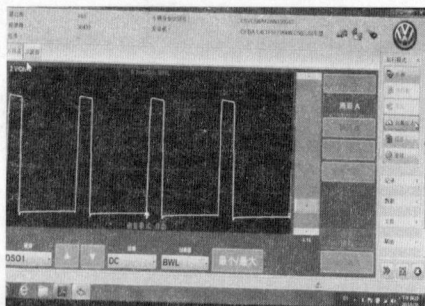

图7-45　检查节气门控制单元的波形(3)

图7-46　检查供电电压(1)

②将点火开关置于ON位置(图7-47)。

③根据表7-6中的值测量电压(图7-48)。

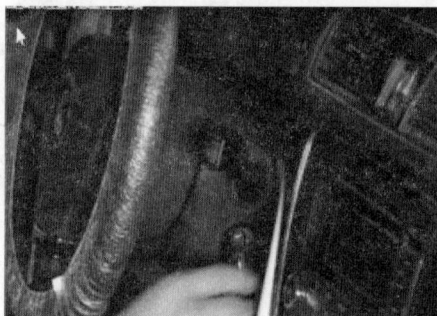

图7-47　检查供电电压(2)

图7-48　检查供电电压(3)

节气门控制单元标准电压　　　　　　　　　　　表7-6

端子位置	开关状态	规定状态
T6ad/2	点火开关置于ON位置	5V
T6ad/6	点火开关置于ON位置	0V

如果所测电压值正常,则进行步骤(4)检查电动机。如果异常,则检查线束和连接器(J338-ECU)。

(4)检查节气门电动机

①选用数字万用表,将红黑表笔互测,检查万用表的测量误差。

②如图7-49所示,将表笔分别连接到节气门位置传感器的3和5端子上,观察检测值并记录数据。

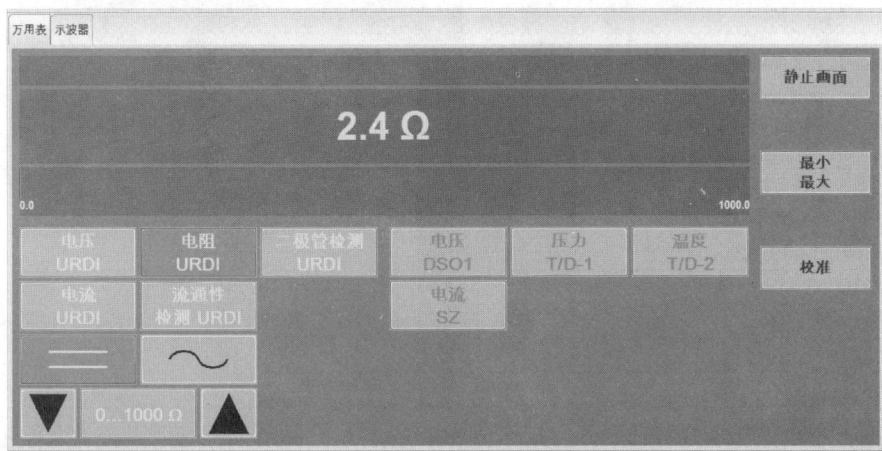

图7-49　节气门控制器单元电动机电阻

③标准值为0~3Ω,如果显示为无穷大,则更换节气门体J338。

(5)检查线束和连接器。

①断开J338节气门单元连接器(图7-50)。

②断开ECU连接器60针,连接VAS1598/42(图7-51)。

图7-50　检查线束和连接器(1)

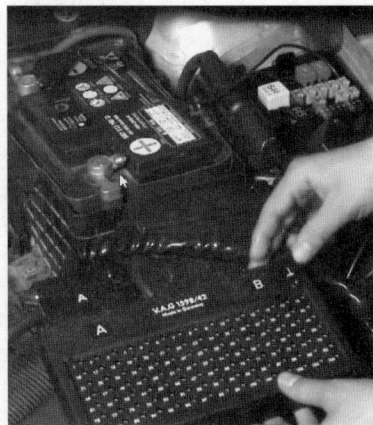

图7-51　检查线束和连接器(2)

③根据表7-7中的项目测量各电阻。

④重新连接J338连接器(图7-52)。

⑤重新连接ECU连接器(图7-53)。

图 7-52 检查线束和连接器(3)

图 7-53 检查线束和连接器(4)

节气门单元线路断路检查标准电阻   表 7-7

检测仪连接	条 件	规 定 值
T60a/2—T6ad/3	始终	<1Ω
T60a/3—T6ad/5	始终	<1Ω
T60a/60—T6ad/1	始终	<1Ω
T60a/11—T6ad/6	始终	<1Ω
T60a/45—T6ad/4	始终	<1Ω
T60/10—T6ad/2	始终	<1Ω

如果所测电阻值正常,则更换 ECU;如果所测电阻值异常,则需要维修或更换线束和连接器。

3 检查氧传感器

图 7-54 所示为氧传感器控制电路图,结合其控制原理进行如下相关检测。

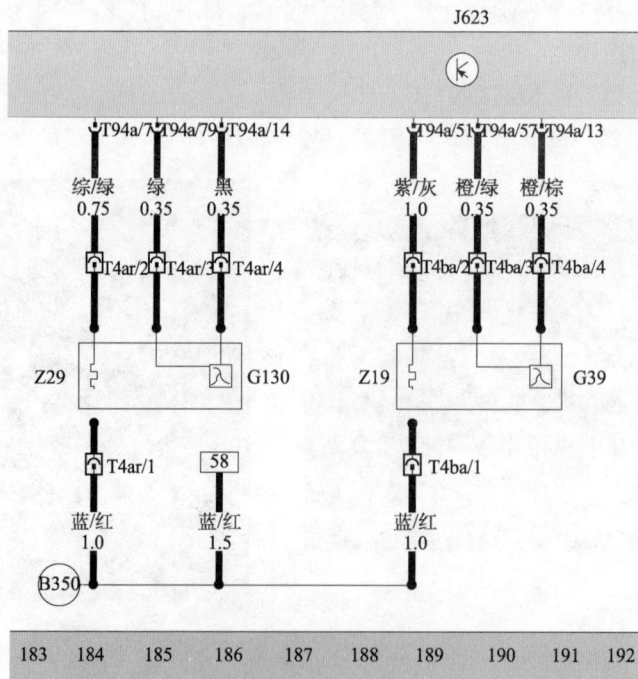

图 7-54 氧传感器控制电路图

(1)使用专用诊断仪读取氧传感器数值及故障码。

①将无线诊断插头 5054 连接到车辆(图 7-55)。

140

②将点火开关置于 ON 位置,并开启 ODIS 诊断系统(图 7-56)。

图 7-55　读取氧传感器数值及故障码(1)

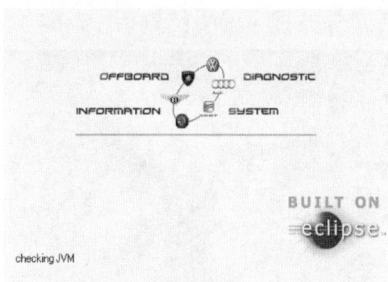

图 7-56　读取氧传感器数值及故障码(2)

③选择发动机 01 系统,右键引导功能选择读取测量值(图 7-57)。

④读取故障码(图 7-58)。

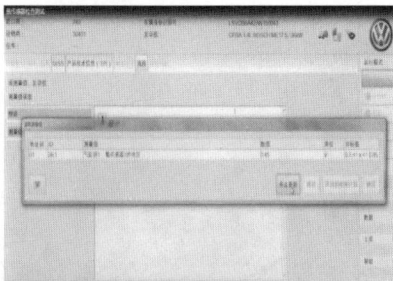

图 7-57　读取氧传感器数值及故障码(3)

图 7-58　读取氧传感器数值及故障码(4)

(2)检查信号电压。

①拔下氧传感器插头(图 7-59)。

②连接 G39 传感器插头的 T4ba/3 和 T4ba/4 端子引线(图 7-60)。

图 7-59　检查信号电压(1)

图 7-60　检查信号电压(2)

③检测 G39 传感器的 T4ba/3 和 T4ba/4 端子信号电压(图 7-61)。

(3)检查氧传感器的供电电压。

①拔下氧传感器插头(图 7-62)。

图 7-61　检查信号电压(3)

图 7-62　检查氧传感器的供电电压(1)

②连接传感器 1 号端子的引线(图 7-63)。

③将点火开关置于 ON 位置(图 7-64)。

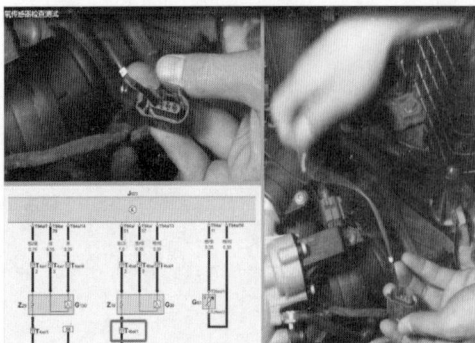

图 7-63　检查氧传感器的供电电压(2)

图 7-64　检查氧传感器的供电电压(3)

④测量电压,即测量 1 号端子与搭铁之间的电压(图 7-65)。

标准值:蓄电池的电压。

(4)检查传感器加热线圈及线路电阻。

①拔下氧传感器插头(图 7-66)。

正常范围应为蓄电池的电压

图 7-65　检查氧传感器的供电电压(4)

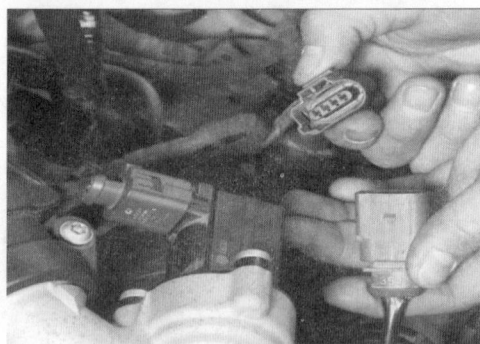

图 7-66　检查传感器加热线圈及线路电阻(1)

②测量传感器的 Tb4a/1 号端子与 F2 熔断丝之间线路电阻值(图 7-67)。

标准值:小于 1Ω。

③测量传感器的 Tb4a/2 号端子与控制单元 T94a/51 号端子之间线路电阻值(7-68)。

标准值:小于 1Ω。

正常范围: 0.1~1.0Ω

图 7-67　检查传感器加热线圈及线路电阻(2)

正常范围: 0.1~1.0Ω

图 7-68　检查传感器加热线圈及线路电阻(3)

④测量传感器的 Tb4a/3 号端子与控制单元 T94a/57 之间线路电阻值(图 7-69)。

标准值:小于1Ω。

⑤测量传感器的 Tb4a/4 号端子与控制单元 T94a/13 之间线路电阻值(图 7-70)。

标准值:小于1Ω。

图 7-69　检查传感器加热线圈及线路电阻(4)

图 7-70　检查传感器加热线圈及线路电阻(5)

⑥测量传感器加热线圈即 Tb4a/1 与 Tb4a/2 之间电阻值(图 7-71)。

标准值:5 ~ 10Ω。

⑦重新连接传感器插头(图 7-72)。

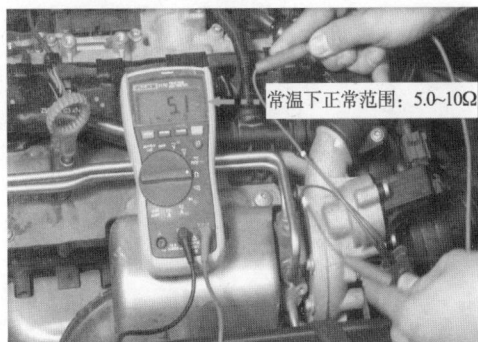

图 7-71　检查传感器加热线圈及线路电阻(6)

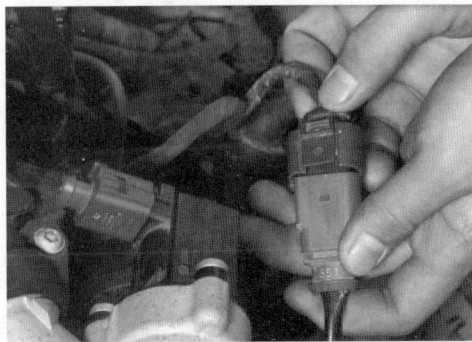

图 7-72　检查传感器加热线圈及线路电阻(7)

⑧重新连接 ECU 连接器(图 7-73)。

图 7-73　检查传感器加热线圈及线路电阻(8)

4 检查进气压力传感器

图 7-74、图 7-75 所示为进气压力传感器的控制电路,结合其控制原理进行如下相关检测。

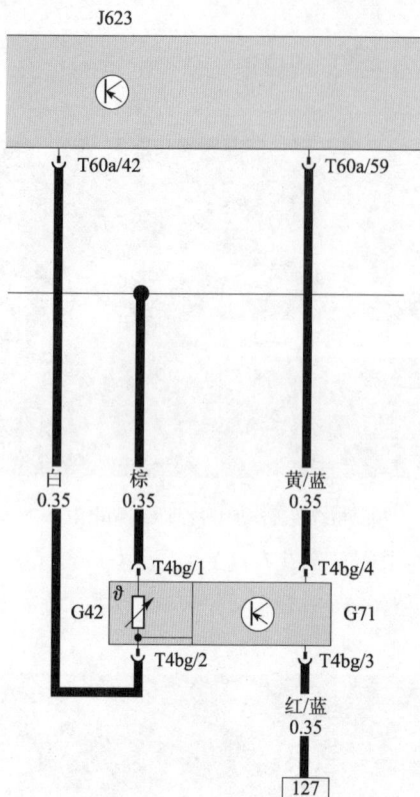

图 7-74　进气压力传感器控制电路(1)

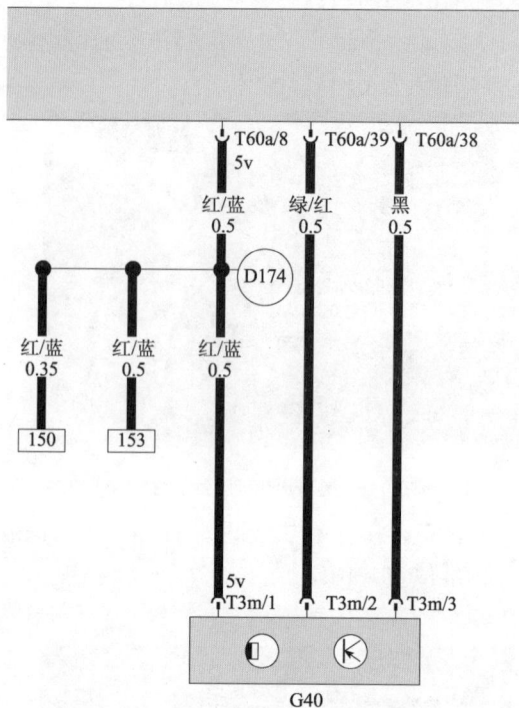

图 7-75　进气压力传感器控制电路(2)

(1)检测进气压力传感器的故障码及数据值。

①连接诊断插头(图 7-76)。

②打开诊断软件(图 7-77)。

图 7-76　读取传感器数值及故障码(1)

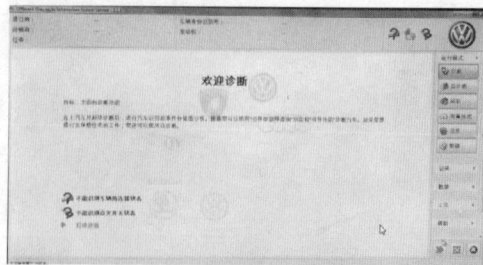

图 7-77　读取传感器数值及故障码(2)

③选择车辆信息(图 7-78)。

④选择发动机控制单元(图 7-79)。

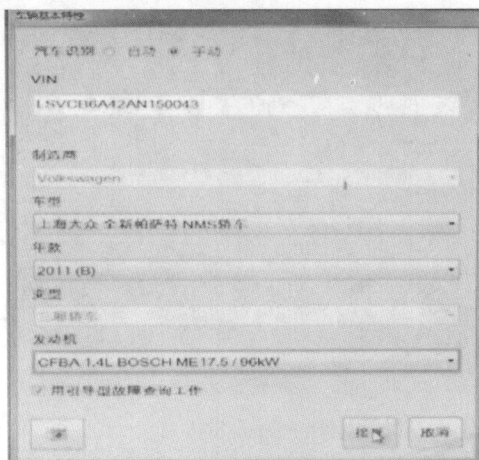

图 7-78 读取传感器数值及故障码(3)

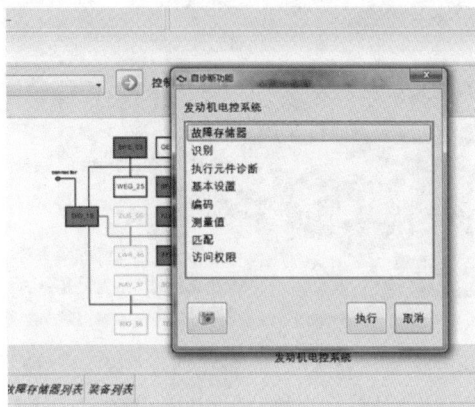

图 7-79 读取传感器数值及故障码(4)

⑤读取故障码(图 7-80)。

⑥读取数据流(图 7-81)。

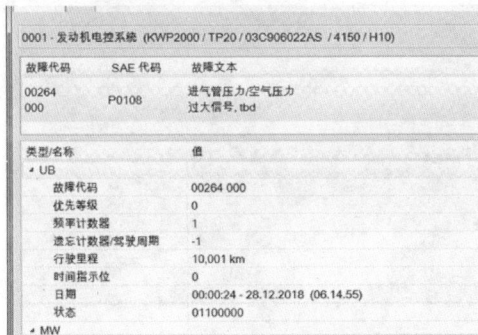

图 7-80 读取传感器数值及故障码(5)

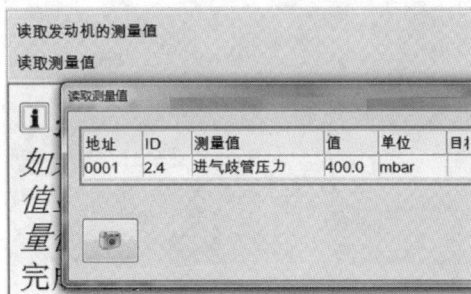

图 7-81 读取传感器数值及故障码(6)

(2)检查进气压力传感器的波形及信号电压。

①连接 VAG1598/39、42(图 7-82)。

②连接 T60a/59 和 T60a/12 至诊断仪(图 7-83)。

图 7-82 检查进气压力传感器的波形及信号电压(1)

图 7-83 检查进气压力传感器的波形及信号电压(2)

③检测 T60a/59 和 T60a/12 的信号电压波形(图 7-84)。

④检测信号电压:检测 T60a/59 和 T60a/12 之间的电压(图 7-85)。

标准值:0.5~1V。

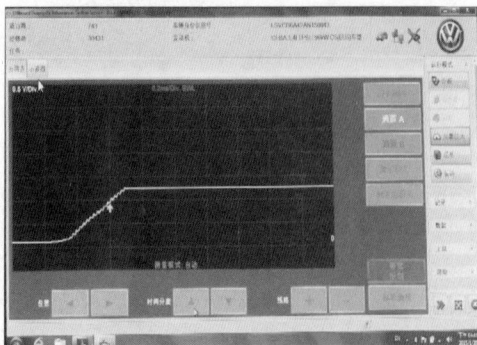

图7-84　检查进气压力传感器的波形及信号电压(3)

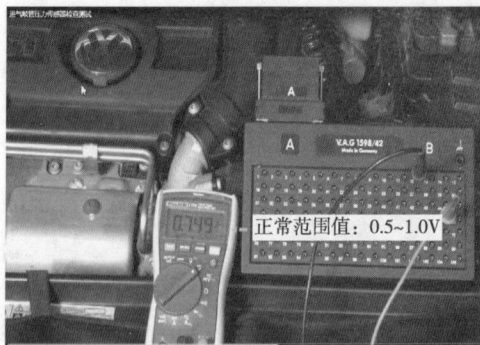

图7-85　检查进气压力传感器的波形及信号电压(4)

⑤检测进气温度信号电压：T60a/42 和 T60a/12 之间的电压(图7-86)。

标准值：1.5～2.0V。

(3)检查进气压力传感器的供电电压。

①断开进气压力传感器插头(图7-87)。

图7-86　检查进气压力传感器的波形及信号电压(5)

图7-87　检查进气压力传感器的供电电压(1)

②连接传感器 T4bg 的 3 号端子(7-88)。

③打开点火开关(图7-89)。

图7-88　检查进气压力传感器的供电电压(2)

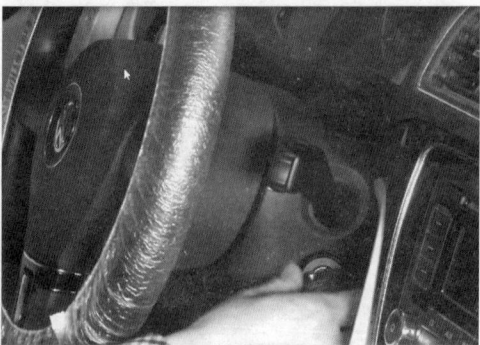

图7-89　检查进气压力传感器的供电电压(3)

④测量传感器 T4bg/3 端子与搭铁之间的电压(7-90)。

标准值：5V。

如果所测电压值异常，则进行线束和连接器检查。

(4)检查线束和连接器。

①断开进气压力传感器插头(图7-91)。

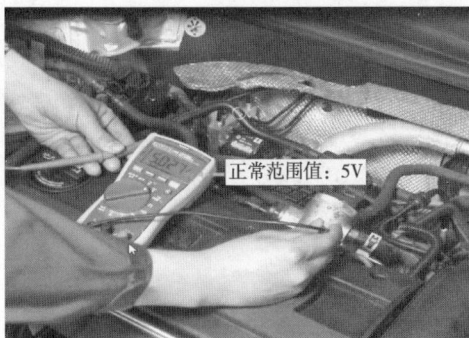

图7-90 检查进气压力传感器的供电电压(4)

图7-91 检查线束和连接器(1)

②断开 ECU 连接器 60 针,连接 VAS1598/39(图 7-92)。

③根据表 7-8 中的项目测量各线束电阻(图 7-93)。

标准值:小于 2Ω。

图7-92 检查线束和连接器(2)

图7-93 检查线束和连接器(3)

进气压力传感器线路断路检查标准电阻   表7-8

检测仪连接	条　件	规　定　值
T60a/42—T4bg/2	始终	<2Ω
T60a/59—T4bg/4	始终	<2Ω
T60a/8—T4bg/3	始终	<2Ω
T60a/12—T4bg/1	始终	<2Ω
T60a/42—T60a/12	常温	1.5~2.0kΩ

④测量进气温度传感器电阻(图 7-94)。

⑤重新连接进气压力传感器连接器(图 7-95)。

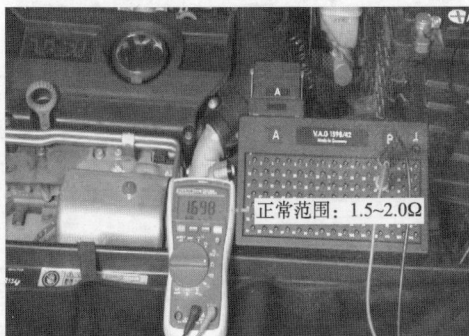

图7-94 检查线束和连接器(4)

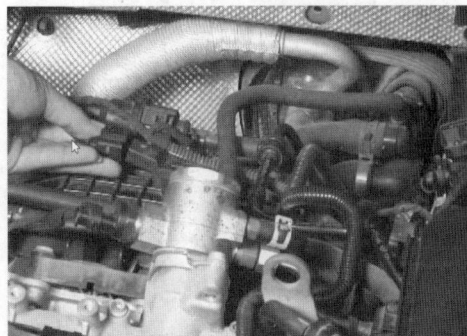

图7-95 检查线束和连接器(5)

⑥重新连接 ECU 连接器(图 7-96)。

图 7-96　检查线束和连接器(6)

如果所测电阻值正常,则更换 ECU;如果所测电阻值异常,则需要维修或更换线束和连接器。

5 检查增压压力传感器

图 7-97 所示为增压压力传感器控制电路,结合其控制原理进行如下相关检测。

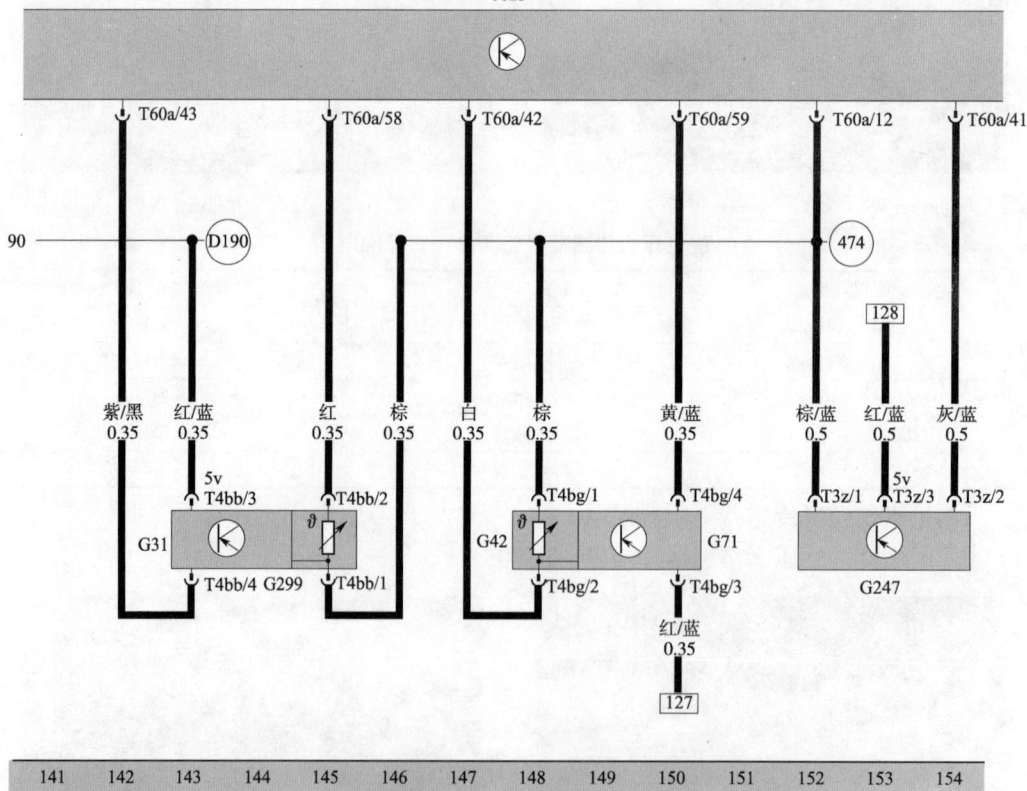

图 7-97　增压压力传感器控制电路

(1)使用专用诊断仪读取增压压力传感器的测量值及故障码。

①将 5054 连接到车辆(图 7-98)。

②将点火开关置于 ON 位置,并开启 ODIS 诊断系统(图 7-99)。

图7-98 读取增压压力传感器数值及故障码(1)

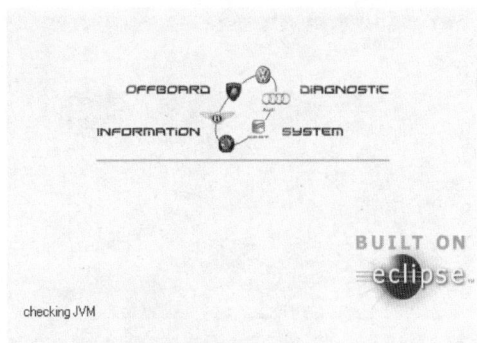

图7-99 读取增压压力传感器数值及故障码(2)

③选择发动机01系统,右键引导功能选择读取故障码(图7-100)。

④读取检测仪上的显示值(图7-101)。

标准进气量为190~210Pa,进气温度为40~70℃。

图7-100 读取增压压力传感器数值及故障码(3)

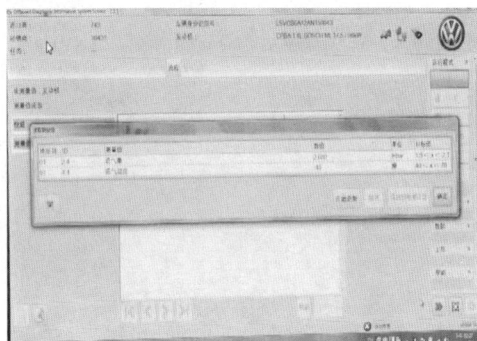

图7-101 读取增压压力传感器数值及故障码(4)

(2)检查增压压力传感器的波形及信号电压。

①连接VAG1598/39、42(图7-102)。

②连接T60a/43和T60a/12引线(图7-103)。

图7-102 检查增压压力传感器的波形及信号电压(1)

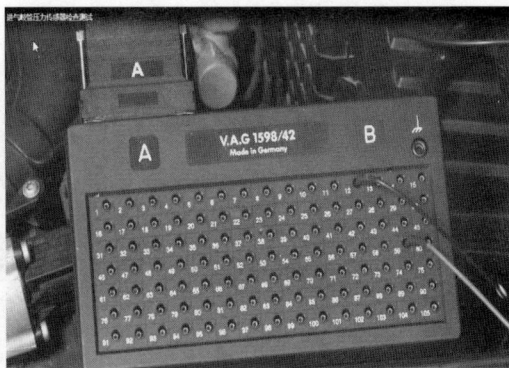

图7-103 检查增压压力传感器的波形及信号电压(2)

③检测增压压力T60a/43和T60a/12的信号电压波形(图7-104)。

④检测信号电压:检测T60a/43和T60a/12之间的电压(图7-105)。

标准值:1.5~5V。

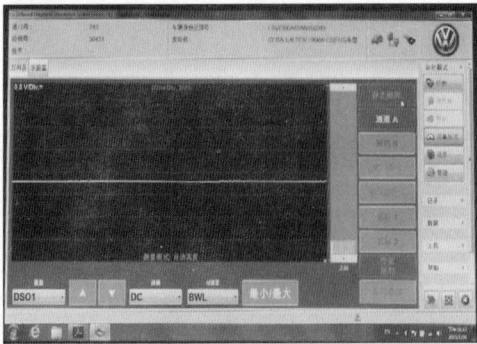

图 7-104 检查增压压力传感器的波形及信号电压(3)

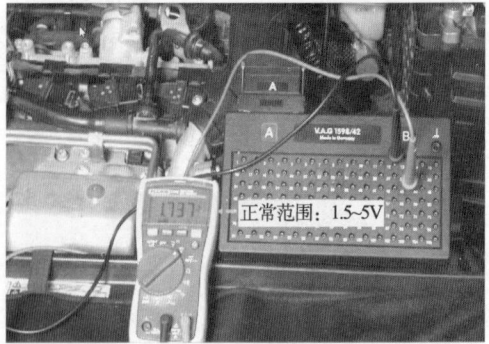

图 7-105 检查增压压力传感器的波形及信号电压(4)

⑤检测进气温度信号电压:T60a/58 和 T60a/12 之间的电压(图 7-106)。

标准值:1.5 ~ 2.0V。

(3)检查增压压力传感器的供电电压。

①断开增压压力传感器插头(图 7-107)。

图 7-106 检查增压压力传感器的波形及信号电压(5)

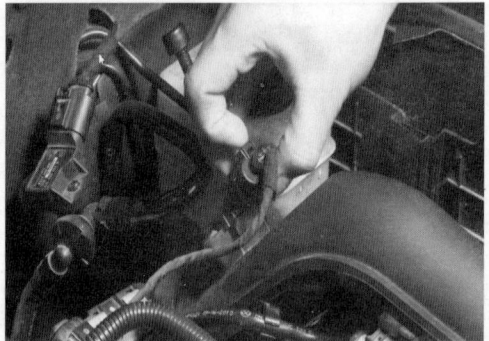

图 7-107 检查增压压力传感器的供电电压(1)

②连接传感器 T4bb/3 号端子(图 7-108)。

③打开点火开关(图 7-109)。

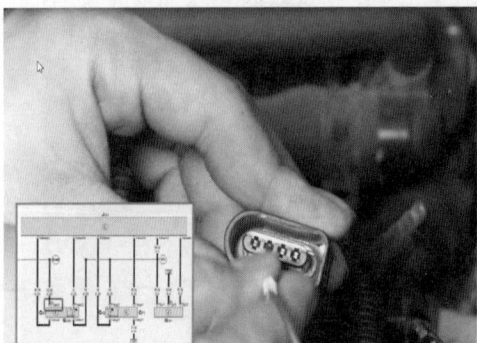

图 7-108 检查增压压力传感器的供电电压(2)

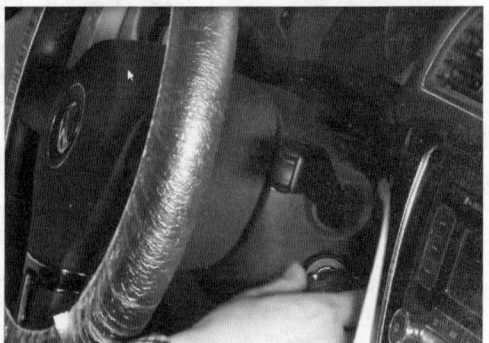

图 7-109 检查增压压力传感器的供电电压(3)

④测量传感器 T4bb/3 端子与搭铁之间的电压(图 7-110)。

标准值:5V。

如果所测量电压值异常,则进行线束和连接器检查。

(4)检查线束和连接器。

①断开进气压力传感器插头(图7-111)。

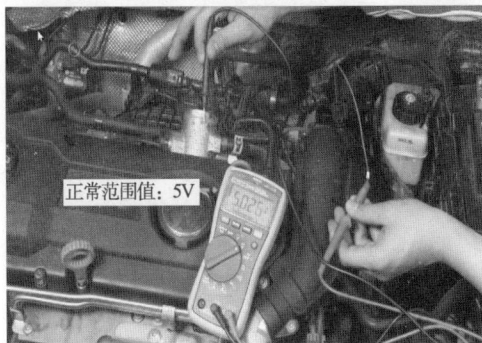

图7-110　检查增压压力传感器的供电电压(4)

图7-111　检查线束和连接器(1)

②断开 ECU 连接器 60 针,连接 VAS1598/39(图7-112)。

③根据表7-9 中的项目测量各线束电阻(图7-113)。

标准值:小于2Ω。

图7-112　检查线束和连接器(2)

图7-113　检查线束和连接器(3)

增压压力传感器线路检查　　　　　　　　　　　　　表7-9

检测仪连接	条　件	规　定　值
T60a/43—T4bb/4	始终	<2Ω
T60a/58—T2bb/2	始终	<2Ω
T60a/12—T4bb/1	始终	<2Ω
点火开关—T4bb/3	始终	<2Ω
T4bb/1—T4bb/2	常温	1.5~2.0kΩ

④连接增压压力传感器插头 T4bb/1、T4bb/2 与万用表的红黑表笔(图7-114)。

⑤测量增压压力传感器中进气温度传感器电阻(图7-115)。

标准值:1.0~2.0kΩ。

⑥重新连接增压压力传感器连接器(图7-116)。

⑦重新连接 ECU 连接器(图7-117)。

图 7-114　检查线束和连接器(4)

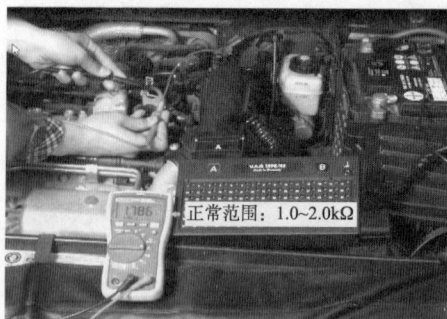
图 7-115　检查线束和连接器(5)

图 7-116　检查线束和连接器(6)

图 7-117　检查线束和连接器(7)

　　如果所测量电阻值正常,则更换 ECU;如果所测量电阻值异常,则需要维修或更换线束和连接器。

❻ 检查凸轮轴调节电磁阀

　　图 7-118、图 7-119 为凸轮轴调节电磁阀的控制电路,结合其控制原理进行如下相关检测。

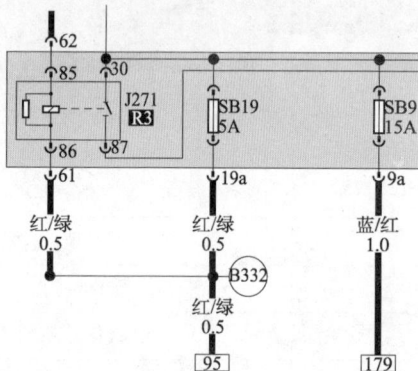
图 7-118　凸轮轴调节电磁阀 N205 控制电路(1)

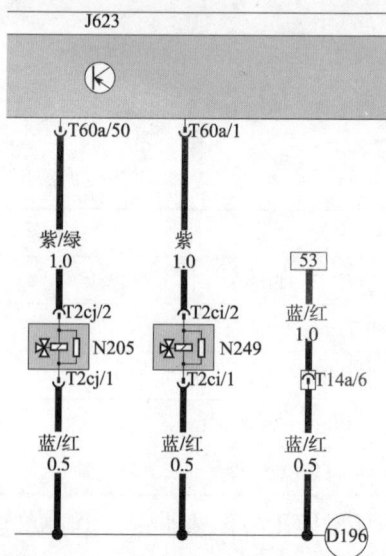
图 7-119　凸轮轴调节电磁阀 N205 控制电路(2)

(1)检测凸轮轴调节电磁阀的故障码及数据值。

①连接诊断插头(图7-120)。

②打开诊断软件(图7-121)。

图7-120　读取故障码及数据值(1)

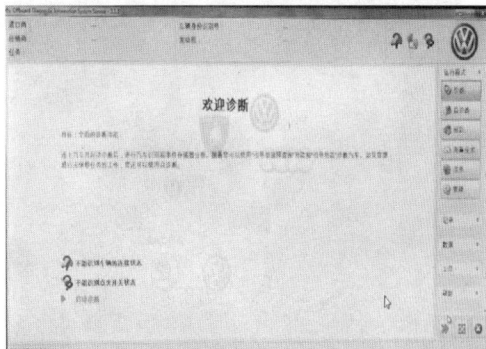

图7-121　读取故障码及数据值(2)

③选择车辆信息(图7-122)。

④选择发动机控制单元(图7-123)。

图7-122　读取故障码及数据值(3)

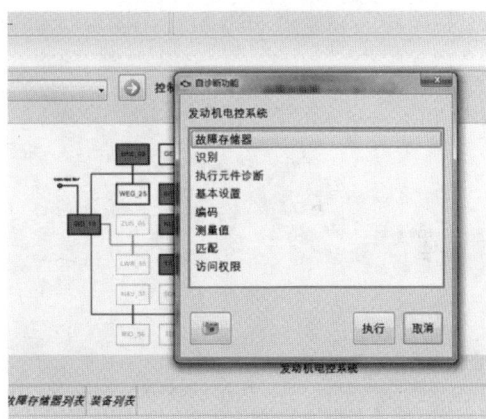

图7-123　读取故障码及数据值(4)

⑤读取故障码(图7-124)。

⑥读取数据流(图7-125)。

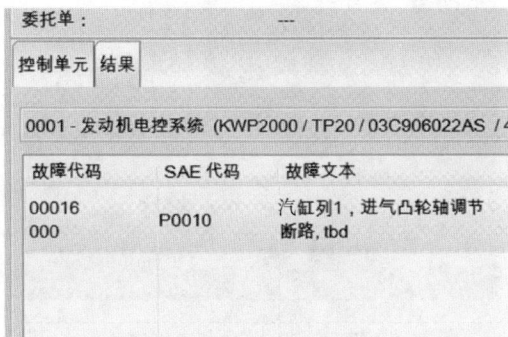

图7-124　读取故障码及数据值(5)

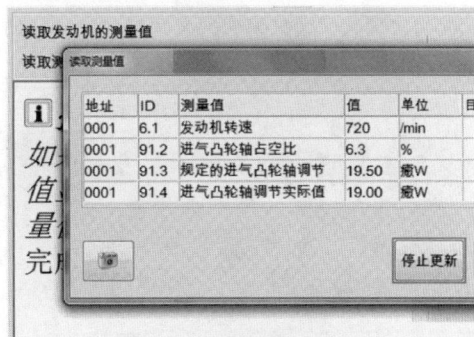

图7-125　读取故障码及数据值(6)

（2）检查凸轮轴调节电磁阀的供电电压。

①连接 VAG1598/ 42（图 7-126）。

②连接 T60a/50（图 7-127）。

图 7-126　检查凸轮轴调节电磁阀供电电压（1）

图 7-127　检查凸轮轴调节电磁阀供电电压（2）

③检测 T60a/50 和搭铁之间的电压（图 7-128）。

标准值：蓄电池电压。

（3）检查凸轮轴调节电磁阀的线束和连接器。

①断开凸轮轴调节电磁阀的插头（图 7-129）。

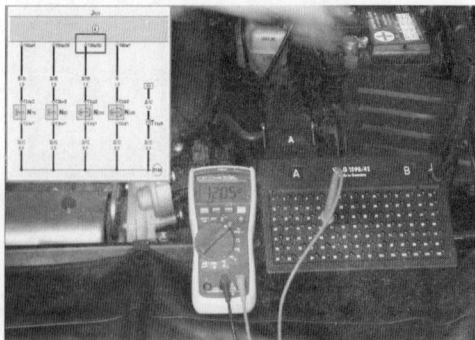

图 7-128　检查凸轮轴调节电磁阀的供电电压（3）

图 7-129　检查线束和连接器（1）

②一标笔连接插头 T2cj/1 号端子（图 7-130）。

③另一标笔连接 F9 熔断丝引线（图 7-131）。

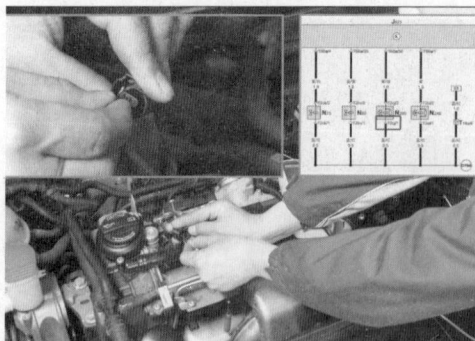

图 7-130　检查线束和连接器（2）

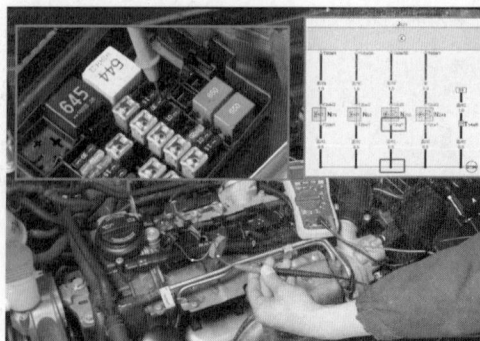

图 7-131　检查线束和连接器（3）

④测量插头 T2cj/1 与熔断丝 F9 之间的电阻（图 7-132）。

154

标准值:0.8~2Ω。

⑤连接插头 T2cj/2 引线(图 7-133)。

图 7-132　检查线束和连接器(4)

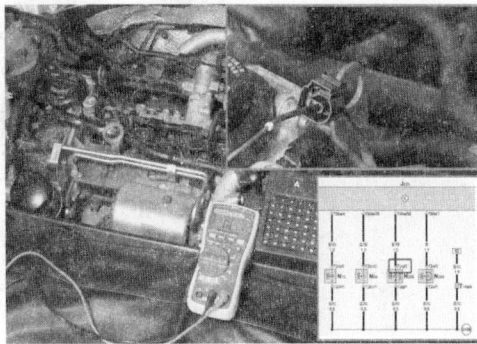

图 7-133　检查线束和连接器(5)

⑥连接 T60a/50 端子(图 7-134)。

⑦测量 T60a/50 与插头 T2cj/2 之间的电阻(图 7-135)。

标准值:0.8~2Ω。

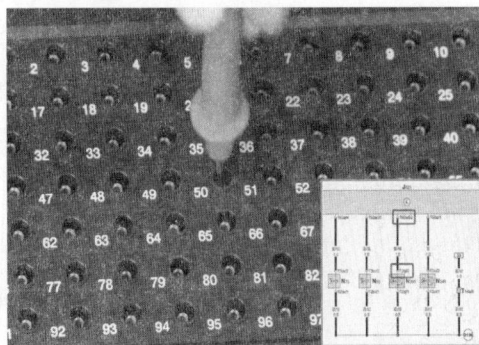

图 7-134　检查线束和连接器(6)

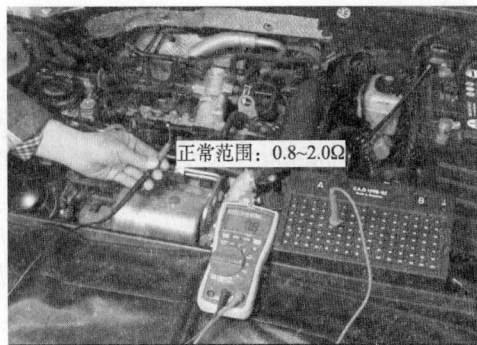

正常范围: 0.8~2.0Ω

图 7-135　检查线束和连接器(7)

⑧连接电磁阀 T2cj/2 与 T2cj/1 的引线(图 7-136)。

⑨测量凸轮轴调节电磁阀线圈电阻值(图 7-137)。

标准值:7~9Ω。

图 7-136　检查线束和连接器(8)

正常范围:7~9Ω

图 7-137　检查线束和连接器(9)

⑩恢复插头(图 7-138)。

图 7-138　检查线束和连接器(10)

7 检查内循环控制阀

图 7-139、图 7-140 所示为内循环控制阀的控制电路,结合其控制原理进行如下相关检测。

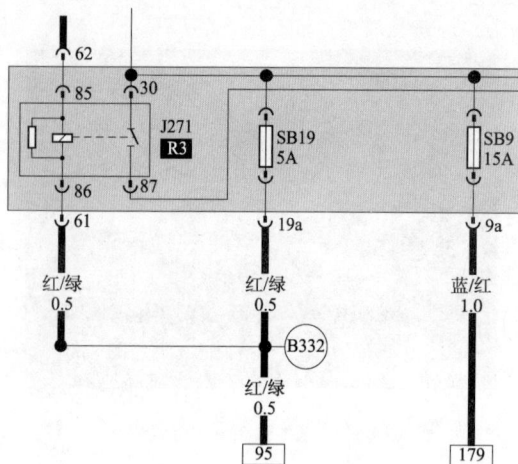

图 7-139　内循环控制阀 N249 控制电路(1)

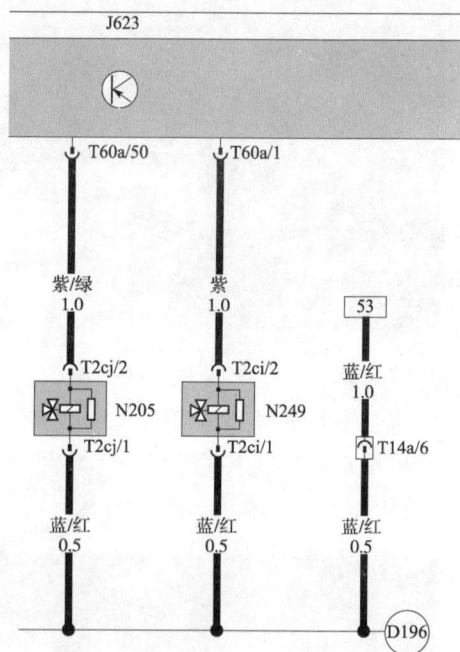

图 7-140　内循环控制阀 N249 控制电路(2)

(1)检测内循环控制阀的故障码。

①连接诊断插头(图7-141)。

②打开诊断软件(图7-142)。

图 7-141 检测故障码(1)

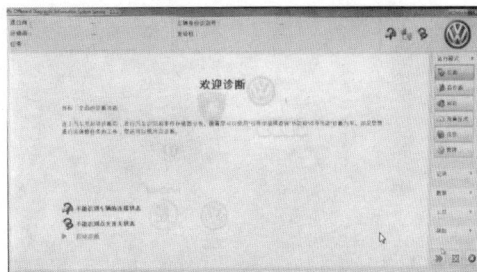

图 7-142 检测故障码(2)

③选择车辆信息(图 7-143)。

④选择发动机控制单元(图 7-144)。

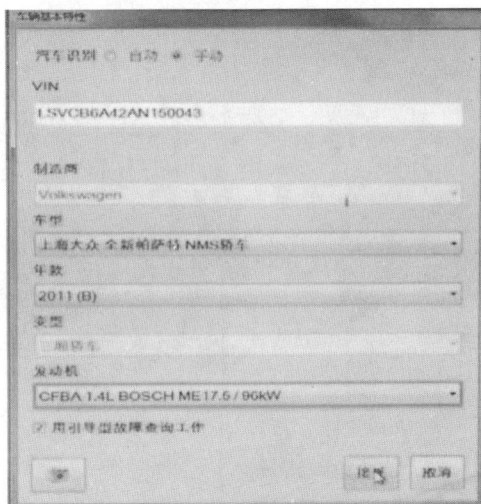

图 7-143 检测故障码(3)

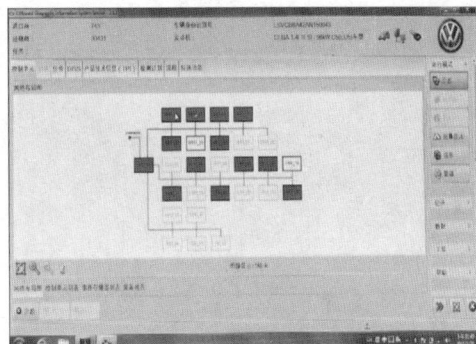

图 7-144 检测故障码(4)

⑤读取故障码(图 7-145)。

(2)检查内循环控制阀的波形。

①连接 VAG1598/ 42(图 7-146)。

图 7-145 检测故障码(5)

图 7-146 检查内循环控制阀波形(1)

②连接 T60a/1(图 7-147)。

③检测内循环控制阀 T60a/1 的波形（图 7-148）。

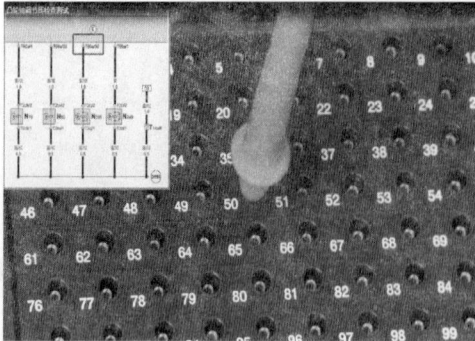

图 7-147　检查内循环控制阀波形（2）

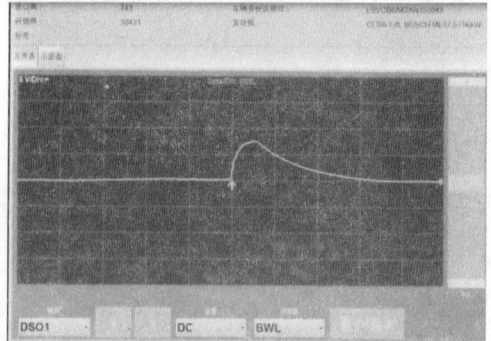

图 7-148　检查内循环控制阀波形（3）

（3）检查内循环控制阀的供电电压。

①拔下内循环控制阀插头（图 7-149）。

②连接 T2ci/1 引线（图 7-150）。

图 7-149　检查内循环控制阀供电电压（1）

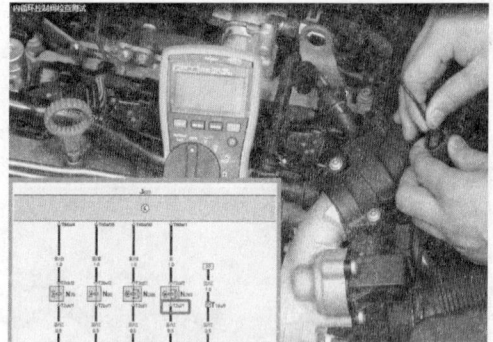

图 7-150　检查内循环控制阀供电电压（2）

③检测 T2ci/1 和搭铁之间的供电电压（图 7-151）。

标准值：蓄电池的电压。

（4）检查内循环控制阀的线束和连接器。

①拔下内循环控制阀插头（图 7-152）。

图 7-151　检查内循环控制阀供电电压（3）

图 7-152　检查线束和连接器（1）

②连接插头 T2ci/2 端子引线（图 7-153）。

③测量插头 T2ci/2 与发动机控制单元 T60a/1 之间的电阻(图 7-154)。

标准值:$0.1 \sim 1\Omega$。

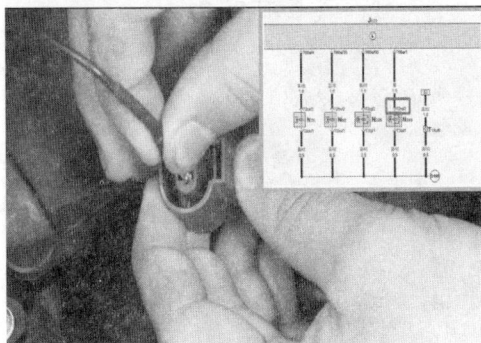

图 7-153　检查线束和连接器(2)

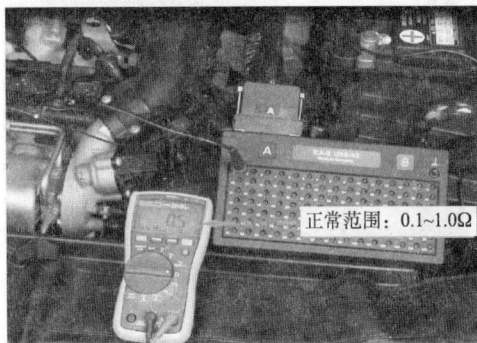

图 7-154　检查线束和连接器(3)

④连接插头 T2ci/1 端子引线(图 7-155)。

⑤取下 F9 熔断丝(图 7-156)。

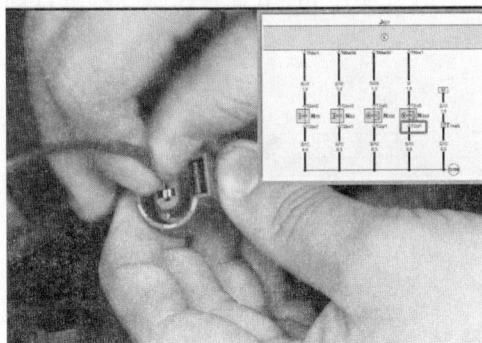

图 7-155　检查线束和连接器(4)

图 7-156　检查线束和连接器(5)

⑥测量插头 T2ci/1 与 F9 熔断丝之间的电阻(图 7-157)。

标准值:$0.1 \sim 1.0\Omega$。

⑦连接内循环控制阀 T2ci/2 与 T2ci/1 端子引线(图 7-158)。

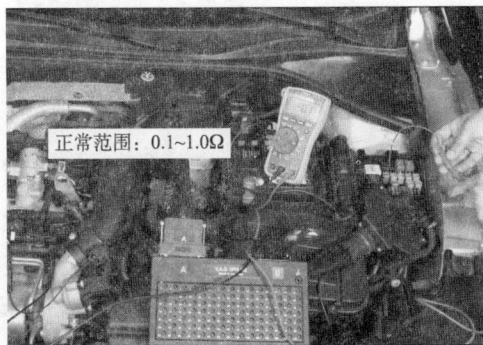

图 7-157　检查线束和连接器(6)

图 7-158　检查线束和连接器(7)

⑧测量内循环控制阀线圈电阻值(图 7-159)。

标准值:$12 \sim 14\Omega$,实测为 13.9Ω。

⑨恢复插头(图7-160)。

图7-159　检查线束和连接器(8)

图7-160　检查线束和连接器(9)

正常范围：12~14Ω

8 检查增压压力调节电磁阀

图7-161、图7-162 所示为增压压力调节电磁阀的控制电路,结合其控制原理进行如下相关检测。

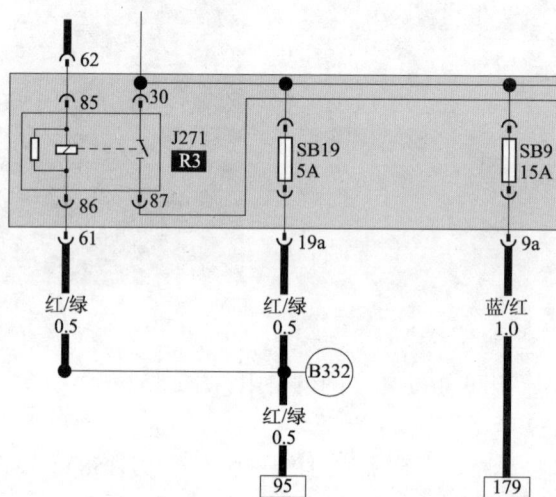

图7-161　增压压力调节电磁阀 N75 控制电路(1)

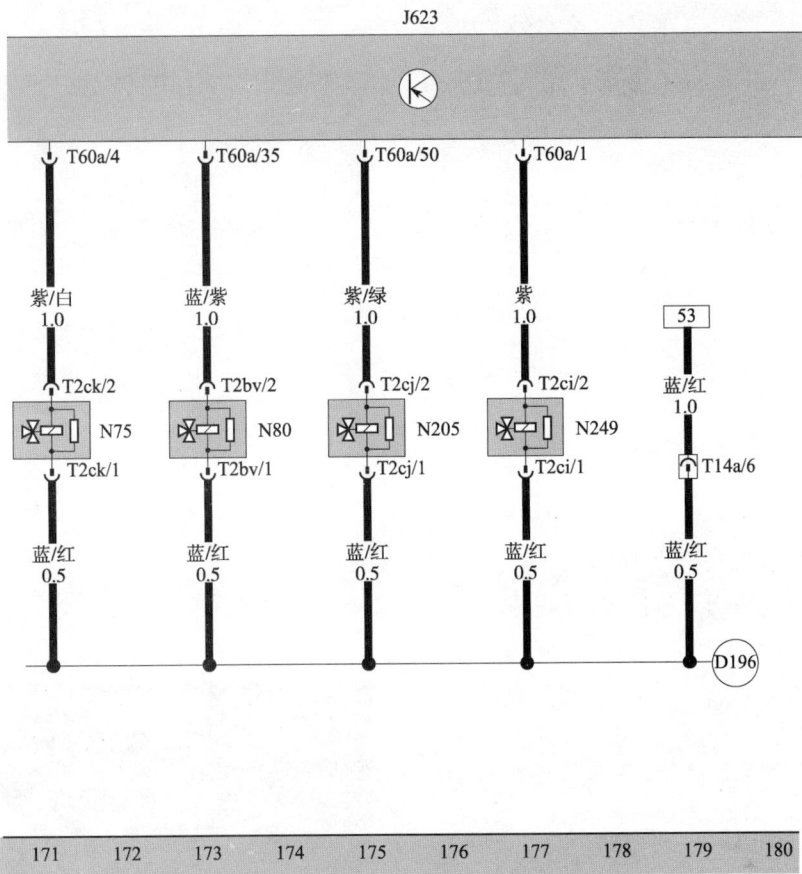

图 7-162　增压压力调节电磁阀 N75 控制电路(2)

(1)检测增压压力调节电磁阀的故障码及数据流。

①连接诊断插头(图 7-163)。

②打开诊断软件(图 7-164)。

图 7-163　检测故障码及数据流(1)

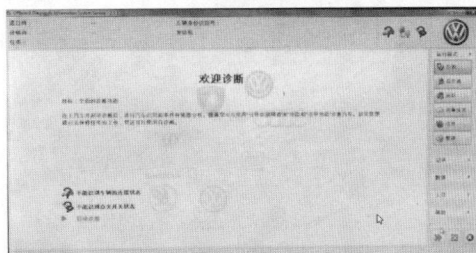

图 7-164　检测故障码及数据流(2)

③选择车辆信息(图 7-165)。

④选择发动机控制单元(图 7-166)。

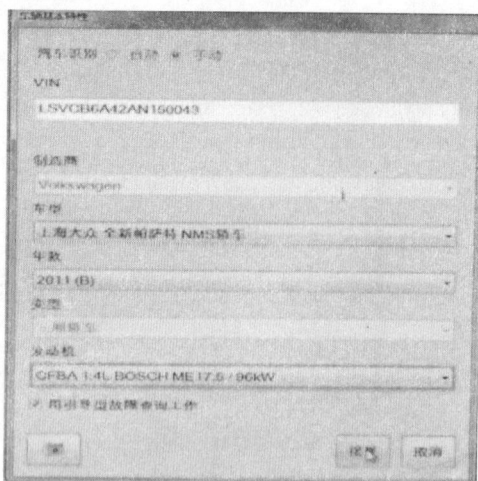

图 7-165　检测故障码及数据流(3)

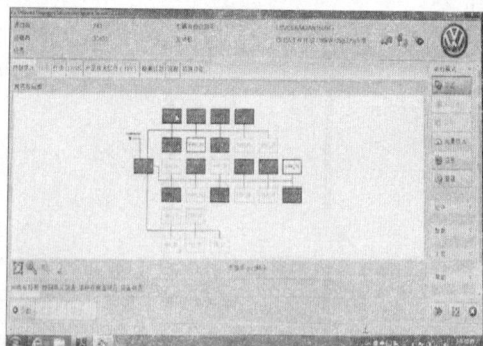

图 7-166　检测故障码及数据流(4)

⑤读取故障码(图 7-167)。

(2)检查增压压力调节电磁阀的波形。

①连接 VAG1598/ 42 测量盒(图 7-168)。

图 7-167　检测故障码及数据流(5)

图 7-168　检查增压压力调节电磁阀波形(1)

②连接测量盒 T60a/4(图 7-169)。

③检测增压压力调节电磁阀的波形(图 7-170)。

图 7-169　检查增压压力调节电磁阀波形(2)

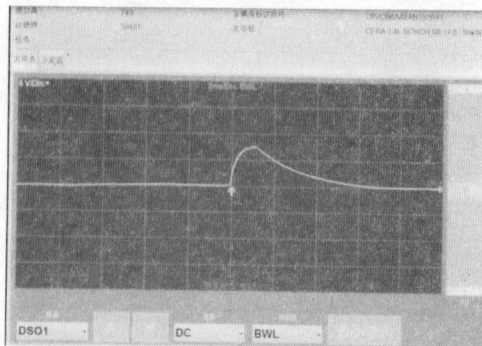

图 7-170　检查增压压力调节电磁阀波形(3)

(3)检查增压压力调节电磁阀的电源电压。

①拆卸空气滤清器(图 7-171)。

②拔下增压压力调节电磁阀的插头（图7-172）。

图7-171　检查增压压力调节电磁阀电源电压(1)

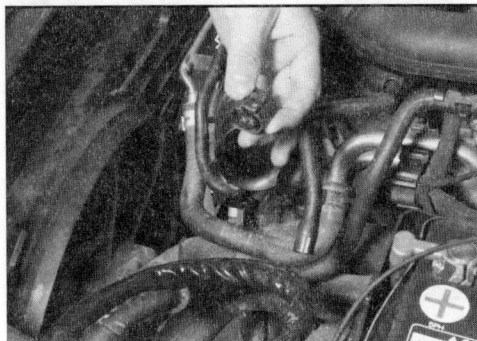

图7-172　检查增压压力调节电磁阀电源电压(2)

③连接 T2ck/2 引线（图7-173）。

④检测 T2ck/2 和搭铁之间的供电电压（图7-174）。

标准值:蓄电池的电压。

图7-173　检查增压压力调节电磁阀电源电压(3)

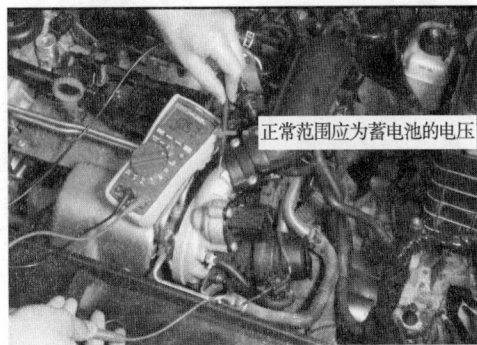

正常范围应为蓄电池的电压

图7-174　检查增压压力调节电磁阀电源电压(4)

(4)检查增压压力调节电磁阀的线束和连接器。

①拔下增压压力调节电磁阀的插头（图7-175）。

②连接插头 T2ck/2 端子引线（图7-176）。

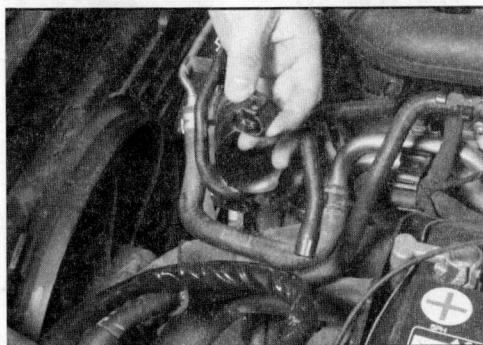

图7-175　检查线束与连接器(1)

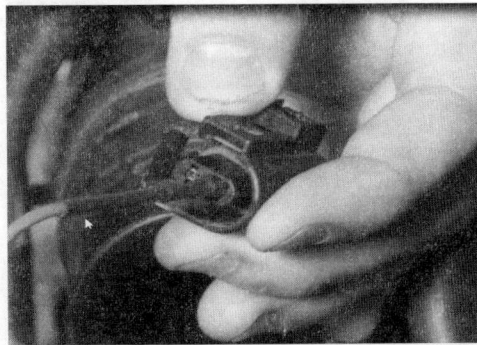

图7-176　检查线束与连接器(2)

③连接测量盒 T60a/4 端子（图7-177）。

④测量插头 T2ck/2 与发动机控制单元 T60a/4 之间的电阻（图7-178）。

标准值:0.1～1Ω。

图7-177　检查线束与连接器(3)

图7-178　检查线束与连接器(4)

⑤连接插头 T2ck/1 端子引线(图7-179)。

⑥取下 F9 熔断丝(图7-180)。

图7-179　检查线束与连接器(5)

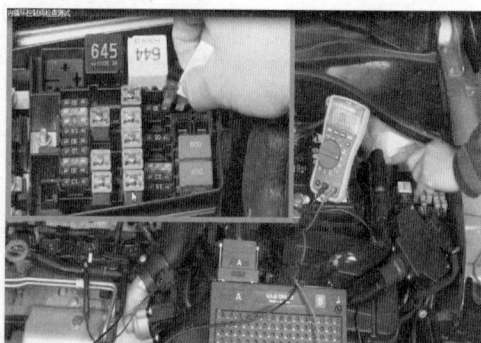

图7-180　检查线束与连接器(6)

⑦连接熔断丝 F9 引线(图7-181)。

⑧测量插头 T2ck/1 与 F9 熔断丝之间的电阻(图7-182)。

标准值:0.1～1.0Ω。

图7-181　检查线束与连接器(7)

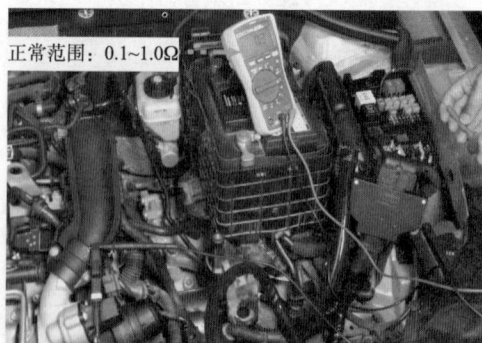

图7-182　检查线束与连接器(8)

⑨连接增压压力调节电磁阀 T2ck/1 与 T2ck/2 的端子引线(图7-183)。

⑩测量增压压力调节电磁阀的阻值(图7-184)。

标准值:20～25Ω,实测为23.1Ω。

图7-183 检查线束与连接器(9)

图7-184 检查线束与连接器(10)

⑪恢复插头(图7-185)。

图7-185 检查线束与连接器(11)

二 检查燃油系统

1 检查喷油器

参考《项目四 发动机无法起动故障诊断》第三步中的检查电磁喷油器。

2 检查燃油滤清器

(1)在燃油滤清器前后的燃油管路上分别并联一只燃油压力表。

(2)起动发动机并保持怠速运转,观察两只燃油压力表的读数。若差值大于原厂规定,表明燃油滤清器堵塞,应更换。

知识拓展 燃油滤清器

1)燃油滤清器结构

如图7-186所示,电喷系统中所使用的燃油滤清器多为铁壳或铝壳纸质滤清器,体积较大,燃油滤清器的结构主要由外壳和滤芯组成,滤清器的滤芯可以滤去直径大于0.01mm的杂质。

2)燃油滤清器工作原理

图7-187所示为燃油滤清器的工作原理图,来自油箱内带有杂质的汽油经过燃油滤清器,杂质被吸附在滤纸上,过滤后的纯净汽油则流向发动机。

165

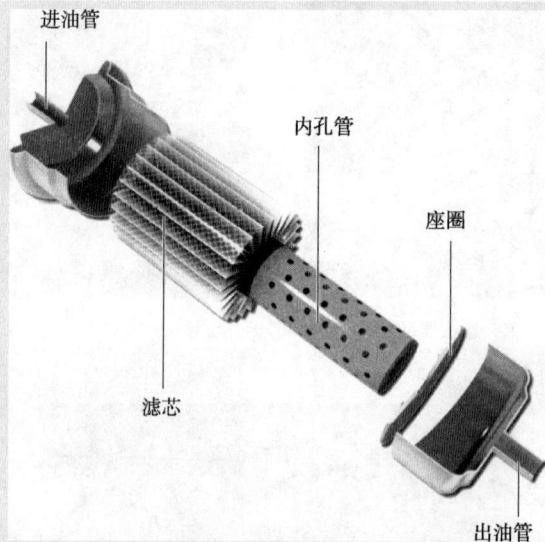

图 7-186 燃油滤清器结构

进油管
内孔管
座圈
滤芯
出油管

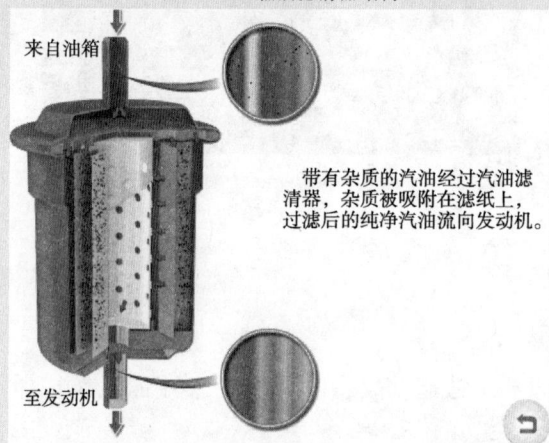

来自油箱

带有杂质的汽油经过汽油滤清器，杂质被吸附在滤纸上，过滤后的纯净汽油流向发动机。

至发动机

图 7-187 燃油滤清器工作原理

　　燃油滤清器外壳上一般标有指示汽油流向的箭头，在安装时箭头应朝向燃油分配管一侧。有些汽车的燃油滤清器的两个管口分别标有"IN"和"OUT"，在安装时"IN"管口应与电动燃油泵一侧连接，"OUT"管口应与燃油分配管一侧连接。错误安装后会导致系统油压过低并损坏滤清器和喷油器。

实践操作　更换燃油滤清器

　　注意：
　　燃油供油管内是有压力的！必须戴好防护眼镜和手套并穿好防护服，以避免皮肤接触或造成人身伤害。在松开软管连接前，在软管连接处放置抹布。然后小心地拔出软管，以释放压力。

（1）根据维修手册,选用 10mm 套筒和棘轮扳手拧松蓄电池负极电缆紧固螺母,取下蓄电池负极电缆(图 7-188)。

（2）根据举升机操作规范,举升车辆。

如图 7-189 所示为燃油滤清器实物,图 7-190 所示为其结构图。图中各部件含义为:1-燃油滤清器,燃油流动方向用箭头标识,接头不能互换;2-黑色燃油供油管,来自燃油箱,松开须按压连接件上的开锁按钮;3-蓝色的燃油回油管,通往燃油箱,松开须按压连接件上的开锁按钮;4-黑色燃油供油管,通往发动机;5-螺栓,拧紧力矩:1 N·m;6-燃油滤清器支架,用于固定燃油滤清器,安装在燃油箱上。

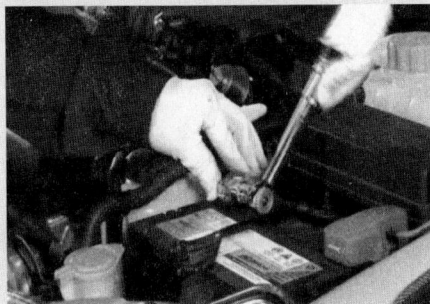

图 7-188　取下蓄电池负极电缆

图 7-189　燃油滤清器

拆卸步骤包括如下。

（1）拔下燃油供油管 1、回油管 2、供油管 3 和通气管 4(图 7-191)。

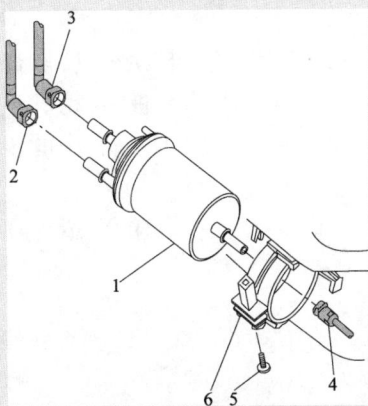

图 7-190　燃油滤清器结构图

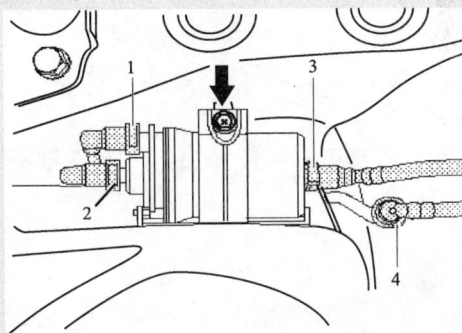

图 7-191　拆卸燃油滤清器

（2）旋出螺栓,如箭头所示。

（3）取下燃油滤清器。

安装以拆卸的相反顺序进行。

注意:

（1）燃油流动方向用箭头标识在燃油滤清器壳体上,一定要按照正确的方向安装(图 7-192、图 7-193)。

（2）为燃油系统排气。

（3）燃油滤清器壳体上的销子必须嵌在导向件的凹槽中。

（4）燃油滤清器支架螺栓拧紧力矩为 1N·m。

图 7-192　燃油滤清器安装方向(1)　　　　图 7-193　燃油滤清器安装方向(2)

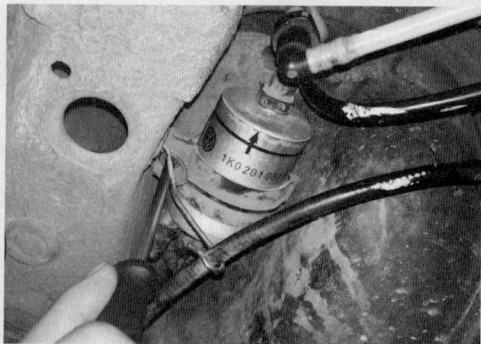

三　检查机械部分——检查汽缸压力

参考《项目四　发动机无法起动故障诊断》第五步中的检查汽缸压力。

四　检查点火系统

参考《项目四　发动机无法起动故障诊断》第二步。

五　竣工检查

经过以上检查,确定故障部位并进行维修或更换。维修完毕后,起动车辆,检查发动机加速不良动力不足故障是否已排除。若仍存在行驶过程中踩下加速踏板,发动机转速不能马上升高,并且发动机有轻微的抖动说明故障未完全排除,那么需要按照项目中的步骤重新进行检查和维修。

当诊断与维修工作结束后,用洁净的抹布将工具擦干净并放回工具箱,将废弃物分门别类放入相应的垃圾桶,将工作现场打扫干净。

项目评价

评　分　表

项目编号:

姓名:_____　学号:_____

开始时间:__时__分　结束时间:__时__分　用时:_____

序号	项目	评分项目	评价标准	分值	学生自评	学生互评	教师评价
1	时间要求	按规定时间完成项目作业	酌情扣 1~5 分	5			
2		选用工具恰当	酌情扣 1~5 分	5			
3		能正确排除控制部分故障	操作错误无分	10			
4	质量要求	能正确排除进排气系统故障	不能排除无分	10			
5		能正确排除燃油系统故障	不能排除无分	20			
6		能正确排除机械部分故障	不能排除无分	15			

序号	项 目	评分项目	评价标准	分 值	学生自评	学生互评	教师评价
7	质量要求	能正确排除点火系统故障	不能排除无分	15			
8		及时清理工具和工作现场	酌情扣1～5分	5			
9	安全要求	遵守安全操作规程	酌情扣1～5分	5			
10	文明要求	按文明生产规则进行操作	酌情扣1～5分	5			
11	环保要求	更换旧件放入规定回收桶	酌情扣1～5分	5			
		本项目得分		100			
			日期:				

注:发生重大事故(人身和设备安全事故)、严重违反维修原则和情节严重的野蛮操作等,采取一票否决制。

项目拓展

汽车排气中的污染物主要是一氧化碳(CO)、碳氢化合物(HC)、氮氧化合物(NO_x)、二氧化硫(SO_2)、炭烟和其他一些有害物质(图7-194)。如果燃用含铅汽油,排气中的污染物还包括铅化合物。

图7-194　汽车排气中的污染物

发动机燃烧是一种化学能转化为热能的过程,就是 $HC + O_2 \rightarrow CO_2 + H_2O$ 的反应,其中 CO_2 和 H_2O 都是无色无味的,如果出现燃烧不良,则会有: $HC + O_2 \rightarrow CO_2 + H_2O + CO + HC + NO_x + PM$,其中 PM 是烟尘的主要物质。

阅读以下案例,然后按照本项目中学习的处理思路,排除案例中的故障。

案例

一辆别克君威轿车,配置 3.0L V6 发动机,发动机起动后怠速运转较平稳,但消声器声响沉重;急加速时,发动机沉闷无力且排气管有"放炮"现象。发动机故障指示灯点亮。

试分析故障原因,并给出故障排除流程图。

(1)分析故障。

(2)读取故障码。

(3)检查故障部位。

(4)排除故障。

项目八 发动机异响故障诊断

　　有一位车主对维修人员描述,最近发动机(图8-1)工作时,声音很大,跟以前不一样。维修人员询问,踩加速踏板加油时声音变大吗? 车主回答:是。请根据这种现象,运用所学知识解决问题。

图8-1　发动机

项目要求

　1. 时间要求:建议6学时。

　2. 能力要求:在规定时间内完成发动机异响故障诊断的任务。

　3. 质量要求:参照厂家的生产规范及质量要求。

　4. 安全要求:严格按照安全操作规程进行项目作业。

　5. 5S作业:自觉按照企业5S生产规则进行项目作业。

　6. 环保要求:努力按照环境保护要求进行项目作业。

项目分析

如果发动机运转中出现异响表明某部位出现故障,发动机皮带过松、气门间隙过大、曲轴轴瓦松动和气门间隙过大等。根据故障现象,分析产生的原因才能诊断出异响部位,发动机大部分零部件都是在高温、高压、高速、高腐蚀的环境下工作,导致其异响的故障原因很多。

1 发动机常见异响

发动机的常见异响主要有机械异响、燃烧异响、空气动力异响和电磁异响等。

(1)机械异响。机械异响主要是由于运动副配合间隙太大或配合面有损伤,运转中引起冲击和振动而造成的。因磨损或调整不当造成运动副配合间隙太大时,运转中产生冲击和振动声波,如曲轴主轴承响,连杆轴承响、凸轮轴轴承响、活塞敲缸响、活塞销响、气门脚响、正时齿轮响等。

(2)燃烧异响。燃烧异响主要是由于发动机不正常燃烧造成的。如汽油发动机造成爆燃或表面点火时,汽缸内均会产生极高的压力波,这些压力波相互撞击,发出了强烈的类似敲击金属的异响。

(3)空气动力异响。空气动力异响主要是出现在发动机进气口、排气口和运转中的风扇处,因气流振动而造成的。

(4)电磁异响。电磁异响主要是在发动机、电动机或某些电磁元件内,由于磁场的交替变化引起机械中某些部件或某一部分空间产生振动而造成的。

2 发动机异响的影响因素

发动机异响与发动机的转速、温度、负荷和润滑条件等因素有关。通过对发动机异响的影响因素的分析,可以找出异响变化的规律,有助于异响故障的诊断。

(1)转速影响。机械异响的强度一般是随着转速升高而加强,所以诊断机械异响时,发动机转速不一定很高。如听诊气门响和活塞敲缸响时,在怠速和低速下也能听到非常明显;当主轴承响时、连杆轴承响和活塞销响时较为严重时,在怠速和低速下也能听到。总之诊断异响应在响声最明显的转速下进行并尽量在低转速下进行。

(2)温度影响。有些异响与发动机温度有关。在机械异响诊断中,对热膨胀系数大的配合副要特别注意发动机的热状况。最典型的例子是活塞敲缸。在发动机冷起动时,该异响非常明显,当温度升高后,该响声会减弱或消失,所以诊断该响声应在发动机低温下进行。

发动机温度也是燃烧异响的影响因素之一。柴油机过冷时,往往会产生工作粗暴声;汽油机温度过高时,会产生爆燃或表面点火,典型故障为发动机加速敲缸。

(3)负荷影响。有些异响与发动机的负荷有关,如曲轴主轴承响、连杆轴承响、活塞敲缸响,汽缸漏气响等均随负荷增大而增强,随负荷减小而减弱;柴油机着火敲缸声随负荷的增大而减小。但是也有个别异响与负荷大小无关,如气门响在负荷变化时,其异响大小不变化。

(4)润滑条件。在润滑条件不佳时,机械异响一般都显得严重。例如液压挺杆在润滑不良时会有较大的异响。

(5)发动机工作循环。发动机异响往往与发动机的工作循环有明显的关系,尤其是曲柄连杆机构和配气机构的异响都与循环有关。如配气机构的异响均为发动机做功一次就发响一次，曲柄连杆机构的异响均为发动机做功一次就发响两次。所以只要正确掌握异响的特点和规律，就能准确诊断发动机异响故障所在。

3 发动机异响诊断方法

（1）用听诊器诊断异响故障。

较常见的传统发动机异响的诊断方法是听诊器诊断（图8-2）。利用听诊器能检测到异响产生的部位、响声特点等，它广泛用于发电机轴承、水泵轴承等故障部位的确定。此法可实现简单、快速诊断。

（2）用示波器诊断异响故障。

较常见的发动机异响的仪器诊断方法是示波器诊断法。利用示波器能观测到异响产生的缸位、波形特征和波形幅度等，可实现快速诊断。其原理是利用振动传感器（拾振器）把各种异响对应的振动信号拾取出来，经过选频放大处理后送到示波器显示出波形，对异响进行频率鉴别和幅度鉴别，再辅之以单缸断火（或单缸断油）、转速变换等手段，就能迅速、准确地判断出异响的种类、部位和严重程度。除了专用的异响示波器以外，很多发动机综合检测仪，如图8-3所示诊断仪，均带有示波功能。

图 8-2　汽车机械故障听诊器

图 8-3　金德 KT600 诊断仪

项目路径

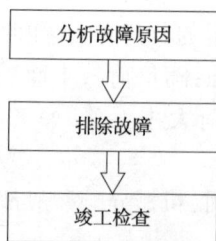

分析故障原因

排除故障

竣工检查

典型发动机异响主要是有曲轴主轴承响、连杆轴承响、活塞销响、活塞敲缸响、气门响、汽缸漏气响、正时齿轮响、汽油机点火敲击响、柴油机着火敲击响、发动机皮带异响、发动机进气异响等。

1 曲轴主轴承异响

（1）故障现象。发动机突然加速时会发出沉重而有力的"刚、刚、刚"的金属敲击声,严重时机体发生很大振动。响声随发动机转速的提高而增大,随负荷增加而增强,产生响声的部位是在缸体下部的曲轴箱内。单缸断火时响声无明显变化,相邻两缸同时断火时,响声会明显减弱。温度变化时响声不变化,机油压力明显降低。

另外,后道轴承发响一般声音钝重发闷;前道轴承发响声音较轻、较脆,曲轴轴向窜动出现的响声,在低速下采用微抖动节气门的方法可听到较沉重的"咯噔、咯噔"的响声。踩踏离合器踏板时发动机皮带轮会有前后摆动或伴随离合器分离不彻底。

（2）可能原因（图8-4）。

①主轴承盖固定螺钉松动。

②主轴承减摩合金烧毁或脱落。

③主轴承和轴颈磨损过大、轴向止推装置磨损大造成径向和轴向间隙过大。

④曲轴弯曲。

⑤机油压力太低或机油变质。

图8-4　曲轴主轴承异响的部件

（3）诊断过程。具体诊断步骤和操作方法见表8-1。

曲轴主轴承异响诊断过程　　　　　　　　　　　　　　　　表8-1

步骤和方法		操作过程
第一步	抖动并加大节气门	使发动机在低速下运转,用手微微抖动并反复加大节气门进行试验,同时仔细倾听。如果响声是随着发动机的转速的升高而增大,抖动节气门时在加油的瞬间曲轴箱下部响声较为明显,这一般是主轴承松旷;如果发动机在急速或低速运转时响声较为明显,高速时显得杂乱,则可能是曲轴弯曲;如果在高速时机体有较大振动,机油压力显著降低,则一般是主轴承松旷严重,烧毁或减摩合金脱落

173

步 骤 和 方 法		操 作 过 程
第二步	听诊	（1）从加机油口处听诊，打开加机油口盖，从加油处仔细倾听，同时反复变更发动机转速进行试验。如果是主轴承响，可明显听到沉重而有力的金属敲击声。 （2）将听诊器或自制的简易听诊杆，在节气门开度不断变换的同时，触在机体曲轴箱两侧与曲轴轴线齐平的位置上进行听诊，响声最强的部位即为发响的主轴承
第三步	断火试验	断开某缸高压线或松开某缸高压油管接头，如果一缸断火或断油后响声明显减弱，则为第一道主轴承响；如果最末缸断火后响声明显减弱则为最后一道主轴承响；如果任意相邻两缸同时断火响声明显减弱，则为两缸之间的主轴承响。曲轴轴向窜动所产生的响声，单缸断火无变化
第四步	踩离合器踏板试验	踩下离合器踏板保持不动，如果响声减弱或消失，则为曲轴轴向窜动产生的响声
第五步	柴油机的降速试验	诊断柴油机主轴承响时，为避开着火敲击声的干扰可采取加大供油拉杆行程后再迅速收回的方法，趁发动机降速之际，如果听到坚实而沉重的"刚、刚、刚"声，则有可能为主轴承响。此时打开加机油口盖，再通过听诊方法和汽缸断油法，便可做出准确判断

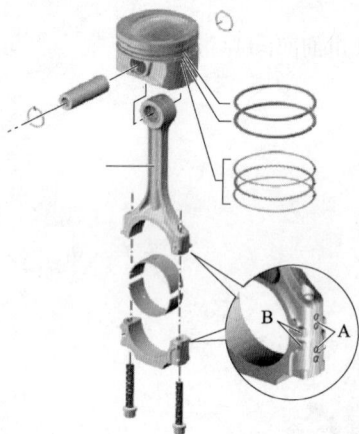

2 连杆轴承异响

（1）故障现象。当发动机突然加速时，有"铛、铛、铛"连续明显的敲击声是连杆轴承异响的主要特征。轴承严重松旷时，怠速运转也能听到明显的响声且机油压力降低。发动机温度变化时，响声不变化；发动机负荷变化时，响声随负荷增加而加剧，单缸断火，响声明显减弱或消失。

（2）可能原因（图8-5）。

①连杆轴承盖的固定螺栓松动或折断。

②连杆轴承减摩合金烧毁或脱落。

③连杆轴承或轴颈磨损过甚，造成径向间隙太大。

④机油压力太低或机油变质。

图8-5 连杆轴承异响的部件

（3）诊断过程。具体诊断步骤和操作方法见表8-2。

连杆轴承异响诊断过程   表8-2

步 骤 和 方 法		操 作 过 程
第一步	变换转速试验	使发动机在怠速运转，然后由怠速向低速，由低速向中速，再由中速向高速加大节气门进行试验，同时结合逐缸断火法和在加机油口处听诊等方法反复进行。响声随着转速的升高而增大，抖动节气门时，在加油的瞬间异响突出。响声严重时在任何转速下均可听到甚至在怠速时也可听到清晰、明显的敲击声
第二步	断火试验	在怠速、中速和高速情况下，逐缸反复进行断火试验。如果某缸断火后响声明显减弱或消失，在复火的瞬间又能立即出现，则可断定为该缸连杆轴承响
第三步	听诊	用听诊器或简易的听诊杆触在机体上听诊，往往不易听清楚，但在机油加注口直接倾听，可清楚地听到连杆轴承敲击声

步 骤 和 方 法		操 作 过 程
第四步	检查机油压力	诊断中要注意检查机油压力。如果响声严重又伴随有机油压力低,这往往成为区别连杆轴承响与活塞销响、活塞敲缸响的重要依据
第五步	柴油机连杆轴承异响的诊断	柴油机连杆轴承的响声比较钝重,诊断时要避开着火敲击声的干扰,才能听得清楚;如果响声随着供油拉杆行程的加大,响声逐渐增强并在迅速收回供油拉杆,趁发动机降速之际,能明显听到坚实的"哐、哐、哐"的敲击声,即可初步断定为连杆轴承响

❸ 活塞销异响

(1)故障现象。发动机在怠速,低速和从怠速向低速抖动节气门时,可听到明显而又清脆的"嗒、嗒、嗒"好像两个钢球相碰的声音。响声严重时随转速的升高响声而增大,但机油压力不降低,单缸断火时响声明显减弱或消失,复火瞬间响声又出现或连续出现两个响声。

(2)可能原因(图8-6)。

①活塞销与连杆小头衬套配合松旷。

②活塞销与活塞上的销孔配合松旷。

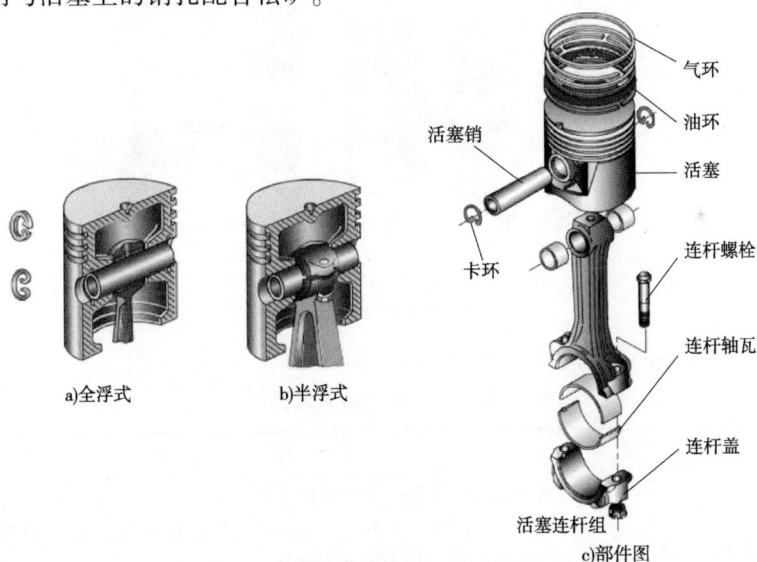

a)全浮式   b)半浮式   c)部件图

图 8-6　活塞销异响的部件

(3)诊断过程。具体诊断步骤和操作方法见表8-3。

活塞销异响诊断过程　　　　　　　　　　　　　　　　　　　　表8-3

步 骤 和 方 法		操 作 过 程
第一步	抖动节气门试验	发动机怠速运转,然后由怠速向低速急抖节气门,响声能随转速的变化而变化;每抖一次节气门,如果能听到清脆而连贯的"嗒、嗒、嗒"的响声,则有可能是活塞销响
第二步	断火试验	将发动机稳定在响声较强的转速上松开高压油管接头进行断火试验;当某缸断火后响声明显减弱或消失,在复火的瞬间又能立即出现或连续出现两个响声,则可能断定为此缸活塞销响;如果响声严重并且转速越高,响声越大。此时在响声较大的转速下进行断火试验,往往响声不消失且变得杂乱,这一般是由于配合间隙增大到了很大程度的缘故

4 活塞敲缸声响

（1）故障现象。发动机在怠速或低速运转时，在汽缸的上部发出清晰而明显的"嗒、嗒、嗒"的响声，发动机中速以上运转时，这种异响便会减弱或消失。该响声冷车时明显，热车时减弱或消失；单缸断火，响声减弱或消失，响声严重时，负荷越大，响声也越大，但机油压力不降低，活塞敲缸响与活塞销响较为相近。

（2）可能原因（图8-7）。

①活塞与汽缸壁配合间隙太大。

②活塞与汽缸壁之间润滑条件太差。

③活塞销与活塞销座孔装配过紧。

④活塞销与连杆小头衬套装配过紧。

⑤活塞在常温时反椭圆或椭圆度太小。

⑥连杆轴承装配过紧。

⑦活塞圆柱度过大。

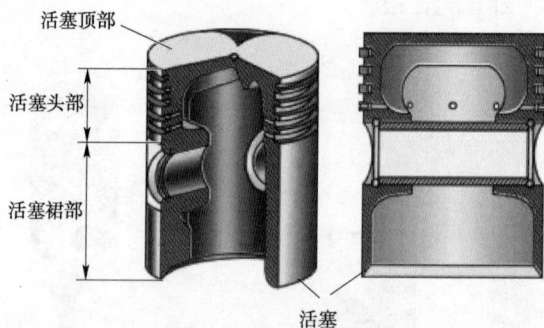

图8-7　活塞敲缸声响的部件

（3）诊断过程。具体诊断步骤和操作方法见表8-4。

活塞敲缸声响诊断过程　　　　　　　　　　　　　　　　表8-4

步 骤 和 方 法		操 作 过 程
第一步	在不同冷却液温度下观察	若冷车时有敲击声，热车响声突然消失，说明是活塞敲击响且故障尚轻，车辆可继续运行；若发动机热起动后响声虽有减弱，但仍较明显，特别是高负荷低转速时听得非常清楚，说明响声严重，应停驶检修
第二步	断火（油）试验	把发动机置于敲击声最明显的转速下运转，松开高压油管接头进行断火（油）试验；如果某缸断火（油）后响声减弱或消失，则为该缸敲缸响
第三步	加机油确诊	可将发动机熄火，卸下有响声汽缸的喷油器，往汽缸内倒少许机油并用手摇把或起动机转动曲轴数圈，使机油布满在汽缸壁与活塞之间；然后装上喷油器，起动发动机，若响声短时间内减弱或消失，过一会儿又重新出现，则可确诊为是活塞敲缸响
第四步	听诊	将听诊器或简易听诊杆触在机体上部的两侧进行听诊；一般在发响汽缸的上部往往响声较明并稍有振动，再结合断火试验，即可确定出发响的汽缸，有时听诊还可诊断出发响的原因，如果能听到"嗒、嗒、嗒"好像用小锤敲水泥地的声音时，一般是汽缸与活塞间隙太大造成的，如果听到"刚、刚、刚"好像用小锤敲击钢管的声音时，则有可能是汽缸壁润滑不良造成的

5 气门响

(1)故障现象。发动机怠速运转时发出连续不断的、有节奏的"嗒、嗒、嗒"(在气门脚处)或"啪、啪、啪"(在气门座处)的敲击声,转速增高时响声也随之增高,温度变化和单缸断火时响声不减弱。若有数只气门响,则声音显得杂乱。气门脚响和气门落座响统称为气门响。

(2)可能原因(图8-8)。

①气门脚间隙过大。

②气门脚间隙调整螺钉松动或该间隙处两接触面不平。

③配气凸轮外形不准或磨损过大造成缓冲段效能下降,加重了挺杆对气门脚的冲击。

④气门脚处润滑不良。

⑤气门杆与其导管配合间隙过大。

⑥气门头部与其座圈接触不良。

⑦气门座圈松动。

⑧气门脚间隙太大。

⑨液力挺杆损坏。

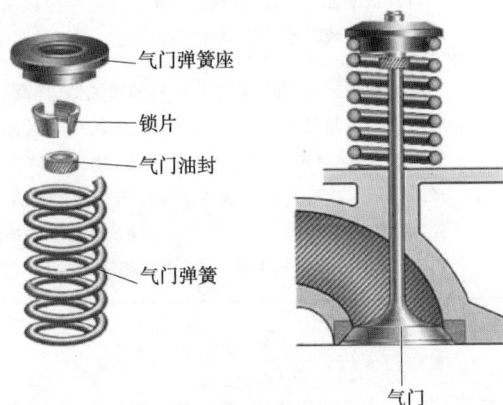

图8-8 气门响的部件

(3)诊断过程。具体诊断步骤和操作方法见表8-5。

气门响诊断过程   表8-5

步 骤 和 方 法		操 作 过 程
第一步	听诊	不打开加机油口盖。当发动机怠速运转时,听到如现象中所述的有节奏的响声,可稍加大节气;如果此时响声较明显,逐渐加速时响声又随转速的提高节奏加快,可初步断定为气门脚响或气门落座响
第二步	检查气门间隙	打开气门室侧盖或气门室顶盖,用塞尺检查(用手晃试)气门脚间隙,间隙最大的往往是最响的气门;运转中的发动机,当用塞尺插入气门脚间隙处致使响声减弱或消失时,即可确定是该气门响且由间隙太大造成;若需进一步确诊是气门脚响还是气门座响,可在气门脚间隙处滴入少许机油;如果瞬间响声减少或者消失,说明是气门脚响;如果响声无变化,说明是气门落座响;气门落座响如果系座圈松动造成,其响声不如气门脚响坚实,且带有破碎声

6 汽缸漏气响

（1）故障现象。发动机运转时可从机油加注口处听到曲轴箱内发出"嘣、嘣、嘣"的漏气声，负荷、转速越高时响声越大。当收回节气门或单缸断火时，响声减弱或消失。此外，随着响声的出现可看到加机油口处脉动地向外冒烟，脉动次数与发响次数相同。

（2）可能原因。

①新换活塞环与汽缸壁的漏光度太大。

②活塞环开口间隙太大或各环开口重合。

③活塞环和汽缸壁严重磨损。

④活塞环弹力太弱或因其侧隙、背隙太大而使背压力建立不起来。

⑤活塞环卡死在环槽内。

⑥活塞环或活塞环岸折断。

⑦汽缸壁拉伤出现沟槽。

（3）诊断过程。具体诊断步骤和操作方法见表8-6。

汽缸漏气响诊断过程　　　　　　　　　　　　　　　　　　　　　表8-6

步骤和方法		操作过程
第一步	断火试验	打开机油加注口盖，提高发动机转速至响声最明显、冒烟最大处稳住。若某缸断火后响声减弱或消失且加机油口处的冒烟量明显减少，说明该汽缸漏气
第二步	加机油法	将发动机熄火，卸下有响声汽缸的喷油器，往汽缸内倒少许机油并用手摇把或起动机转动曲轴数圈，使机油布满在汽缸壁与活塞之间。然后装上喷油器，起动发动机，若响声短时间内减弱或消失，过了一会儿又重新出现，则可确诊该活塞敲缸。如果往所有汽缸内倒少许机油并用摇把或起动机转动曲轴数圈，使机油充满汽缸壁与活塞之间；然后装上喷油器，起动发动机，若响声短时间内减弱或消失，过了一会儿又重新出现，则可确诊为所有汽缸过度磨损

7 正时齿轮响

（1）故障现象。发动机运转时，在其前部发出一种连续的或节奏明显的响声。在有节奏的响声中，有的属于间响，有的属于连响。转速越高，响声往往越大。温度变化时响声不变化；使用单缸断火，响声不减弱。

（2）可能原因（图8-9）。

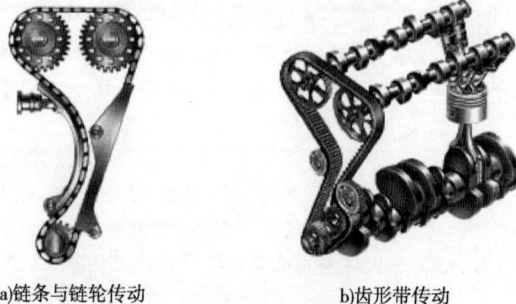

a)链条与链轮传动　　　　　　　b)齿形带传动

图8-9　正时齿轮响的部件

①齿轮啮合间隙过大或过小。

②曲轴主轴承孔与凸轮轴轴承孔的中心距在使用或修理中发生变化。

③齿轮的齿形不符合要求或齿面磨损过大。

④齿轮转动一周中啮合间隙松紧不一或发生根切。

⑤齿面有伤痕、脱层或齿轮断裂。

⑥齿轮在曲轴或凸轮轴上松动或脱出。

⑦齿轮端面圆跳动量或径向圆跳动量太大。

⑧曲轴或凸轮轴轴向间隙太大。

⑨未成对更换齿轮。

（3）诊断过程。具体诊断步骤和操作方法见表8-7。

正时齿轮响诊断过程 表8-7

步 骤 和 方 法		操 作 过 程
第一步	变换节气门开度	操作节气门，不断变化发动机转速，找出响声明显的转速并在该转速下稳定运转
第二步	听诊	用一字螺丝刀或听诊器，在发动机前端听诊；响声是否发生在正时齿轮室盖处，如果是，则可初步诊断为正时齿轮响
第三步	继续听诊	如果出现一种连续不断的"嗷"的响声，发动机转速越高时响声越大，并且经证实该机更换过正时齿轮，则有可能是齿轮啮合过紧的缘故
第四步	继续听诊	若在发动机怠速运转时听到"咯啦、咯啦"的撞击声，加大节气门开度时，变为较杂乱的"哇啦啦"的声音，甚至还带点"咯棱、咯棱"的撞击声，正时齿轮室盖处又伴随有振动，通常这是由一对金属正时齿轮发生根切造成的
第五步	继续听诊	如果出现有节奏的"哽、哽、哽"的响声，发动机转速越高时响声越大，则可能是齿轮啮合间隙不均造成的。若响声为连续，则故障出在曲轴正时齿轮上，若响声为间响，则故障处在凸轮轴正时齿轮上
第六步	继续听诊	若响声是有节奏的，发动机怠速运转时能听到"嗒啦、嗒啦"的声音，中速以上时又变为"嗒、嗒、嗒"的响声，这往往是金属齿轮齿面碰上以后出现的响声，如果故障在曲轴正时齿轮上为连响，在凸轮轴正时齿轮上为间响

🔧 8 汽油机点火敲击响

（1）故障现象。汽车运行中，当在最高挡由较低车速急加速运行时，可听到发动机发出类似金属敲击的"嘎、嘎、嘎"的响声，此时如果稍抬加速踏板，响声便减弱或消失，在踩下加速踏板时，响声又重新出现；发动机温度越高、负荷越大时，响声越强烈。

（2）可能原因。

①汽油的品质差，特别是辛烷值太低。

②在使用、维修和改机中造成压缩比太高（如缸盖过度磨削）

③发动机过热或负荷太大。

④燃烧室积炭。

⑤点火正时过早、分电器离心弹簧过软或折断、点火控制ECU故障。

⑥混合气太稀。

⑦发动机在燃烧室形状、火花塞位置等结构设计上存在问题，造成火焰传播距离太长。

⑧火花塞型号错误。

(3)诊断过程。具体诊断步骤和操作方法见表8-8。

汽油机点火敲击响诊断过程 表8-8

步骤和方法		操 作 过 程
第一步	路试	当汽车跑热后,现以最高挡、最低速稳定车速行驶,然后将加速踏板一下踩到底,使汽车加速行驶;此时发动机发出强烈的敲击声,且长时间不消失,若稍抬加速踏板则响声立即减弱,当再踩下加速踏板时,响声重新出现
第二步	停车调整	将车停稳,适当推迟点火时间
第三步	再路试	上路行驶,若响声减弱,且随车速的升高逐渐消失,则确诊为汽油机点火敲击响

注意:诊断时不要把点火敲击声误诊为气门响。气门响可发生在任何转速下(包括空转转速),而点火敲击声一般发生在汽车加速行驶、爬坡和超越车辆等情况下。当发动机产生点火敲击声后,只要适当推迟点火时间即可继续运行。

❾ 柴油机着火敲击响

(1)故障现象。柴油发动机在低速、无负荷运转时,有时可听到尖锐、清脆和连续的"嘎啦、嘎啦"或"刚嘟、刚嘟"的敲击声,冷起动时响声尤其明显;发动机温度上升、转速升高和负荷增大时,响声减弱或消失,但发动机过热和超负荷运转时响声又增大;微抖供油拉杆时,抖得越急响声越大。

(2)可能原因。

①柴油品质差,其中特别是自燃性能不好。

②喷油泵供油时间太早。

③发动机过冷或过热。

④发动机超负荷运转。

⑤在燃烧室的形式、汽缸内的涡流运动、压缩终了的温度和压力、供油规律和喷射质量等方面存在问题。

⑥空气滤清器严重阻塞,使进气量不足。

⑦个别缸供油时间太早,即供油间隔不均匀。

⑧个别缸供油量大,即供油不均匀度超过标准。

⑨个别缸喷射质量不佳。

⑩个别缸密封性不佳,压缩终了的温度和压力太低。

(3)诊断过程。具体诊断步骤和操作方法见表8-9。

柴油机点火敲击响诊断过程 表8-9

步骤和方法		操 作 过 程
第一步	变换供油拉杆位置	通过改变供油拉杆位置,将发动机的转速由低速向高速变化,再由高速向低速变化,观察响声变化情况;加速越急,响声是否越明显
第二步	路试	汽车跑热后,现以最高挡、最低稳定车速行驶,然后将加速踏板一下踩到底,使汽车加速行驶;此时发动机发出强烈的敲击声,且长时间不消失,若稍抬加速踏板则响声立即减弱,当再踩下加速踏板时,响声重新出现
第三步	停车调整	将车停稳,适当推迟供油时间
第四步	再路试	再上路行驶,若响声减弱且随车速的升高逐渐消失,则确诊为柴油机点火敲击响

10 发动机皮带响

(1)故障现象。发动机运转时,有可能听到尖锐的"吱吱"声,发动机刚刚起动或打转向盘时声音加大,发动机运转一会儿后响声减弱或消失。

(2)可能原因(图8-10)。

①发电机皮带过松或失效。

②转向助力泵皮带过松或失效。

③空调皮带过松或失效。

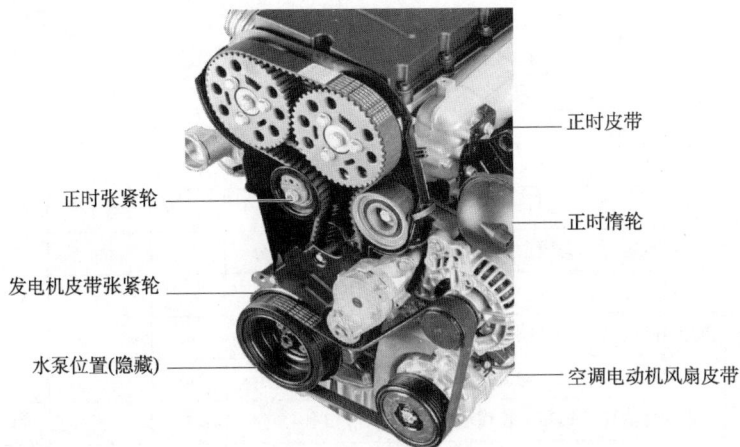

图8-10 发动机皮带响的部件

(3)诊断过程。具体诊断步骤和操作方法见表8-10。

发动机皮带响诊断过程

表8-10

步骤和方法		操作过程
第一步	打开前照灯等大功率用电器观察皮带异响是否增加	如果响声加大,检查发电机皮带紧度
第二步	打转向盘观察皮带异响是否增加	如果响声加大,检查动力转向皮带紧度
第三步	打开空调观察皮带异响是否增加	如果响声加大,检查空调皮带紧度
第四步	如果上述皮带正常,检查正时皮带是否过紧	打开正时皮带罩盖,检查紧度是否过紧

11 发动机进气异响

(1)故障现象。发动机运转时,有时可听到尖锐的进气声,发动机加速时声音加大。

(2)可能原因。

①进气软管接头松动。

②进气软管开裂。

③空气滤清器安装不当。

（3）诊断过程，具体诊断步骤和操作方法见表8-11。

发动机进气异响诊断过程

表8-11

	步 骤 和 方 法	操 作 过 程
第一步	检查进气软管接头是否松动	紧固进气软管卡子
第二步	检查进气软管是否开裂	目测进气软管状态
第三步	检查空气滤清器安装状态	重新安装空气滤清器

项目评价

评 分 表

项目编号：

姓名：_____　学号：_____

开始时间：__时__分　结束时间：__时__分　用时：____

序号	项　目	评分项目	评价标准	分　值	学生自评	学生互评	教师评价
1	时间要求	按规定时间完成项目作业	酌情扣1~5分	5			
2		选用工具恰当	酌情扣1~5分	5			
3	质量要求	能正确分析发动机异响故障原因	操作错误无分	40			
4		能正确描述或排除发动机异响故障	不能排除无分	30			
5		及时清理工具和工作现场	酌情扣1~5分	5			
6	安全要求	遵守安全操作规程	酌情扣1~5分	5			
7	文明要求	按文明生产规则进行操作	酌情扣1~5分	5			
8	环保要求	更换旧件放入规定回收桶	酌情扣1~5分	5			
		本项目得分		100			
						日期：	

注：发生重大事故（人身和设备安全事故）、严重违反维修原则和情节严重的野蛮操作等，采取一票否决制。

项目拓展

发动机异响故障原因包括发动机内部异响故障、外部异响故障等。实训教师可根据实训条件设置上述相关故障。在实训教师的监督下，由学生独立完成故障的诊断与排除或者由教师充当客户模拟一个或几个场景，让学生分组完成故障排除。

场景：一辆朗逸轿车发动机顶部有异响，客户反映冷车异响较大，热车略微降低，客户现在要求维修人员进行诊断。

1)让学生分析并说出检查步骤和方法

（1）检查机油。

（2）检查液力挺杆。

（3）检查配气机构润滑。

（4）检查机油压力。

2)学生根据下列问题，对教师进行解释并提出解决方案

（1）根据检查情况，分析出可能导致以上故障的原因。

（2）将上述检测方法进行排序。

（3）对检查结果进行理论分析。

3）完成实训记录

（1）基本信息填写。

日期		同组人员	
车型		发动机型号	
VIN 码		行驶里程	
年款		故障现象	

（2）将动力转向泵皮带紧度调松，左右打转向盘，描述皮带异响。_____
_____

（3）将发电机皮带紧度调松，打开所有大功率用电器，发动机加速，描述皮带异响。____
_____

（4）将空调皮带紧度调松，打开空调，发动机加速，描述皮带异响。_____
_____

（5）将曲轴或连杆轴承紧固螺栓松开，降低其紧固力矩。分别用听诊器和示波器进行检测。请描述异响位置、频率等特征。_____
_____
_____

记录波形并分析_____

（6）液力挺杆发响的原因有哪些？如何确定故障原因？
_____
_____

（7）本次试训中存在的疑问有哪些？最大的难点是什么？
_____

教师评语：_____

人民交通出版社汽车类中职教材部分书目

书　号	书　名	作　者	定价（元）	出版时间	课件
一、全国交通运输职业教育教学指导委员会规划教材　　教育部中等职业教育汽车专业技能课教材					
978-7-114-12216-3	汽车文化	李青、刘新江	38.00	2018.06	有
978-7-114-12517-1	汽车定期维护	陆松波	39.00	2018.03	有
978-7-114-12170-8	汽车机械基础	何向东	37.00	2018.08	有
978-7-114-12648-2	汽车电工电子基础	陈文均	36.00	2018.01	有
978-7-114-12241-5	汽车发动机机械维修	杨建良	25.00	2017.03	有
978-7-114-12383-2	汽车传动系统维修	曾丹	22.00	2017.08	有
978-7-114-12369-6	汽车悬架、转向与制动系统维修	郭碧宝	31.00	2018.05	有
978-7-114-12371-9	汽车发动机电器与控制系统检修	姚秀驰	33.00	2017.03	有
978-7-114-12314-6	汽车车身电气设备检修	占百春	22.00	2017.03	有
978-7-114-12467-9	汽车发动机及底盘常见故障的诊断与排除	杨永先	25.00	2017.03	有
978-7-114-12428-2	汽车自动变速器维修	王健	23.00	2017.03	有
978-7-114-12225-5	汽车网络控制系统检修	毛叔平	29.00	2017.03	有
978-7-114-12193-7	新能源汽车结构与检修	陈社会	38.00	2018.02	有
978-7-114-12209-5	汽车检测与诊断技术	蒋红梅、吴国强	26.00	2017.03	有
978-7-114-12565-2	汽车检测设备的使用与维护	刘宣传、梁钢	27.00	2017.03	有
978-7-114-12374-0	汽车维修接待实务	王彦峰	30.00	2017.06	有
978-7-114-12392-4	汽车保险与理赔	荆叶平	32.00	2018.09	有
978-7-114-12177-7	汽车维修基础	杨承明	26.00	2017.03	有
978-7-114-12538-6	汽车商务礼仪	赵颖	32.00	2017.06	有
978-7-114-12442-6	汽车销售流程	李雪婷	30.00	2017.06	有
978-7-114-12488-4	汽车配件基础知识	杨二杰	20.00	2017.03	有
978-7-114-12546-1	汽车配件管理	吕琪	33.00	2017.03	有
978-7-114-12539-3	客户关系管理	喻媛	30.00	2017.06	有
978-7-114-12446-4	汽车电子商务	李晶	30.00	2017.03	有
978-7-114-13054-0	汽车使用与维护	李春生	28.00	2017.04	有
978-7-114-12382-5	机械识图	林治平	24.00	2017.03	有
978-7-114-12804-2	汽车车身电气系统拆装	张炜	35.00	2017.03	有
978-7-114-12190-6	汽车材料	陈虹	29.00	2017.02	有
978-7-114-12466-2	汽车钣金工艺	林育彬	37.00	2017.03	有
978-7-114-12286-6	汽车车身与附属设备	胡建富、马涛	22.00	2017.03	有
978-7-114-12315-3	汽车美容	赵俊山	20.00	2017.03	有
978-7-114-12144-9	汽车构造	齐忠志	39.00	2017.08	有
978-7-114-12262-0	汽车涂装基础	易建红	30.00	2017.04	有
978-7-114-13290-2	汽车美容与装潢经营	邵伟军	28.00	2017.04	有
二、中等职业教育国家规划教材					
978-7-114-12992-6	机械基础（少学时）（第二版）	刘新江、袁亮	34.00	2018.05	有
978-7-114-12872-1	汽车电控发动机构造与维修(第三版)	王囤	32.00	2018.05	有
978-7-114-12902-5	汽车发动机构造与维修（第三版）	张嫣、苏畅	35.00	2017.10	有
978-7-114-12812-7	汽车底盘构造与维修（第三版）	王家青、孟华霞、陆志琴	35.00	2018.05	有
978-7-114-12903-2	汽车电气设备构造与维修（第三版）	周建平	43.00	2017.08	有
978-7-114-12820-2	汽车自动变速器构造与维修（第三版）	周志伟、韩彦明、顾雯斌	29.00	2018.04	有
978-7-114-12845-5	汽车使用性能与检测（第三版）	杨益明、郭彬	25.00	2017.11	有
978-7-114-12684-0	汽车材料（第三版）	周燕	31.00	2017.01	
三、新能源汽车技术专业职业教育创新规划教材					
978-7-114-13806-5	新能源汽车概论	吴晓斌、刘海峰	28.00	2018.08	有
978-7-114-13778-5	新能源汽车高压安全与防护	赵金国、李治国	30.00	2017.05	有
978-7-114-13813-3	新能源汽车动力电池与驱动电机	曾鑫、刘涛	39.00	2018.05	有
978-7-114-13822-5	新能源汽车电气技术	唐勇、王亮	35.00	2017.06	有
978-7-114-13814-0	新能源汽车维护与故障诊断	包科杰、徐利强	33.00	2018.05	有
四、教育部职业教育与成人教育司推荐教材（技能型紧缺人才培养培训教材）					
978-7-114-11700-8	汽车文化（第二版）	屠卫星	35.00	2017.06	有
978-7-114-12394-8	汽车认识实训（第二版）	宋麓明	12.00	2018.05	有
978-7-114-11544-8	汽车机械基础（第二版）	凤勇	39.00	2017.12	有

书　号	书　名	作　者	定价（元）	出版时间	课　件
978-7-114-12395-5	钳工实训（第二版）	石德勇	15.00	2017.06	有
978-7-114-13199-8	汽车电工与电子基础（第二版）	任成尧	25.00	2016.09	有
978-7-114-14271-0	汽车电工电子基础（第三版）	张成利、金星	34.00	2018.04	有
978-7-114-08594-9	汽车发动机构造与维修（新编版）	王会、刘朝红	33.00	2016.05	有
978-7-114-09157-5	汽车发动机构造与维修习题集	邵伟军、李玉明	18.00	2016.05	配答案
978-7-114-14454-7	汽车底盘构造与维修（第三版）	从树林、庄成莉	34.00	2018.06	有
978-7-114-09160-5	汽车底盘构造与维修习题集	陈敬渊、刘常俊	25.00	2015.07	配答案
978-7-114-14303-8	汽车电气设备构造与维修（第三版）		35.00	2018.05	有
978-7-114-09156-8	汽车电气设备构造与维修习题集	杜春盛、席梦轩	18.00	2018.03	配答案
978-7-114-12242-2	汽车典型电路分析与检测	宋波舰	45.00	2015.08	有
978-7-114-11808-1	汽车典型电控系统构造与维修（第二版）	解福泉	38.00	2016.12	
978-7-114-12450-1	汽车车身电气及附属电气设备检修（第二版）	韩飒	36.00	2015.10	
978-7-114-14981-8	汽车故障诊断技术（第三版）	戈国鹏、赵龙	25.00	2018.10	有
978-7-114-11750-3	汽车安全驾驶技术（第二版）	范立	39.00	2016.05	有
978-7-114-08749-3	汽车实用英语（新编版）	赵金明、林振江	18.00	2018.05	有
978-7-114-13864-5	汽车涂装技术（第二版）	李扬	30.00	2017.09	有
978-7-114-12871-4	汽车车身修复技术（第二版）	黄平	26.00	2018.06	
978-7-114-13865-2	汽车维修业务管理（第二版）	谢永东	16.00	2017.07	有
7-114-05880-2	大型运输车辆发动机构造与维修	彭运钧	20.50	2013.07	
7-114-05860-8	大型运输车辆底盘构造与维修	熊建国	14.00	2017.01	
978-7-114-14017-4	汽车维修技术（第二版）	刘振楼	27.00	2017.09	有
五、国家示范性中等职业学校重点建设专业教材					
978-7-114-13833-1	汽车基础电器实训教材（第二版）	李东江、汪胜国、王成波	22.00	2017.06	
978-7-114-13953-6	▲汽车发动机维修实训教材（第二版）	朱军、汪胜国、黄元杰	34.00	2017.07	
978-7-114-14020-4	▲汽车发动机电控系统故障诊断实训教材（第二版）	汪胜国、陈建惠	33.00	2017.07	
978-7-114-13597-2	▲汽车维护实训教材（第二版）	朱军、汪胜国、王瑞君	34.00	2018.04	
978-7-114-13508-8	汽车维修基础技能实训教材（第二版）	朱军、汪胜国、陆志琴	32.00	2018.05	
978-7-114-13854-6	▲汽车底盘和车身电器检测实训教材（第二版）	汪胜国、李东江、方志英	19.00	2017.06	
978-7-114-11101-3	汽车电器维修理实一体化教材	王成波、忻状存	32.00	2016.06	
978-7-114-11417-5	汽车底盘维修理实一体化教材	郑军强	43.00	2018.03	
978-7-114-11510-3	汽车自动变速维修理实一体化教材	杨婷	22.00	2014.09	
978-7-114-11420-5	汽车空调系统维修理实一体化教材	方作棋	20.00	2018.03	
978-7-114-11421-2	汽车发动机性能检测理实一体化教材	颜世凯	30.00	2014.09	
978-7-114-12530-0	汽车钣金理实一体化教材	林育彬	30.00	2018.05	有
978-7-114-12525-6	汽车喷漆理实一体化教材	葛建峰、叶诚昕	30.00	2018.04	有
六、中等职业学校汽车运用与维修专业新课程教学用书					
978-7-114-10793-1	▲汽车发动机构造与拆装工作页（第二版）	武华、武剑飞	32.00	2017.07	
978-7-114-10771-9	▲汽车底盘构造与拆装工作页（第二版）	武华、何才	26.00	2017.11	
978-7-114-10719-1	汽车自动变速器维修工作页（第二版）	巫兴宏、齐忠志	21.00	2017.11	
978-7-114-10768-9	汽车发动机电器维修工作页（第二版）	林文工、李琦	24.00	2016.07	
978-7-114-10837-2	汽车发动机控制系统检测与维修工作页（第二版）	陈高路、蔡北勤	40.00	2016.11	
978-7-114-10776-4	汽车传动系统维修工作页（第二版）	邱志华、张发	24.00	2017.08	
978-7-114-10777-1	汽车制动系统维修工作页（第二版）	庞柳军、曾晖泽	24.00	2017.08	
978-7-114-10739-9	汽车空调系统维修工作页（第二版）	林志伟	28.00	2016.12	
978-7-114-10794-8	汽车悬架与转向系统维修工作页（第二版）	刘付金文、徐正国	24.00	2017.06	
978-7-114-10700-9	汽车车身电器维修工作页（第二版）	蔡北勤	24.00	2017.08	
978-7-114-10699-6	汽车发动机机械维修工作页（第二版）	刘建平、段群	25.00	2018.09	

▲为中等职业教育改革创新示范教材。咨询电话：010-85285962、85285977。咨询QQ：616507284、99735898。